여러분의 합격을 응원하는
해커스경찰의 특별 혜택!

JN398576

FREE 경찰 실무종합 특강

해커스경찰(police.Hackers.com) 접속 후 로그인 ▶ 상단의 [무료강좌 → 경찰 무료강의] 클릭하여 이용

해커스경찰 온라인 단과강의 20% 할인쿠폰

B3E22ADBD24FFT5J

해커스경찰(police.Hackers.com) 접속 후 로그인 ▶ 상단의 [내강의실] 클릭 ▶ [쿠폰/포인트] 클릭 ▶ 쿠폰번호 입력 후 이용

* 등록 후 7일간 사용 가능(ID당 1회에 한해 등록 가능)

쿠폰 이용 관련 문의 1588-4055

단기 합격을 위한 해커스경찰 커리큘럼

입문
탄탄한 기본기와 핵심 개념 완성!
누구나 이해하기 쉬운 개념 설명과 풍부한 예시로 부담없이 쌩기초 다지기
TIP 베이스가 있다면 **기본 단계**부터!

기본+심화
필수 개념 학습으로 이론 완성!
반드시 알아야 할 기본 개념과 문제풀이 전략을 학습하고
심화 개념 학습으로 고득점을 위한 응용력 다지기

기출+예상 문제풀이
문제풀이로 집중 학습하고 실력 업그레이드!
기출문제의 유형과 출제 의도를 이해하고 최신 출제 경향을 반영한
예상문제를 풀어보며 본인의 취약영역을 파악 및 보완하기

동형모의고사
동형모의고사로 실전력 강화!
실제 시험과 같은 형태의 실전모의고사를 풀어보며 실전감각 극대화

마무리
시험 직전 실전 시뮬레이션!
각 과목별 시험에 출제되는 내용들을 최종 점검하며 실전 완성

PASS

* 커리큘럼 및 세부 일정은 상이할 수 있으며, 자세한 사항은 해커스경찰 사이트에서 확인하세요.

단계별 교재 확인 및 수강신청은 여기서!
police.Hackers.com

해커스경찰 김재규 실무종합
최종 마무리 모의고사

2026 최종마무리 모의고사 학습계획표

회차	연습일	풀이시간	점수	틀린문제번호	키워드
1회	월 일	분	점		
2회	월 일	분	점		
3회	월 일	분	점		
4회	월 일	분	점		
5회	월 일	분	점		
6회	월 일	분	점		
7회	월 일	분	점		
8회	월 일	분	점		
9회	월 일	분	점		
10회	월 일	분	점		

MEMO

머 리 말

실무종합 최종 마무리 모의고사의 특징은 다음과 같습니다.

첫째, 최근 출제 경향을 반영하여 실무종합 공제회 객관식 4권의 범주를 넘어 출제 가능성이 높은 내용을 함께 문제로 구성하였습니다.

둘째, 기출 문제를 철저히 분석하여 다양한 변형 유형을 지문에 반영함으로써 실제 시험에 충분히 대비할 수 있도록 구성하였습니다.

셋째, 실제 출제 패턴과 유사한 비율로 문제를 구성하여 실전과 같은 느낌으로 문제를 풀 수 있도록 하였습니다.

넷째, 〈모의고사 학습 계획표〉를 수록하여 자신의 실력을 점검하고 약점을 보완할 수 있도록 구성하였습니다.

다섯째, 해경 승진, 순경 공채, 경위 공채 시험에서 기출된 내용 중 출제 가능성이 높은 부분을 해설란에 출제 포인트로 정리하였습니다.

업무와 공부, 나아가 가정생활을 병행하는 것은 분명 힘든 일입니다.
그러나 더 나은 목표를 향해 스스로 선택한 길이기에 묵묵히 최선을 다하는 여러분의 모습을 그리며, 본 교재가 여러분의 목표 달성에 작은 보탬이 되기를 기대합니다.

끝으로, 본서 출간을 위해 수고를 아끼지 않은 관련 직원분들께도 깊은 감사를 드립니다.

2025년 10월
저자 김재규

Contents

문제

제1회	9
제2회	26
제3회	43
제4회	60
제5회	76
제6회	93
제7회	111
제8회	128
제9회	145
제10회	164

정답·해설

제1회	183
제2회	190
제3회	198
제4회	207
제5회	215
제6회	223
제7회	232
제8회	241
제9회	249
제10회	258

2026

실무종합 최종 마무리 모의고사

문제

제1회 모의고사

1

다음 중 경찰의 분류에 대한 설명으로 가장 적절하지 않은 것은?

① 광의의 행정경찰과 사법경찰 : 경찰의 목적·임무를 기준으로 구분하며, 이러한 경찰개념의 구분은 삼권분립 사상에 투철했던 프랑스에서 확립된 개념이다.
② 협의의 행정경찰과 보안경찰 : 다른 행정작용에 부수하느냐의 여부에 따라 구분하며, 협의의 행정경찰은 경찰활동의 능률성과 기동성을 확보할 수 있고 보안경찰은 지역 실정을 반영한 경찰조직의 운영과 관리가 가능하다.
③ 평시경찰과 비상경찰 : 위해의 정도와 담당기관에 따라 구분하며, 평시경찰은 평온한 상태하에서 일반경찰법규에 의하여 보통 경찰기관이 행하는 경찰작용이고 비상경찰은 비상사태발생이나 계엄선포시 군대가 일반치안을 담당하는 경우이다.
④ 질서경찰과 봉사경찰 : 경찰서비스의 질과 내용에 따라 구분하며, 「경범죄 처벌법」 위반자에 대한 통고처분은 질서경찰의 영역에, 교통정보의 제공은 봉사경찰의 영역에 해당한다.

2

다음은 임시정부경찰의 주요 인물에 대한 설명으로 그 인물과 사건을 바르게 연결한 것은?

> ㉠ 임시정부 경무국 경호원 및 의경대원으로 활동하면서 1926년 12월 식민수탈의 심장인 식산은행과 동양척식회사에 폭탄을 투척하였다.
> ㉡ 의경대원으로 활동하면서 윤봉길의사의 배후를 지원하였고, 이후 윤봉길의사는 1932년 4월 29일 상해 홍구 공원에서 열린 일왕의 생일축하 기념식장에 폭탄을 투척하였다.
> ㉢ 의경대 심판을 역임하였으며, 1932년 상해 프랑스 조계에 잠입하였다가 일제에 체포되었다가 1934년 고문 후유증으로 생애를 마감하였다.
> ㉣ 경무국장이었던 시기에 경찰을 지휘하고, 임시정부의 수호책임을 졌으며, 그러한 결과 임시정부의 성공적 정착에 이바지 하였다.

① ㉠ 나석주 의사   ㉡ 김석 선생
  ㉢ 김용원 열사   ㉣ 김철 선생
② ㉠ 김구 선생   ㉡ 김석 선생
  ㉢ 김철 선생   ㉣ 김용원 열사
③ ㉠ 나석주 의사   ㉡ 김석 선생
  ㉢ 김철 선생   ㉣ 김구 선생
④ ㉠ 김석 선생   ㉡ 김철 선생
  ㉢ 김용원 열사   ㉣ 김구 선생

3

「국가경찰과 자치경찰의 조직 및 운영에 관한 법률」상 시·도자치경찰위원회의 소관사무에 관한 설명으로 가장 적절하지 않은 것은?

① 자치경찰사무 담당 공무원의 고충심사 및 사기진작
② 국가경찰사무·자치경찰사무의 협력·조정과 관련하여 시·도경찰청장과 협의
③ 시·도경찰청장의 임용과 관련한 경찰청장과의 협의
④ 그 밖에 시·도지사, 시·도경찰청장이 중요하다고 인정하여 시·도자치경찰위원회의 회의에 부친 사항에 대한 심의·의결

4

「경찰공무원법」 제7조에 따른 임용권자에 관한 설명으로 가장 적절한 것은?

① 총경 이상 경찰공무원은 경찰청장 또는 해양경찰청장의 추천을 받아 행정안전부장관 또는 해양수산부장관의 제청으로 국무총리를 거쳐 대통령이 임용한다.
② 총경의 전보, 휴직, 직위해제, 강등, 정직 및 복직은 행정안전부장관 또는 해양수산부장관이 임용한다.
③ 경정 이하의 경찰공무원은 경찰청장 또는 해양경찰청장이 임용한다. 다만, 경정으로의 신규채용, 승진임용 및 면직은 경찰청장 또는 해양경찰청장의 추천으로 국무총리를 거쳐 대통령이 한다.
④ 경찰청장은 대통령령으로 정하는 바에 따라 경찰공무원의 임용에 관한 권한의 일부를 특별시장·광역시장·도지사·특별자치시장 또는 특별자치도지사, 국가수사본부장, 소속 기관의 장, 시·도경찰청장에게 위임한다.

5

「경찰공무원법」상 경찰공무원의 당연퇴직 사유이다. 적절하지 않은 것은 모두 몇 개인가?

> 가. 「국적법」 제11조의2 제1항에 따른 복수국적자
> 나. 「경찰공무원법」 제8조 제2항 제4호 파산선고를 받은 사람으로서 「채무자 회생 및 파산에 관한 법률」에 따라 신청기한 내에 면책신청을 하지 아니하였거나 면책불허가 결정 또는 면책취소가 확정된 경우
> 다. 「형법」 제357조에 규정된 배임수증죄를 범한 사람으로서 자격정지 이상의 형의 선고유예를 받고 그 유예기간 중에 있는 사람
> 라. 미성년자에 대한 「성폭력범죄의 처벌 등에 관한 특례법」 제2조에 따른 성폭력범죄를 저질러 형 또는 치료감호가 확정된 사람(집행유예를 선고받은 후 그 집행유예기간이 경과한 사람을 포함한다)

① 0개
② 1개
③ 2개
④ 3개

6

「경찰공무원 징계령」상 징계등의 집행에 대한 설명으로 가장 적절하지 않은 것은? (다툼이 있는 경우 판례에 의함)

① 징계위원회는 징계등 의결을 하였을 때에는 지체 없이 징계등 의결을 요구한 자에게 의결서 사본을 보내어 통지하여야 한다.
② 징계등 의결을 요구한 자는 경징계의 징계등 의결을 통지받았을 때에는 통지받은 날부터 15일 이내에 징계등을 집행하여야 한다.
③ 공무원인 피징계자에게 징계사유가 있어서 징계처분을 하는 경우 어떠한 처분을 할 것인가는 징계권자의 재량에 맡겨진 것이고, 다만 징계권자가 재량권의 행사로서 한 징계처분이 사회통념상 현저하게 타당성을 잃어 징계권자에게 맡겨진 재량권을 남용한 것이라고 인정되는 경우에 한하여 그 처분을 위법하다고 할 수 있다.
④ 징계등 의결을 요구한 자는 중징계의 징계등 의결을 통지받았을 때에는 지체 없이 징계등 처분 대상자의 임용권자에게 의결서 정본을 보내어 해당 징계등 처분을 제청하여야 한다. 다만, 경무관 이상의 강등 및 정직, 경정 이상의 파면 및 해임 처분의 제청, 총경 및 경정의 강등 및 정직의 집행은 경찰청장 또는 해양경찰청장이 한다.

7

「국가공무원법」상 소청심사위원회의 심사의 결정에 대한 설명으로 가장 적절한 것은?

① 소청심사위원회가 소청 사건을 심사할 때에는 대통령령으로 정하는 바에 따라 소청인 또는 소청인이 대리인으로 선임한 변호사에게 진술 기회를 주어야 한다. 진술 기회를 주지 아니한 결정은 취소할 수 있다.
② 소청 사건의 결정은 재적위원 3분의 2 이상의 출석과 출석위원 과반수의 합의에 따르되, 의견이 나뉠 경우에는 출석위원 과반수에 이를 때까지 소청인에게 가장 불리한 의견에 차례로 유리한 의견을 더하여 그 중 가장 유리한 의견을 합의된 의견으로 본다.
③ ②에도 불구하고 파면·해임·강등 또는 정직에 해당하는 징계처분을 취소 또는 변경하려는 경우와 효력 유무 또는 존재 여부에 대한 확인을 하려는 경우에는 재적위원 3분의 2 이상의 출석과 출석위원 과반수의 합의가 있어야 한다. 이 경우 구체적인 결정의 내용은 출석 위원 과반수의 합의에 따르되, 의견이 나뉘어 출석 위원 과반수의 합의에 이르지 못하였을 때에는 과반수에 이를 때까지 소청인에게 가장 불리한 의견에 차례로 유리한 의견을 더하여 그 중 가장 유리한 의견을 합의된 의견으로 본다.
④ 소청심사위원회가 징계처분 또는 징계부가금 부과처분(이하 "징계처분등"이라 한다)을 받은 자의 청구에 따라 소청을 심사할 경우에는 원징계처분보다 무거운 징계 또는 원징계부가금 부과처분보다 무거운 징계부가금을 부과하는 결정을 할 수 있다.

8

「행정기본법」상 "처분"에 대한 설명으로 옳지 않은 것은?

① "처분"이란 행정청이 구체적 사실에 관하여 행하는 법 집행으로서 공권력의 행사 또는 그 거부와 그 밖에 이에 준하는 행정작용을 말한다.
② "제재처분"이란 법령등에 따른 의무를 위반하거나 이행하지 아니하였음을 이유로 당사자에게 의무를 부과하거나 권익을 제한하는 처분을 말하며 행정상 강제를 제외한다.
③ 처분은 권한이 있는 기관이 취소 또는 철회하거나 기간의 경과 등으로 소멸되기 전까지는 유효한 것으로 통용된다. 다만, 취소된 처분은 처음부터 그 효력이 발생하지 아니한다.
④ 행정청은 위법 또는 부당한 처분의 전부나 일부를 소급하여 취소할 수 있다. 다만, 당사자의 신뢰를 보호할 가치가 있는 등 정당한 사유가 있는 경우에는 장래를 향하여 취소할 수 있다.

9

「행정절차법」상 행정지도에 관한 설명으로 옳지 않은 것은?

① 행정지도란 행정기관이 그 소관 사무의 범위에서 일정한 행정목적을 실현하기 위하여 특정인에게 일정한 행위를 하거나 하지 아니하도록 지도, 권고, 조언 등을 하는 행정작용을 말한다.
② 행정지도에 대해 비례원칙을 준수할 것을 규정하고 있다.
③ 행정기관은 행정지도의 상대방이 행정지도에 따르지 아니하였다는 것을 이유로 불이익한 조치를 하여서는 아니 된다.
④ 행정지도가 말로 이루어지는 경우에 상대방이 행정지도의 취지, 내용, 신분 사항을 적은 서면의 교부를 요구하면 그 행정지도를 하는 자는 직무 수행에 특별한 지장이 없으면 이를 교부할 수 있다.

10

다음은 「경찰관 직무집행법」 제5조 위험 발생의 방지조치를 설명한 것이다. 빈칸의 내용을 가장 적절하게 연결한 것은?

> 경찰관은 사람의 생명 또는 신체에 위해를 끼치거나 재산에 중대한 손해를 끼칠 우려가 있는 천재, 사변, 인공구조물의 파손이나 붕괴, 교통사고, 위험물의 폭발, 위험한 동물 등의 출현, 극도의 혼잡, 그 밖의 위험한 사태가 있을 때에는 다음 각 호의 조치를 할 수 있다.
>
> 1. 그 장소에 모인 사람, 사물의 관리자, 그 밖의 관계인에게 필요한 (㉠)을(를) 하는 것
> 2. 긴급한 경우에는 위해를 입을 우려가 있는 사람을 필요한 한도에서 (㉡)시키는 것
> 3. 위험한 상황의 원인을 제공한 사람을 그 장소에서 퇴거시키거나 그 장소에의 (㉢)시키는 것
> 4. 그 장소에 있는 사람, 사물의 관리자, 그 밖의 관계인에게 위해를 방지하기 위하여 필요하다고 인정되는 조치를 하게 하거나 (㉣)을(를) 하는 것

① ㉠ 경고 ㉡ 직접 그 조치
　㉢ 이동을 제한하거나 대피 ㉣ 제지
② ㉠ 경고 ㉡ 이동을 제한하거나 대피
　㉢ 접근을 금지 ㉣ 직접 그 조치
③ ㉠ 접근을 금지 ㉡ 제지
　㉢ 이동을 제한하거나 대피 ㉣ 직접 그 조치
④ ㉠ 접근을 금지 ㉡ 이동을 제한하거나 대피
　㉢ 경고 ㉣ 직접 그 조치

11

「경찰 물리력 행사의 기준과 방법에 관한 규칙(경찰청예규)」상 경찰의 물리력 사용정도에 대한 설명으로 옳은 것은?

① 고위험 물리력이란 '폭력적 공격' 상태의 대상자로 인해 경찰관 또는 제3자의 생명·신체에 급박하고 중대한 위해가 초래될 가능성이 있는 경우 최후의 수단으로 사용할 수 있는 물리력 수준으로서, 대상자의 사망 또는 심각한 부상을 초래할 수 있는 물리력을 말한다.
② 중위험 물리력은 대상자에게 신체적 부상을 입힐 수 있으나 생명·신체에 대한 중대한 위해 발생 가능성은 낮은 물리력이다.
③ 접촉 통제란 대상자의 협조를 유도하거나 협조에 따른 물리력을 말한다.
④ 협조적 통제란 대상자 신체 접촉을 통해 경찰 목적 달성을 강제하지만 신체적 부상을 야기할 가능성은 극히 낮은 물리력을 말한다.

12

「경찰관 직무집행법」 및 「범인검거 등 공로자 보상에 관한 규정」상 범인검거 등 공로자 보상에 관한 설명으로 가장 적절하지 <u>않은</u> 것은?

① 경찰청장, 해양경찰청장, 시·도경찰청장, 지방해양경찰청장, 경찰서장 또는 해양경찰서장(이하 이 조에서 "경찰청장등"이라 한다)은 범인을 검거하여 경찰공무원에게 인도한 사람에게 보상금을 지급할 수 있다.
② 경찰청장등은 ①에 따른 보상금 지급의 심사를 위하여 대통령령으로 정하는 바에 따라 각각 보상금심사위원회를 설치·운영하여야 한다.
③ 보상금심사위원회의 위원은 소속 경찰공무원 중에서 경찰청장등이 임명한다.
④ 장기 10년 미만의 징역 또는 금고에 해당하는 범죄에 대한 보상금 지급기준 금액과 장기 5년 미만의 징역 또는 금고, 장기 10년 이상의 자격정지 또는 벌금형에 대한 보상금 지급기준 금액의 합은 500만원 이하이다.

13

다음 중 실적주의에 대한 설명으로 옳은 것은?

① 실적주의는 정책 추진이 용이하며 의회와 행정부 간의 조정이 활성화된다.
② 실적주의는 미국의 민주정치 발전과정에서 도입된 인사제도이다.
③ 실적주의는 모든 사람은 누구나 일정한 자격만 갖추면 공직에 취임할 수 있다는 기회균등의 정신을 구현할 수 있다.
④ 실적주의는 엽관주의보다 우월한 제도로 우리나라는 실적주의만을 채택하고 있다.

14

「국가재정법」상 예산의 편성 절차를 순서대로 나열한 것으로 가장 적절한 것은?

가. 예산안편성 지침 통보
나. 중기사업계획서 제출
다. 예산요구서 작성 및 제출
라. 예산안 편성(국무회의 심의 및 대통령 승인)
마. 예산안 국회제출

① 가 → 나 → 다 → 라 → 마
② 나 → 가 → 라 → 다 → 마
③ 가 → 마 → 나 → 라 → 다
④ 나 → 가 → 다 → 라 → 마

15

「경찰청 보안업무규정 시행세칙」에서 제한구역에 해당하는 것은 모두 몇 개인가?

㉠ 사건기록관·사건기록보관실
㉡ 정보보안기록실
㉢ 비밀발간실
㉣ 시·도경찰청 항공대
㉤ 정보통신실

① 2개　　　　② 3개
③ 4개　　　　④ 5개

16

「행정절차법」상 송달 및 기간·기한에 관한 설명으로 옳은 것은?

① 정보통신망을 이용한 송달은 송달받을 자가 동의하는 경우에만 한다. 이 경우 행정청이 송달받을 주소 등을 지정하여야 한다.
② 송달은 우편 또는 정보통신망을 이용한 방법으로만 하되, 송달받을 자의 주소·거소·영업소·사무소 또는 전자우편주소로 한다.
③ 송달받을 자의 주소등을 통상적인 방법으로 확인할 수 없는 경우에 송달받을 자가 알기 쉽도록 관보, 공보, 게시판, 일간신문 중 하나 이상에 공고하고 인터넷에도 공고하여야 한다.
④ ③의 경우에는 다른 법령등에 특별한 규정이 있는 경우를 제외하고는 공고일부터 7일이 지난 때에 그 효력이 발생한다.

17

「경찰 인권보호 규칙」에 대한 설명으로 가장 적절한 것은?

① 경찰청장은 국민의 인권보호와 증진을 위하여 경찰 인권정책 기본계획을 3년마다 수립해야 한다.
② 인권보호담당관은 인권침해를 예방하고 제도를 개선하기 위해 연 1회 이상 경찰청과 소속기관의 청사 및 부속 시설 전반의 인권침해적 요소의 존재 여부 등을 진단하여야 한다.
③ 경찰청장은 경찰관등이 근무하는 동안 지속적·체계적으로 교육을 받을 수 있도록 매년 단위로 인권교육종합계획을 수립하여 시행해야 한다.
④ 경찰청(인권보호담당관), 시·도경찰청(인권업무 담당 계장)의 간사는 반기 1회 이상 인권영향평가의 이행 여부를 점검하고, 이를 국가경찰위원회에 제출해야 한다.

18

코헨과 펠드버그가 제시한 윤리표준의 구체적 내용의 위반 사례가 옳게 연결된 것은?

① 불법오토바이를 단속한 지구대 경찰관 A는 정지명령에 불응하는 오토바이를 향하여 과도하게 추격한 결과, 오토바이 운전자가 중앙선을 침범하여 마주오던 차량과 충돌하여 사망하였다. - 시민의 생명과 재산의 안전
② 광역수사대 형사 B는 수배자 C가 자기 관내에 있다는 첩보를 입수하고도 이를 팀장과 광역수사대장에게 보고하지 않고 단독으로 검거하려다 실패하였다. - 공중의 신뢰
③ 경찰관 D는 순찰근무 중 정지신호를 무시하고 달아나는 10대 오토바이 운전자를 향해 권총을 발사하여 사망하게 하였다. - 객관적 자세
④ 경찰관 E는 혼자 순찰 중 강도가 칼을 들고 편의점 직원을 위협하는 것을 보고 신변의 위협을 느껴 모른 척하고 지나갔다. - 역할 한계의 오류

19

「경찰청 공무원 행동강령」에 대한 설명으로 가장 적절한 것은?

① 공무원은 「범죄수사규칙」 제30조에 따른 경찰서 내 수사 지휘에 대한 이의제기와 관련하여 행동강령책임관에게 상담을 요청하여야 한다.
② 공무원은 정치인이나 정당 등으로부터 부당한 직무수행을 강요받거나 청탁을 받은 경우에는 서면 또는 전자우편 등의 방법으로 소속 기관의 장에게 보고하거나 행동강령책임관과 상담할 수 있다.
③ 공무원은 사례금을 받는 외부강의등을 할 때에는 외부강의등의 요청 명세 등을 별지 제12호서식의 외부강의등 신고서에 따라 소속 기관의 장에게 그 외부강의등을 마친 날부터 10일 이내에 신고하여야 한다. 다만, 외부강의등을 요청한 자가 국가나 지방자치단체인 경우에는 그러하지 아니하다.
④ 공무원이 대가를 받고 수행하는 외부강의 등은 월 3회를 초과할 수 없다. 국가나 지방자치단체에서 요청하거나 겸직 허가를 받고 수행하는 외부강의등도 그 횟수에 포함된다.

20

「공직자의 이해충돌 방지법」상 '사적이해관계자'로 규정하고 있는 대상이 아닌 것은?

① 공직자 자신 또는 그 가족(「민법」 제779조에 따른 가족을 말한다)
② 공직자로 채용·임용되기 전 2년 이내에 공직자 자신이 재직하였던 법인 또는 단체
③ 공직자의 직무수행과 관련하여 일정한 행위나 조치를 요구하는 개인이나 법인 또는 단체
④ 공직자 자신이나 그 가족이 대리하거나 고문·자문 등을 제공하는 개인이나 법인 또는 단체

21

다음 경찰활동의 사례와 관련해서 가장 타당하지 않은 것은?

> 동작경찰서는 관내에서 폭행으로 적발된 청소년을 형사입건하는 대신, 학교전담경찰관이 외부 전문가와 함께 7일 동안 다양한 활동으로 구성된 선도프로그램을 제공함으로써 해당 청소년에게 스스로 잘못을 뉘우치고 장차 지역사회로 다시 통합될 수 있는 기회를 제공하였다.

① 낙인이론 (Labeling Theory)
② 전환제도 (Diversion Program)
③ 깨진 유리창 이론 (Broken Windows Theory)
④ 회복적 정의(restorative justice)

22

「실종아동등 및 가출인 업무처리 규칙」상 용어의 정의에 관한 설명 중 가장 적절한 것은?

① "장기실종아동등"이란 보호자로부터 신고를 접수한 지 48시간이 경과한 후에도 발견되지 않은 찾는실종아동등을 말한다.
② "국가경찰 수사 범죄"란 「자치경찰사무와 시·도자치경찰위원회의 조직 및 운영 등에 관한 규정」제3조 제1호부터 제5호까지 또는 제6호 나목의 범죄를 말한다.
③ "보호실종아동등"이란 보호자가 확인되어 경찰관이 보호하고 있는 실종아동등을 말한다.
④ "발생지"란 실종아동등 또는 가출인을 발견하여 보호 중인 장소를 말하며, 발견한 장소와 보호 중인 장소가 서로 다른 경우에는 보호 중인 장소를 말한다.

23

아동·청소년 대상 디지털 성범죄의 수사특례에 관한 내용으로 옳지 않은 것은?

① 사법경찰관리가 신분비공개수사를 진행하고자 할 때에는 사전에 상급 경찰관서 수사부서의 장의 승인을 받아야 한다. 이 경우 그 수사기간은 3개월을 초과할 수 없다.
② 사법경찰관리는 디지털 성범죄에 대하여 긴급을 요하는 때에는 상급 경찰관서 수사부서의 장의 승인 없이 신분비공개수사를 할 수 있다.
③ 사법경찰관리는 ②에 따른 신분비공개수사 개시 후 지체 없이 상급 경찰관서 수사부서의 장에게 보고하여야 하고, 사법경찰관리는 48시간 이내에 상급 경찰관서 수사부서의 장의 승인을 받지 못한 때에는 즉시 신분비공개수사를 중지하여야 한다.
④ 사법경찰관리가 ①에 따라 수집한 증거 및 자료 등은 신분비공개수사 또는 신분위장수사의 목적이 된 디지털 성범죄나 이와 관련되는 범죄로 인한 징계절차에 사용하는 경우는 사용할 수 없다.

24

「경찰수사규칙」과 「범죄수사규칙」상 변사사건 처리 요령에 관한 설명으로 가장 적절한 것은?

① 「경찰수사규칙」상 사법경찰관은 검시를 하는 경우에는 검시 조사관을 참여시켜야 하며, 그 검시 조사관으로 하여금 검안서를 작성하게 해야 한다. 이 경우 사법경찰관은 의사를 참여시킬 수 있다.
② 「경찰수사규칙」상 사법경찰관리는 검시에 특별한 지장이 없다고 인정하면 변사자의 가족·친족, 이웃사람·친구, 시·군·구·읍·면·동의 공무원이나 그 밖에 필요하다고 인정하는 사람을 검시에 참여시킬 수 있다.
③ 「범죄수사규칙」상 경찰관은 변사자 또는 변사로 의심되는 시체를 발견하거나 시체가 있다는 신고를 받았을 때에는 즉시 소속 경찰관서장에게 보고하여야 하며, 경찰관은 검시를 한 경우에 범죄로 인한 사망이라 인식한 때에는 신속하게 수사를 개시하고 검사에게 보고하여야 한다.
④ 「범죄수사규칙」상 변사체는 후일을 위하여 매장함을 원칙으로 한다.

25

다음은 「피의자 유치 및 호송 규칙」에 대한 설명이다. 옳고 그름(OX)의 표시가 바르게 된 것은?

> ㉠ 동시에 3명 이상의 피의자를 입감시킬 때에는 경감 이상의 경찰관이 입회하여 순차적으로 입감시켜야 한다.
> ㉡ 금전, 유가증권은 호송관서에서 인수관서에 직접 송부한다.
> ㉢ '정밀검사'란 죄질이 중하거나 근무자 및 다른 유치인에 대한 위해 또는 자해할 우려가 있다고 판단되는 유치인에 대하여는 탈의막 안에서 속옷을 벗고 신체검사의로 갈아입도록 한 후 정밀하게 위험물 등의 은닉여부를 검사하여야 한다.
> ㉣ 호송 출발 전 호송관은 반드시 호송주무관의 지휘에 따라 포박 후 신체검사를 실시하여야 한다.
> ㉤ 호송관은 수갑 또는 수갑·포승을 사용하는 피호송자가 2인 이상일 때에는 호송수단에 따라 2인내지 6인을 1조로 하여 상호 연결시켜 포승으로 포박한다.

	㉠	㉡	㉢	㉣	㉤
①	(O)	(O)	(X)	(X)	(X)
②	(X)	(O)	(O)	(X)	(O)
③	(X)	(O)	(O)	(X)	(X)
④	(X)	(X)	(O)	(O)	(O)

26

「아동학대범죄의 처벌 등에 관한 특례법」에 대한 설명으로 가장 적절하지 않은 것은?

① 아동이란 18세 미만의 사람을 말한다.
② 아동학대범죄 현장을 발견한 경우 또는 학대현장 이외의 장소에서 학대피해가 확인되고 재학대의 위험이 급박한 경우, 사법경찰관리 또는 아동학대전담공무원은 피해아동 등의 보호를 위하여 즉시 응급 조치를 하여야 한다. 응급조치에는 아동학대범죄 행위의 제지, 아동학대행위자를 피해아동등으로부터 격리, 피해아동등을 아동학대 관련 보호시설로 인도, 피해아동등을 연고자 등에게 인도, 피해아동등 또는 가정구성원의 주거로부터 퇴거 등 격리 등의 조치가 있다.
③ 사법경찰관은 피해아동 등에 대한 응급조치에도 불구하고 아동학대범죄가 재발될 우려가 있고, 긴급을 요하여 법원의 임시조치 결정을 받을 수 없을 때에는 직권으로 아동학대행위자에 대한 긴급임시조치를 할 수 있다.
④ 판사가 아동학대범죄의 원활한 조사·심리 또는 피해아동등의 보호를 위하여 필요하다고 인정하는 경우에는 결정으로 아동학대행위자에게 경찰관서의 유치장 또는 구치소에 유치하는 조치를 할 수 있다.

27

행사안전경비 중 군중 정리의 원칙에 대한 설명으로 가장 적절하지 않은 것은?

① 밀도의 희박화 – 많은 사람이 모이면 충돌과 혼잡이 야기되어 거리감과 방향감각을 잃고 혼란한 상태에 이르므로 가급적 많은 사람이 모이는 것을 회피케 한다. 대규모 군중이 모이는 장소는 사전에 블록화한다.
② 지시의 철저 – 사태가 혼잡할 경우 계속적이고도 자세한 안내방송으로 지시를 철저히 해서 혼잡한 사태를 정리하고 사고를 미연에 방지할 수 있다.
③ 이동의 일정화 – 군중들은 현재의 자기 위치와 갈 곳을 잘 알지 못함으로써 불안감과 초조감을 갖게 되므로 여러 방향으로 이동시켜 주위의 상황을 파악할 수 있는 여건을 조성한다.
④ 경쟁적 사태의 해소 – 경쟁적 사태는 남보다 먼저 가려고 하는 군중의 심리상태로 순서에 의하여 움직일 때 순조롭게 모든 일이 잘될 수 있다는 것을 납득시켜야 한다.

28

「통합방위법」상 국가중요시설에 대한 설명으로 가장 적절한 것은?

① 국가중요시설의 관리자는 경비·보안 및 방호책임을 지며, 통합방위사태에 대비하여 자체방호계획을 수립하여야 한다. 이 경우 국가중요시설의 관리자는 자체방호계획을 수립하기 위하여 시·도경찰청장 또는 지역군사령관에게 협조를 요청하여야 한다.
② 통합방위본부장 또는 지역군사령관은 통합방위사태에 대비하여 국가중요시설에 대한 방호지원계획을 수립·시행하여야 한다.
③ 국가중요시설의 평시 경비·보안활동에 대한 지도·감독은 관계 행정기관의 장과 국가정보원장이 수행한다.
④ 국가중요시설은 국가정보원장이 관계 행정기관의 장 및 국방부장관과 협의하여 지정한다.

29

「청원경찰법」에 관한 설명으로 가장 적절하지 않은 것은?

① 청원주가 청원경찰을 폐지하거나 감축하였을 때에는 청원경찰 배치 결정을 한 경찰관서의 장에게 알려야 하며, 그 사업장이 시·도경찰청장이 청원경찰의 배치를 요청한 사업장일 때에는 그 폐지 또는 감축 사유를 구체적으로 밝혀야 한다.
② 청원주가 청원경찰을 면직시켰을 때에는 그 사실을 관할 경찰서장을 거쳐 시·도경찰청장에게 보고하여야 한다.
③ 시·도경찰청장은 항상 소속 청원경찰의 근무 상황을 감독하고, 근무 수행에 필요한 교육을 하여야 한다.
④ 청원주는 청원경찰을 대체할 목적으로 「경비업법」에 따른 특수경비원을 배치하는 경우에는 청원경찰의 배치를 폐지하거나 배치 인원을 감축할 수 없다.

30

개인형 이동장치(PM)에 대한 설명으로 옳지 않은 것은?

① 개인형 이동장치(PM)란 「도로교통법」상 원동기장치자전거 중 차체중량이 30kg 미만이고 시속 25km 이상으로 운행할 경우 원동기가 작동하지 아니한 것 중 행정안전부령으로 정한 것을 말한다.
② 개인형 이동장치(PM)는 음주운전 및 측정 거부에 해당하는 경우 범칙금 10만원이 부과된다.
③ 개인형 이동장치(PM)도 「특정범죄 가중처벌 등에 관한 법률」상 도주차량 가중처벌 규정을 적용한다.
④ 개인형 이동장치(PM)의 범위에는 「자전거 이용 활성화에 관한 법률」상 전기자전거는 포함되지 않으나 행정안전부령에 적합한 페달이 없는 스로틀방식의 전기자전거는 개인형 이동장치(PM)에 해당한다.

31

「도로교통법」상 음주운전 또는 음주측정거부를 하여 벌금 이상의 형을 선고받고 그 형이 확정된 날부터 10년 내에 다시 음주운전 또는 음주측정거부를 한 사람의 처벌기준에 대한 설명으로 바르게 연결된 것은?

> ㉠ 음주측정방해행위시 1년 이상 6년 이하의 징역이나 500만원 이상 3천만원 이하의 벌금에 처한다.
> ㉡ 음주측정거부시 1년 이상 5년 이하의 징역이나 500만원 이상 2천만원 이하의 벌금에 처한다.
> ㉢ 혈중알콜농도가 0.03%인 경우 1회 위반시 1년 이하의 징역이나 500만원 이하의 벌금에 처하고, 2회이상 위반의 경우는 1년 이상 5년 이하의 징역이나 500만원 이상 2천만원 이하의 벌금에 처한다.
> ㉣ 혈중알콜농도가 0.2% 이상인 경우 2년 이상 5년 이하의 징역이나 1천만원 이상 2천만원 이하의 벌금에 처한다.

① ㉠㉣　　② ㉠㉢
③ ㉡㉣　　④ ㉢㉣

32

「교통사고처리 특례법」 제3조(처벌의 특례)에 규정된 12개 항목으로 가장 적절하지 않은 것은?

① 안전거리를 확보하지 아니하고 운전한 경우
② 앞지르기의 방법·금지시기·금지장소 또는 끼어들기의 금지를 위반하고 운전한 경우
③ 승객의 추락 방지의무를 위반하여 운전한 경우
④ 자동차의 화물이 떨어지지 아니하도록 필요한 조치를 하지 아니하고 운전한 경우

33

교통 관련 판례에 대한 설명으로 옳지 않은 것은? (다툼이 있으면 판례에 의함)

① 흉골골절 등으로 인한 통증으로 깊은 호흡을 할 수 없어 이십여차례 음주측정기를 불었으나 끝내 음주측정이 되지 아니한 경우 음주측정불응죄가 성립하지 아니한다.
② 물로 입안을 헹굴 기회를 달라는 요구를 무시한 채 호흡측정기로 혈중알코올농도를 측정하여 음주운전 단속수치가 나왔다고 하더라도 음주운전을 하였다고 단정할 수 없다.
③ 자동차를 움직이게 할 의도 없이 다른 목적을 위하여 자동차의 원동기(모터)의 시동을 걸었는데, 실수로 기어 등 자동차의 발진에 필요한 장치를 건드려 원동기의 추진력에 의하여 자동차가 움직인 경우 자동차의 운전에 해당한다.
④ 특별한 이유 없이 호흡측정기에 의한 측정에 불응하는 운전자에게 경찰공무원이 혈액채취에 의한 측정방법이 있음을 고지하고 그 선택 여부를 물어야 할 의무가 없다.

34

정보배포 원칙에 관한 설명으로 가장 적절하지 않은 것은?

① 필요성의 원칙은 알 필요가 있는 대상자에게 정보를 알려야 하고, 알 필요가 없는 대상자에게는 알려서는 안 된다는 것을 의미한다.
② 보안성의 원칙에 따라, 정보가 누설됨으로써 초래될 결과를 예방하기 위한 보안대책을 강구해야 한다.
③ 적시성의 원칙에 따라, 먼저 생산된 정보를 우선적으로 배포한다.
④ 계속성의 원칙은 정보가 필요한 기관에 배포되었다면 그 주제와 관련된 새로운 정보는 그 기관에 계속 배포해 주어야 한다는 것을 의미한다.

35

집회현장에서의 확성기 사용에 대한 설명으로 가장 적절한 것은?

① 「집회 및 시위에 관한 법률」상 관할경찰관서장은 집회 또는 시위의 주최자가 확성기 등의 소음기준을 초과하는 소음을 발생시켜 타인에게 피해를 주는 경우에 그 기준 이하의 소음 유지 또는 확성기등의 사용 중지를 명하거나 확성기 등의 일시보관 등 필요한 조치를 할 수 있다.
② 「집회 및 시위에 관한 법률 시행령」 별표2에 따른 등가소음도는 10분간(소음 발생 시간이 10분 이내인 경우에는 그 발생 시간 동안) 측정한다. 다만, 그 밖의 지역의 경우에는 등가소음도를 5분간(소음 발생 시간이 5분 이내인 경우에는 그 발생 시간 동안) 측정한다.
③ 중앙행정기관이 개최하는 국경일 행사의 경우 행사 개최시간에 한정하여 행사 진행에 영향을 미치는 소음에 대해서는, 「집회 및 시위에 관한 법률 시행령」 별표2에 따른 확성기등의 소음기준을 '그 밖의 지역'의 소음기준으로 적용한다.
④ 「집회 및 시위에 관한 법률 시행령」 별표2에 따른 확성기등의 소음기준에서 주거지역의 야간(해진 후~24:00)시간대 등가소음도(Leq)는 60dB 이하이다.

36

국내 안보위해세력의 분파 중 NL주사파에 대한 설명으로 가장 옳지 않은 것은?

① NL주사파는 북한 주체사상과 대남적화 혁명 노선을 그대로 수용하고 있다.
② 한국 사회를 미국의 간접통치를 받고 있는 신식민지이며, 미국의 하청 경제체제로서 자본주의가 발전하여 '쑤자본주의체제'에 머물고 있는 것으로 본다.
③ NL주사파의 민족해방 민중민주주의혁명론에서는 반미자주화, 반파쇼민주화, 조국통일을 주장하고 있다.
④ 통일전략으로는 1단계로 미국을 축출하고 현정권을 타도한 후, 2단계로 북한과 고려연방제에 의해 통일을 완수한다는 입장이다.

37

선전에 관한 다음 설명 중 옳지 않은 것은?

① 선전이란 특정집단을 자극하여 감정이나 견해 등을 우리 측에 유리한 방향으로 유도하기 위한 심리전의 일종을 말한다.
② 흑색선전은 출처를 위장하여 행하는 선전으로, 선전이라는 선입견을 주지 않고도 효과를 거둘 수 있지만, 적이 이를 감지하고 역선전을 할 경우 대항이 어렵다.
③ 회색선전은 출처를 밝히지 않고 행하는 선전으로, 선전이라는 선입관을 주지 않고 효과를 얻을 수 있지만 출처를 은폐하면서 선전의 효과를 거두기가 곤란하다는 단점이 있다.
④ 백색선전은 출처를 공개하고 행하는 선전으로, 주제의 선정과 용어 사용에 제한을 받지만 신뢰도가 높다.

38

「방첩업무 규정」에 대한 설명으로 옳은 것은?

① 방첩기관 간 또는 방첩기관과 관계기관 간 방첩 관련 정보의 원활한 공유와 제3조에 따른 방첩업무의 효율적인 수행을 위하여 법무부장관 소속으로 방첩정보공유센터를 둔다.
② 방첩기관등의 장은 국가의 방첩업무를 효율적으로 수행하기 위하여 국가방첩업무 기본지침을 수립하여 국가정보원장에게 송부하여야 한다.
③ 방첩기관등의 구성원은 법령에 따른 직무수행 외의 목적으로 외국 정보·수사기관(특정국가가 다른 국가에서 정보활동·수사를 주된 목적으로 하여 설치한 그 국가의 기관을 말한다)의 구성원을 접촉하려는 경우 소속 방첩기관등의 장에게 미리 보고해야 하며, 해당 방첩기관등의 장은 그 내용을 국가정보원장에게 통보해야 한다.
④ 국가정보원장은 필요한 경우 방첩기관의 장과 협의하여 특별시·광역시·특별자치시·도 또는 특별자치도별로 방첩업무를 협의하기 위한 지역방첩협의회를 구성·운영해야 한다.

39

「출입국관리법 시행령」상 외국인의 체류자격에 대한 설명이다. ㉠~㉣의 괄호 안에 들어갈 내용이 가장 적절한 것은?

- A - (㉠), 공무 : 대한민국정부가 승인한 외국정부 또는 국제기구의 공무를 수행하는 사람과 그 가족
- (㉡) - 2, 유학 : 전문대학 이상의 교육기관 또는 학술연구기관에서 정규과정의 교육을 받거나 특정 연구를 하려는 사람
- E - (㉢), 계절근로 : 법무부장관이 관계 중앙행정기관의 장과 협의하여 정하는 농작물 재배·수확(재배·수확과 연계된 원시가공 분야를 포함한다) 및 수산물 원시가공 분야에서 취업 활동을 하려는 사람으로서 법무부장관이 인정하는 사람
- (㉣) - 6, 예술흥행 : 수익이 따르는 음악, 미술, 문학 등의 예술활동과 수익을 목적으로 하는 연예, 연주, 연극, 운동경기, 광고·패션모델, 그 밖에 이에 준하는 활동을 하려는 사람

	㉠	㉡	㉢	㉣
①	1	D	9	E
②	1	E	8	F
③	2	E	9	F
④	2	D	8	E

40

「범죄인 인도법」 제7조에 따른 절대적 인도거절 사유에 해당하지 않는 것은?

① 범죄인이 인도범죄를 범하였다고 의심할 만한 상당한 이유가 없는 경우. 다만, 인도범죄에 관하여 청구국에서 유죄의 재판이 있는 경우는 제외한다.
② 범죄인의 인도범죄 외의 범죄에 관하여 대한민국 법원에 재판이 계속 중인 경우 또는 범죄인이 형을 선고받고 그 집행이 끝나지 아니하거나 면제되지 아니한 경우
③ 인도범죄에 관하여 대한민국 법원에서 재판이 계속 중이거나 재판이 확정된 경우
④ 범죄인이 인종, 종교, 국적, 성별, 정치적 신념 또는 특정 사회단체에 속한 것 등을 이유로 처벌되거나 그 밖의 불리한 처분을 받을 염려가 있다고 인정되는 경우

제2회 모의고사

1

경찰의 임무를 공공의 안녕과 질서에 대한 위험의 방지라고 할 때, '공공의 안녕'과 관련된 설명으로 옳은 것은?

① '공공의 안녕'이란 개념은 '법질서의 불가침성'과 '국가의 존립과 기능성의 불가침성' 및 '개인의 권리와 법익의 불가침성'으로 나눌 수 있는 바, 이 중 '국가의 존립 및 기능성의 불가침성'이 '공공의 안녕'의 제1요소가 된다.
② 공공의 안녕의 요소 중 법질서의 불가침성은 사법(私法)규범을 제외한 공법(公法)규범을 대상으로 한다.
③ 공공의 안녕에는 개인의 권리와 법익이 포함되며, 개인의 권리에는 재산권이 포함되나 사유재산적 가치 또는 지적재산권과 같은 무형의 권리는 제외된다.
④ 사법에서 인정되는 사적권리는 사적인 권리확보수단이 존재하는 경우에 경찰의 보충적인 보호만 인정된다.

2

'미군정시기'의 경찰에 대해 설명으로 가장 적절한 것은?

① 비경찰화 작용의 일환으로 위생사무를 위생국으로 이관하였고, 정보경찰과 고등경찰을 폐지하였다.
② 1945년에 정치범처벌법·보안법·예비검속법이 폐지되었고, 1948년에 마지막으로 치안유지법을 폐지하였다.
③ 1947년 7인으로 구성된 중앙경찰위원회가 법령 제157호로 설치되었으며, 중요한 경무정책의 수립·경찰관리의 소환·심문·임면·이동 등에 관한 사항을 심의하였다.
④ 광복 이후 미군정은 일제가 운용하던 비민주적 형사제도를 상당 부분 개선하고, 영미식 형사제도를 도입하기도 하였는데, 1945년 미군정 법무국 검사에 대한 훈령 제3호가 발령되어 수사는 경찰, 기소는 검사 체제가 도입되며 경찰의 독자적 수사권이 인정되었다.

3

「국가경찰과 자치경찰의 조직과 운영에 관한 법률」상 국가경찰위원회에 대한 설명으로 적절한 것은 모두 몇 개인가?

가. 국가경찰위원회는 경찰의 민주주의와 정치적 중립성을 보장하기 위하여 경찰청에 설치한 독립적 심의·의결 기구이다.
나. 국가경찰위원회는 위원장 1명을 포함한 7명의 위원으로 구성하되, 위원장은 당연직 상임이며, 5명의 위원은 비상임으로 하고, 1명의 위원은 상임으로 한다.
다. 위원의 임기는 3년으로 하며, 연임할 수 있다. 이 경우 보궐위원의 임기는 전임자 임기의 남은 기간으로 한다.
라. 국가경찰위원회의 사무는 자체에서 수행한다.
마. 국가경찰위원회의 회의는 재적위원 과반수의 출석과 재적위원 과반수의 찬성으로 의결한다.

① 0개 ② 1개
③ 2개 ④ 3개

4

「경찰공무원법」에서 규정하는 '경찰공무원의 임용'에 대한 설명으로 가장 적절한 것은? (다툼이 있는 경우 판례에 의함)

① "임용"이란 신규채용·승진·전보·파견·휴직·직위해제·강임과 전직·정직·강등·복직·면직·해임 및 파면을 말한다.
② "전보"란 경찰공무원의 동일 직위 및 자격 내에서의 근무기관이나 부서를 달리하는 임용을 말한다.
③ 경찰공무원은 임용장이나 임용통지서에 적힌 날짜에 임용된 것으로 본다. 다만, 사망으로 인한 면직은 사망한 날에 면직된 것으로 본다.
④ 직위해제 중에 자격정지 이상의 형의 선고유예를 받아 당연퇴직된 경찰공무원에게 임용권자가 복직처분을 하였다면 선고유예기간이 경과된 경우에 경찰공무원의 신분은 회복된다.

5

직위해제에 대한 설명으로 가장 옳지 않은 것은?

① 임용권자는 직무수행 능력이 부족하거나 근무성적이 극히 나쁜 사유로 직위해제된 자에게 3개월 범위에서 대기를 명한다.
② 형사사건으로 기소되어(약식명령이 청구된 자 제외) 직위해제가 된 사람에게는 봉급의 50%만 지급하나, 3개월이 지나도 직위를 부여받지 못한 경우에는 그 3개월이 지난 후의 기간 중에는 봉급의 30%를 지급한다.
③ 파면·해임·강등·정직 또는 감봉에 해당하는 징계 의결이 요구 중인 자는 직위해제 대상이다.
④ 임용권자는 직위해제 사유에 해당하는 자에게는 직위를 부여하지 아니할 수 있다.

6

「경찰공무원법」상 경찰공무원의 의무에 해당하는 것은 모두 몇 개인가?

| 가. 정치 관여 금지 의무 |
| 나. 영리 업무 및 겸직 금지 의무 |
| 다. 품위 유지의 의무 |
| 라. 법령준수의 의무(성실 의무) |
| 마. 지휘권 남용 등의 금지 의무 |
| 바. 집단 행위의 금지 의무 |
| 사. 비밀 엄수의 의무 |
| 아. 거짓 보고 등의 금지 의무 |

① 3개　　② 4개
③ 5개　　④ 6개

7

경찰법의 법원(法源)에 대한 설명으로 옳지 않은 것은?

① 헌법은 국가의 기본적인 통치구조를 정한 기본법으로서 행정의 조직이나 작용의 기본원칙을 정한 부분은 그 한도 내에서 경찰법의 법원이 된다.
② 경찰법의 법원은 일반적으로 성문법원과 불문법원으로 나눌 수 있으며 헌법, 법률, 조약과 국제법규, 조리와 규칙은 성문법원이다.
③ 국회에서 의결을 거치지 않고 행정기관에 의하여 제정된 법규를 법규명령이라고 한다.
④ 헌법에 의하여 체결·공포된 조약과 일반적으로 승인된 국제법규도 경찰법의 법원으로 볼 수 있다.

8

경찰비례의 원칙에 대한 설명으로 옳은 것은?

① 경찰비례의 원칙은 일반조항에 근거하여 경찰권을 발동하는 경우는 물론 개별적 수권조항에 근거하여 경찰권을 발동하는 경우에도 적용된다.
② 비례의 원칙의 세부3원칙은 적합성의 원칙, 최소침해 원칙, 협의의 비례원칙으로 모든 원칙을 위배해야 비례원칙 위반이 된다.
③ '경찰은 대포로 참새를 쏘아서는 안 된다'는 법언은 필요성의 원칙을 잘 표현한 것이다.
④ 협의의 비례의 원칙이란 목적달성을 위해 필요한 한도 이상으로 행해져선 안 된다는 원칙으로, 국민에게 가장 피해가 적은 수단을 선택하여야 한다.

9

「행정조사기본법」상 행정조사에 대한 설명으로 옳은 것은?

① 「행정조사기본법」은 행정조사 실시를 위한 일반적인 근거규범으로서 행정기관은 다른 법령등에서 따로 행정조사를 규정하고 있지 않더라도 「행정조사기본법」을 근거로 행정조사를 실시할 수 있다.
② 자발적인 협조에 따라 실시하는 행정조사에 대하여 조사대상자가 조사에 응할 것인지에 대한 응답을 하지 아니하는 경우에는 법령 등에 특별한 규정이 없는 한 그 조사에 동의한 것으로 본다.
③ 행정기관의 장은 행정조사의 연기요청을 받은 때에는 연기요청을 받은 날부터 14일 이내에 조사의 연기 여부를 결정하여 조사대상자에게 통지하여야 한다.
④ 행정기관은 유사하거나 동일한 사안에 대하여는 공동조사 등을 실시함으로써 행정조사가 중복되지 아니하도록 하여야 한다.

10

「경찰관 직무집행법」 제4조 '보호조치등'에 대한 설명으로 적절한 것은?

① 경찰관이 응급의 구호를 요하는 구호대상자를 보건의료기관에게 긴급구호요청을 하고, 보건의료기관이 이에 따라 치료행위를 하였다면 국가와 보건의료기관 사이에 국가가 치료행위를 보건의료기관에 위탁하고 보건의료기관이 이를 승낙하는 내용의 치료위임계약이 체결된 것으로는 볼 수 있다.
② 경찰관은 자살을 시도하는 것이 명백하고 응급구호가 필요하다고 믿을 만한 상당한 이유가 있다면 본인 동의 여부와 관계없이 보호조치를 실시할 수 있으며, 이 경우 경찰관서에 24시간 이내 보호가 가능하다.
③ 경찰관은 보호조치를 하는 경우에 구호대상자가 휴대하고 있는 무기·흉기 등 위험을 일으킬 수 있는 것으로 인정되는 물건을 공공보건의료기관이나 공공구호기관에 임시로 영치하여 놓을 수 있다.
④ 긴급구호요청을 받은 응급의료종사자가 정당한 이유 없이 긴급구호요청을 거절할 경우, 「경찰관 직무집행법」에 따라 3년 이하의 징역 또는 3천만원 이하의 벌금에 처한다.

11

경찰장비에 대한 설명으로 가장 적절한 것은?

① 「경찰관 직무집행법」상 경찰관은 범인의 체포, 범인의 도주 방지, 자신이나 다른 사람의 생명·신체의 방어 및 보호, 공무집행에 대한 항거의 제지를 위하여 필요하다고 인정되는 상당한 이유가 있을 때에는 그 사태를 합리적으로 판단하여 필요한 한도에서 무기를 사용할 수 있다.
② 「경찰관 직무집행법」상 경찰관은 경찰장비를 함부로 개조하거나 경찰장비에 임의의 장비를 부착하여 일반적인 사용법과 달리 사용함으로써 다른 사람의 생명·신체에 위해를 끼쳐서는 아니 되며, 모든 경찰장비는 필요한 최소한도에서 사용하여야 한다.
③ 「경찰관 직무집행법」상 경찰청장은 위해성 경찰장비를 새로 도입하려는 경우에는 대통령령으로 정하는 바에 따라 안전교육을 실시하여 그 안전교육의 결과보고서를 국회 소관 상임위원회에 제출하여야 한다. 이 경우 안전교육에는 외부 전문가를 참여시킬 수 있다.
④ 「위해성 경찰장비의 사용기준 등에 관한 규정」상 경찰관은 14세 미만의 자 또는 65세 이상의 고령자에 대하여 전자충격기를 사용하여서는 아니 된다.

12

관료제 비판 중 다음 설명에 해당하는 것은?

> 각 계층에서 유능한 자가 승진하고 나면 결국 무능한 자만 남게 되어 관료제의 대다수 계층이 무능력자로 채워진다.

① 번문욕례
② 파킨슨 법칙
③ 피터의 원리
④ 무사안일주의

13

예산제도에 대한 설명으로 가장 옳지 않은 것은?

① 품목별 예산제도(Line Item Budgeting)는 예산지출에 대한 통제와 담당 공무원의 책임성을 확보하는데 유리하다.
② 성과주의 예산제도(Performance Budgeting)는 '단위원가×업무량 = 예산액'으로 표시하여 편성하는 예산제도로서 사업성과가 좋은지 나쁜지의 결과에 초점을 두며 예산을 들여 사업과 활동별로 무엇을 하는지에 대한 정보는 알기 어렵다.
③ 계획 예산제도(Planning Programming Budgeting)는 국민의 입장에서 경찰활동을 이해하기 어려운 예산제도로서 의사결정이 지나치게 집권화되고 전문화되어 외부 통제가 어렵다.
④ 영기준 예산제도(Zero Based Budgeting)는 사업의 존속·축소·확대 여부를 원점에서 새로 분석·검토하여 우선순위별로 실행 예산을 결정하는 제도로서 예산편성 과정에서 중간관리층을 포함한 구성원의 참여 및 이들의 상향적 의사소통 통로가 확대된다.

14

「보안업무규정」 및 「경찰청 보안업무규정 시행세칙」상 비밀에 대한 설명으로 가장 적절하지 않은 것은?

① 각급기관의 장은 비밀문서의 접수·발송·복제·열람 및 반출 등의 통제에 필요한 규정을 따로 작성·운영할 수 있다.
② 경찰공무원 중 경찰청 각 과·담당관의 서무업무 담당자 및 비밀을 관리하는 보안업무 담당자에 해당하는 사람은 보직 발령과 동시에 Ⅱ급 비밀취급 인가를 받은 것으로 본다.
③ ②에도 불구하고 신원특이자에 대해서는 Ⅱ급 비밀취급 인가 여부의 적절성에 관하여 사전에 각 기관장의 심의를 거쳐야 한다. 다만, 신원특이자 소속기관의 자체 심의기구에서 신원특이자의 Ⅱ급 비밀취급 인가 여부를 심의한 경우에는 위원회의 심의를 거치지 않는다.
④ 각 경찰기관의 장은 ③에 따라 위원회 또는 자체 심의기구의 심의 결과 신원특이자의 비밀취급이 부적절하다고 의결된 경우 그를 즉시 다른 부서·보직으로 인사조치한다.

15

「언론중재 및 피해구제 등에 관한 법률」에 대한 설명으로 가장 적절한 것은?

① 사실적 주장에 관한 언론보도등이 진실하지 않아 피해를 입은 자는 해당 언론보도가 있음을 안 날부터 6개월 이내 언론사에게 그 언론보도등의 내용에 관한 정정보도를 청구할 수 있다.
② 언론사등의 고의·과실이나 위법성을 필요로 한다.
③ 언론등에 의하여 범죄혐의가 있거나 형사상의 조치를 받았다고 보도 또는 공표된 자는 그에 대한 형사절차가 무죄판결 또는 이와 동등한 형태로 종결되었을 때에는 그 사실을 안 날부터 3개월 이내에 언론사등에 이 사실에 관한 추후보도의 게재를 청구할 수 있다.
④ 언론사등은 청구된 정정보도의 내용이 국가·지방자치단체 또는 공공단체의 비공개회의와 법원의 비공개재판절차의 사실보도에 관한 것인 경우 정정보도 청구를 거부할 수 있다.

16

「공공기관의 정보공개에 관한 법률」에 대한 설명으로 가장 적절하지 않은 것은?

① 직무를 수행한 공무원의 성명·직위 등 「개인정보 보호법」 제2조 제1호에 따른 개인정보로서 공개될 경우 사생활의 비밀 또는 자유를 침해할 우려가 있다고 인정되는 정보는 공개하지 않을 수 있다.
② 정보공개에 관한 정책 수립 및 제도 개선에 관한 사항 등을 심의·조정하기 위하여 행정안전부장관 소속으로 정보공개위원회를 둔다.
③ 정보공개위원회는 성별을 고려하여 위원장과 부위원장 각 1명을 포함한 11명의 위원으로 구성한다.
④ 청구인이 정보공개와 관련한 공공기관의 결정에 대하여 불복이 있거나 정보공개 청구 후 20일이 경과하도록 정보공개 결정이 없는 때에는 「행정소송법」에서 정하는 바에 따라 행정소송을 제기할 수 있다.

17

작은 호의가 큰 부패로 이어진다는 '미끄러지기 쉬운 경사로 이론'에 대한 설명 중 틀린 것은?

① 펠드버그는 대부분의 경찰인들이 사소한 호의와 뇌물을 구별할 수 있으므로 이 이론은 비현실적이라고 주장한다.
② 델라트르는 경찰조직의 정책이 모든 작은 호의를 금지하는 것이어야 한다고 주장한다.
③ 델라트르는 모든 경찰관이 이 이론에 따라 큰 부패로 이어지는 것은 아니고 일부 경찰관이 그렇게 되지만 그건 일부에 불과하기 때문에 이를 무시하거나 간과할 수 있다고 주장한다.
④ 셔먼의 '미끄러지기 쉬운 경사로 이론'은 부패에 해당하지 않는 작은 선물 등의 사소한 호의를 허용하면 나중에는 엄청난 부패로 이어진다는 이론이다.

18

「부정청탁 및 금품등 수수의 금지에 관한 법률」에 대한 내용으로 가장 적절한 것은?

① 임명직 공직자, 정당, 시민단체 등이 공익적인 목적으로 제3자의 고충민원을 전달하거나 법령·기준의 제정·개정·폐지 또는 정책·사업·제도 및 그 운영 등의 개선에 관하여 제안·건의하는 행위에 해당하는 경우에는 이 법을 적용하지 아니한다.
② 신고를 하려는 자는 자신의 인적사항을 밝히지 아니하고 변호사를 선임하여 신고를 대리하게 할 수 있다.
③ 공직자등과 관련된 직원상조회·동호인회·동창회·향우회·친목회·종교단체·사회단체 등이 정하는 기준에 따라 구성원에게 제공하는 금품등은 동법 제8조(금품등의 수수 금지)에서 규정하는 수수를 금지하는 금품등에 해당한다.
④ 공직자등이 제3자를 위하여 다른 공직자등(제11조에 따라 준용되는 공무수행사인을 포함한다)에게 수사·재판·심판·결정·조정·중재·화해 또는 이에 준하는 업무를 법령을 위반하여 처리하도록 부정청탁한 경우 2천만원 이하의 과태료를 부과한다.

19

「경찰청 공무원 행동강령」에 대한 설명으로 가장 적절한 것은?

① 공무원은 어떠한 경우에도 자신의 직무권한을 행사하여 직무관련자로부터 사적 노무를 제공받거나 요구해서는 안된다.
② 인가·허가 등을 담당하는 공무원이 그 신청인에게 이익 또는 불이익을 주거나 제3자에게 이익 또는 불이익을 주기 위하여 부당하게 그 신청의 접수를 지연하거나 거부하는 행위를 해서는 안 된다.
③ 경찰유관단체원이 경찰 업무와 관련하여 경찰관에게 금품을 제공한 경우 행동강령책임관은 해당 경찰유관단체 운영 부서장과 협의하여 소속기관장에게 경찰유관단체원의 해촉 등 필요한 조치를 건의하여야 하며, 보고를 받은 소속기관장은 적절한 조치를 취하여야 한다.
④ 공무원은 금액을 초과하는 사례금을 받은 경우에는 그 사실을 안 날로부터 2일 이내에 소속기관의 장에게 신고하여야 하며, 소속기관의 장에게 그 초과금액을 지체 없이 반환하여야 한다.

20

정부에서 운영 중인 적극행정에 대한 설명으로 가장 옳지 않은 것은?

① 「적극행정 운영규정」상 적극행정이란 "공무원이 민원인의 고충을 해결하기 위해 선례에 얽매이지 않고 적극적으로 업무를 처리하는 행위"로 정의하고 있다.
② 「적극행정 운영규정」상 공무원이 적극행정을 추진한 결과에 대해서는 고의 또는 중대한 과실이 없는 경우에는 징계 관련 법령에 따라 징계의결 또는 징계부가금 부과의결을 하지 않는다.
③ 「경찰청 적극행정 면책제도 운영규정」상 적극행정이란 경찰청 및 그 소속기관의 공무원 또는 산하단체의 임·직원이 국가 또는 공공의 이익을 증진하기 위해 성실하고 능동적으로 업무를 처리하는 행위를 말한다.
④ 「경찰청 적극행정 면책제도 운영규정」상 면책이란 적극행정 과정에서 발생한 부분적인 절차상 하자 또는 비효율, 손실 등과 관련하여 그 업무를 처리한 경찰청 소속 공무원 등에 대하여 「경찰청 감사규칙」 제10조 제1호부터 제3호까지 및 제6호와 「경찰공무원 징계령」에 따른 징계 및 징계부가금의 어느 하나에 해당하는 책임을 묻지 않거나 감면하는 것을 말한다.

21

환경설계를 통한 범죄예방(CPTED)의 기본원리에 관한 설명으로 가장 적절한 것은?

① '활동의 활성화'는 일정한 지역에 접근하는 사람들을 정해진 공간으로 유도하거나 외부인의 출입을 통제하도록 설계함으로써, 접근에 대한 심리적 부담을 증대시켜 범죄를 예방하는 것이다. 출입구의 최소화, 통행로의 설계, 울타리 및 표지판의 설치를 예로 들 수 있다.
② '영역성의 강화'는 주민들이 모여서 상호의견을 교환하고 유대감을 증대할 수 있는 공공장소를 설치하여 이를 이용하도록 함으로써, '거리의 눈'에 의한 자연적인 감시와 접근통제의 기능을 확대하는 것이다. 놀이터와 공원의 설치, 벤치·정자의 위치 및 활용성에 대한 설계를 예로 들 수 있다.
③ '유지관리'는 시설물이나 공공장소의 기능을 처음 설계되거나 개선한 의도대로 지속적으로 이용될 수 있도록 관리함으로써, 범죄예방을 위한 환경설계의 장기적이고 지속적 효과를 유지하는 것이다. 청결유지, 파손의 즉시 보수, 조경의 관리를 예로 들 수 있다.
④ '자연적 접근통제'는 건축물이나 시설물의 설계 시 가시권을 최대한 확보하고 외부 침입에 대한 감시기능을 확대함으로써, 범죄 발각 위험을 증가시키고 범행 기회를 감소시키는 것이다. 가시권 확대를 위한 건물의 배치, 조명 및 조경 설치를 예로 들 수 있다.

22

다음 중 「경범죄 처벌법」에 관한 내용으로 옳은 것은?

① 있지 아니한 범죄나 재해 사실을 공무원에게 거짓으로 신고한 사람은 주거가 분명하여도 현행범으로 체포할 수 있다.
② '폭행 등 예비'와 '거짓 광고', '행렬방해'는 10만원 이하의 벌금, 구류 또는 과료의 형으로 처벌한다.
③ 범칙행위를 상습적으로 하는 사람은 통고처분제외자 해당한다.
④ 경찰청장, 해양경찰청장, 제주특별자치도지사 또는 철도특별사법경찰대장은 범칙자로 인정되는 사람에 대하여 그 이유를 명백히 나타낸 서면으로 범칙금을 부과하고 이를 납부할 것을 통고할 수 있다.

23

수사실행의 5대 원칙에 대한 설명 중 옳지 않은 것은 모두 몇 개인가?

> ㉠ 수사자료 완전수집의 원칙 : 수사기관은 사건해결의 관건이 되는 자료를 누락하거나 멸실시키는 일이 없도록 전력을 다하여 자료를 수집하여야 한다는 원칙이다.
> ㉡ 적절한 추리의 원칙 : 수사관의 상식적 검토·판단에만 의할 것이 아니라 감식과학이나 과학적 지식 또는 시설장비를 최대한 유용하게 활용하여 수사를 해야 한다.
> ㉢ 검증적 수사의 원칙 : 수사방법의 결정 → 수사사항의 결정 → 수사실행 순서로 검토해야 한다.
> ㉣ 수사자료 감식·검토의 원칙 : 수집된 자료를 기초로 합리적인 판단을 해야 한다.
> ㉤ 사실판단 증명의 원칙 : 판단이 진실이라는 것을 객관적으로 증명할 수 있어야 한다.

① 1개 ② 2개
③ 3개 ④ 4개

24

수사의 공정성 확보와 관련된 내용으로 옳은 것은?

① 기피 신청을 하려는 사람은 기피신청서를 작성하여 기피 신청 대상 경찰관이 소속된 경찰관서 내 수사부서의 장에게 제출하여야 한다.
② 검사 또는 사법경찰관리는 피의자나 사건관계인과 친족관계 또는 이에 준하는 관계가 있거나 그 밖에 수사의 공정성을 의심 받을 염려가 있는 사건에 대해서는 소속 기관의 장의 허가를 받아 그 수사를 회피해야 한다.
③ 사법경찰관리는 범죄 인지 후 1년이 지난 사건에 대해서는 수사준칙 제51조 제1항에 따른 결정(법원송치, 검찰송치, 불송치, 수사중지, 이송)을 해야 한다. 다만, 다수의 사건관계인 조사, 관련 자료 추가확보·분석, 외부 전문기관 감정의 장기화, 범인 미검거 등으로 계속하여 수사가 필요한 경우에는 해당 사법경찰관리가 소속된 수사 부서의 장의 승인을 받아 연장할 수 있다.
④ 경찰관은 신고·고소·고발·진정·탄원에 따라 수사를 개시한 날 또는 같은 수사를 개시한 날부터 매 1개월이 지난 날로부터 7일 이내에 고소인·고발인·피해자 또는 그 법정대리인(피해자가 사망한 경우 그 배우자·직계친족·형제자매를 포함)에게 수사 진행상황을 통지할 수 있다.

25

지문에 대한 설명으로 옳지 않은 것은?

① 준현장지문이란 피의자 검거를 위하여 범죄현장 이외의 장소에서 채취한 지문을 말한다.
② 현장지문이란 범인지문으로 추정되는 지문이다.
③ 관계자지문이란 범인이 아닌 사건수사에 관련된 사람, 현장출입자 등이 남긴 지문을 말한다.
④ 역지문이란 먼지 쌓인 물체, 연한 점토, 마르지 않은 도장면에 인상된 지문을 가리키는 것으로 선의 고랑과 이랑이 반대로 현출된다.

26

「스토킹범죄의 처벌 등에 관한 법률」에 대한 설명으로 옳지 않은 것은?

① "스토킹행위"란 상대방의 의사에 반(反)하여 정당한 이유 없이 상대방 또는 그의 동거인, 가족에 대하여 접근하거나 따라다니거나 진로를 막아서는 행위, 주거, 직장, 학교, 그 밖에 일상적으로 생활하는 장소 또는 그 부근에서 기다리거나 지켜보는 행위 등을 하여 상대방에게 불안감 또는 공포심을 일으키는 것을 말한다.

② 사법경찰관은 긴급응급조치를 하였을 때에는 지체 없이 검사에게 해당 긴급응급조치에 대한 사후승인을 지방법원 판사에게 청구하여 줄 것을 신청하여야 하며, 신청을 받은 검사는 긴급응급조치가 있었던 때부터 48시간 이내에 지방법원 판사에게 해당 긴급응급조치에 대한 사후승인을 청구한다.

③ 사법경찰관은 스토킹행위 신고와 관련하여 스토킹행위가 지속적 또는 반복적으로 행하여질 우려가 있고 스토킹범죄의 예방을 위하여 긴급을 요하는 경우 스토킹행위자에게 직권으로 또는 스토킹행위의 상대방이나 그 법정대리인 또는 스토킹행위를 신고한 사람의 요청에 의하여 긴급응급조치를 할 수 있다.

④ 스토킹행위의 상대방등이나 그 법정대리인은 제4조 제1항 제1호(스토킹행위의 상대방등이나 그 주거등으로부터 100미터 이내의 접근 금지)의 긴급응급조치가 있은 후 스토킹행위의 상대방등이 주거등을 옮긴 경우에는 사법경찰관에게 긴급응급조치의 취소를 신청할 수 있으며, 긴급응급조치가 필요하지 아니한 경우에는 사법경찰관에게 해당 긴급응급조치의 변경을 신청할 수 있다.

27

향정신성의약품 중 LSD에 관한 설명으로 옳은 것은 모두 몇 개인가?

> ㉠ 근육강화 호르몬 분비효과가 있으며, 소다수 등에 타서 타인에게 복용하게 하여 성범죄 등에 악용한다.
> ㉡ 곡물의 곰팡이, 보리 맥각에서 추출한 물질을 인공적으로 합성시켜 만들어낸 것으로 무색·무취·무미하다.
> ㉢ 미량을 우편, 종이 등의 표면에 묻혔다가 뜯어서 입에 넣는 방법으로 복용하기도 한다.
> ㉣ 강한 중추신경 억제성 진해작용이 있으며 코데인 대용으로 시판되고 있다.
> ㉤ 일부 남용자들은 실제로 사용하지 않는데도 환각현상을 경험하는 '플래쉬백 현상'을 일으키기도 한다.

① 1개 ② 2개
③ 3개 ④ 4개

28

「국민보호와 공공안전을 위한 테러방지법」에 대한 설명으로 가장 적절한 것은?

① '테러단체'란 국가정보원이 지정한 테러단체를 말한다.
② 대테러활동에 관한 정책의 중요사항을 심의·의결하기 위하여 국가테러대책위원회를 두고, 위원장은 법무부장관으로 한다.
③ 관계기관의 대테러활동으로 인한 국민의 기본권 침해 방지를 위하여 대책위원회 소속으로 대테러 인권보호관(이하 "인권보호관"이라 한다) 1명을 둔다.
④ 관계기관의 장은 테러의 계획 또는 실행에 관한 사실을 관계기관에 신고하여 테러를 사전에 예방할 수 있게 하였거나, 테러에 가담 또는 지원한 사람을 신고하거나 체포한 사람에 대하여 대통령령으로 정하는 바에 따라 포상금을 지급하여야 한다.

29

「대통령 등의 경호에 관한 법률」에 대한 설명으로 가장 적절하지 않은 것은?

① "경호"란 경호 대상자의 생명과 재산을 보호하기 위하여 신체에 가하여지는 위해(危害)를 방지하거나 제거하고, 특정 지역을 경계·순찰 및 방비하는 등의 모든 안전 활동을 말한다.
② "관계기관"이란 경호처가 경호업무를 수행함에 있어 필요한 지원과 협조를 요청하는 국가기관, 지방자치단체 등을 말한다.
③ 처장은 경호업무의 수행에 필요하다고 판단되는 경우 경호구역을 지정할 수 있으며, 경호구역의 지정은 경호 목적 달성을 위한 최소한의 범위로 한정되어야 한다.
④ 경호공무원(처장의 제청으로 서울중앙지방검찰청 검사장이 지명한 경호공무원을 말한다)은 경호처의 경호대상에 대한 경호업무 수행 중 인지한 그 소관에 속하는 범죄에 대하여 직무상 또는 수사상 긴급을 요하는 경우 관할 경찰서장에게 경찰공무원의 파견을 요구할 수 있다.

30

다음 중 주차만 금지되는 구역에 해당하지 않은 것은?

① 「다중이용업소의 안전관리에 관한 특별법」에 따른 다중이용업소의 영업장이 속한 건축물로 소방본부장의 요청에 의하여 시·도경찰청장이 지정한 곳으로부터 5m 이내인 곳
② 도로공사를 하고 있는 경우에는 그 공사 구역의 양쪽 가장자리로부터 5m 이내인 곳
③ 터널 안 및 다리 위
④ 시장 등이 지정한 어린이 보호구역

31

긴급자동차에 대한 설명으로 옳은 것은?

① 긴급자동차는 긴급하고 부득이한 경우에는 도로의 중앙이나 우측 부분을 통행할 수 있다.
② 긴급 우편물 운송차량은 끼어들기 금지, 앞지르기 방법 등 규정사항이 적용되지 않는다.
③ 구급차, 혈액 공급차량은 자동차 속도제한, 신호위반, 중앙선 침범에 대한 사항이 적용되지 않는다.
④ 긴급자동차(제2조 제22호가목부터 다목까지의 자동차와 대통령령으로 정하는 경찰용 자동차만 해당한다)의 운전자가 교통사고를 일으킨 경우에는 그 긴급활동의 시급성과 불가피성 등 정상을 참작하여 「도로교통법」 제151조, 「교통사고처리 특례법」 제3조 제1항 또는 「특정범죄 가중처벌 등에 관한 법률」 제5조의13에 따른 형을 감경하거나 면제하여야 한다.

32

「교통사고처리 특례법」 제3조 제2항 단서의 처벌특례 예외사항에 해당하지 않는 것은?

① 「도로교통법」 제5조에 따른 신호기가 표시하는 신호 또는 교통정리를 하는 경찰공무원등의 신호를 위반하여 운전한 경우
② 「도로교통법」 제21조 제1항, 제22조, 제23조에 따른 앞지르기의 방법·금지시기·금지장소 또는 끼어들기의 금지를 위반하거나 같은 법 제60조 제2항에 따른 고속도로에서의 앞지르기 방법을 위반하여 운전한 경우
③ 「도로교통법」 제24조에 따른 철길건널목 통과방법을 위반하여 운전한 경우
④ 도로의 파손, 도로공사나 그 밖의 장애 등으로 도로의 우측 부분을 통행할 수 없는 경우로서 「도로교통법」 제13조 제3항을 위반하여 도로의 중앙이나 좌측 부분을 통행하여 운전한 경우

33

다음 사례는 정보의 기능적 분류에 의하면 어느 것에 속하는가?

> ㉠ 정보과에 근무하는 甲순경은 관내에서 벌어지고 있는 집단사태의 상황을 상황보고 형식으로 상부에 보고를 하였다.
> ㉡ 강남경찰서 정보과 경장 甲은 신길대학교 총학생동맹의 최근 동향과 차후 학생운동 예상방향 및 이에 대한 대비책 등의 보고서를 작성하였다.

① ㉠ - 기본정보, ㉡ - 현용정보
② ㉠ - 기본정보, ㉡ - 판단정보
③ ㉠ - 현용정보, ㉡ - 판단정보
④ ㉠ - 판단정보, ㉡ - 기본정보

34

「집회 및 시위에 관한 법률」에 관한 설명으로 가장 적절한 것은?

① 옥외집회나 시위를 주최하려는 자는 신고서를 옥외집회나 시위를 시작하기 720시간 전부터 48시간 전에 관할 경찰서장에게 제출하여야 한다. 다만, 옥외집회 또는 시위 장소가 두 곳 이상의 경찰서의 관할에 속하는 경우에는 관할 시·도경찰청장에게 제출하여야 하고, 두 곳 이상의 시·도경찰청 관할에 속하는 경우에는 경찰청장에게 제출하여야 한다.

② 관할 경찰서장 또는 시·도경찰청장은 신고서를 접수하면 신고자에게 접수 일시를 적은 접수증을 즉시 내주어야 하며, 신고서의 기재 사항에 미비한 점을 발견하면 접수증을 교부한 때부터 12시간 이내에 주최자에게 24시간을 기한으로 그 기재 사항을 보완할 것을 통고하여야 한다.

③ 신고서를 접수한 관할경찰관서장은 신고된 옥외집회 또는 시위가 신고서 기재사항을 보완하지 아니한 때에는 신고서를 접수한 때부터 48시간 이내에 집회 또는 시위를 금지할 것을 주최자에게 통고할 수 있다. 다만, 집회 또는 시위가 집단적인 폭행, 협박, 손괴, 방화 등으로 공공의 안녕 질서에 직접적인 위험을 초래한 경우에는 남은 기간의 해당 집회 또는 시위에 대하여 신고서를 접수한 때부터 48시간이 지난 경우에도 금지 통고를 할 수 있다.

④ 집회 또는 시위의 주최자는 ③에 따른 금지 통고를 받은 날부터 10일 이내에 해당 경찰관서의 장에게 이의를 신청할 수 있다.

35

집회 및 시위에 관한 판례의 내용 중 옳지 않은 것은? (다툼이 있으면 판례에 의함)

① 집회가 성립하기 위한 최소한의 인원에 대해 종래 학계와 실무에서는 2인설과 3인설이 대립하고 있었으나 대법원은 '2인이 모인 집회도 「집회 및 시위에 관한 법률」의 규제대상'이라고 판시하였다.
② 차도의 통행방법으로 신고하지 아니한 '삼보일배 행진'을 하여 차량의 통행을 방해한 사안에서, 그 시위 방법이 장소, 태양, 내용, 방법과 결과 등에 비추어 사회통념상 용인될 수 있는 다소의 피해를 발생시킨 경우에도, 신고제도의 목적 달성을 심히 곤란하게 하는 정도에 이르지 않더라도 사회상규에 위배되는 행위로 판단된다.
③ 서울광장이 청구인들의 생활형성의 중심지인 거주지나 체류지에 해당한다고 할 수 없고, 서울광장에 출입하고 통행하는 행위가 그 장소를 중심으로 생활을 형성해 나가는 행위에 속한다고 볼 수도 없으므로 청구인들의 거주·이전의 자유가 제한되었다고 할 수 없다.
④ 집회참가자들이 망인에 대한 추모의 목적과 그 범위 내에서 이루어지는 노제 등을 위한 이동·행진의 수준을 넘어서서 그 기회를 이용하여 다른 공동의 목적을 가지고 일반인이 자유로이 통행할 수 있는 장소를 행진하거나 위력 또는 기세를 보여, 불특정한 여러 사람의 의견에 영향을 주거나 제압을 하는 행위에까지 나아가는 경우에는, 이미 「집회 및 시위에 관한 법률」이 정한 시위에 해당하므로 「집회 및 시위에 관한 법률」 제6조에 따라 사전에 신고서를 관할 경찰서장에게 제출할 것이 요구된다.

36

다음은 공산주의자들이 목표달성을 위한 '전략의 원칙'에 대한 설명이다. 가장 옳은 것은?

① 공산화 혁명 수행에 필요한 전술을 여러 종류로 다양하게 만들어 두어야 하고 전술 간 상호모순이 있어서는 안 된다.
② 상호 상반되거나 배타적인 두 개 이상의 전술을 동시에 구사하는 것은 전술운용에 혼선을 초래하므로 지양하여야 한다.
③ 공산화 운동은 상황에 따라 수시로 후퇴하고 적에게 양보할 수 있지만 그것은 반드시 일시적인 것이어야 한다.
④ 당장 쓰이지 않는 기존 전술은 과감히 폐기하고 새로운 전술을 도입하여 구사한다.

37

다음 중 「국가보안법」에 대한 설명으로 옳은 것은?

① 이 법의 죄를 범한 자를 수사기관 또는 정보기관에 통보하거나 체포한 자에게는 「국가보안유공자 상금지급 등에 관한 규정」이 정하는 바에 따라 상금을 지급할 수 있다.
② 범인에게 금품, 재산적 이익만을 제공한 경우 정범으로 처벌되지는 않는다.
③ 「국가보안법」, 「군형법」, 「형법」에 규정된 반국가적 범죄로 금고 이상의 형을 선고받고 그 형의 집행을 종료하지 아니한자 또는 그 집행을 종료하거나 집행을 받지 않기로 확정된 후 5년이 경과하지 않은 자가 재차 특정범죄를 범하였을 때는 최고형으로 사형을 정하고 있다.
④ 찬양·고무 등(제7조), 불고지죄(제10조)를 위반한 자에 대한 수사기관의 구속기간은 최대 50일이다.

38

「출입국관리법」상 외국인의 입국금지 사유로 가장 적절하지 않은 것은?

① 감염병환자, 마약류중독자, 그 밖에 공중위생상 위해를 끼칠 염려가 있다고 인정되는 사람
② 강제퇴거명령을 받고 출국한 후 5년이 지난 사람
③ 사리 분별력이 없고 국내에서 체류활동을 보조할 사람이 없는 정신장애인, 국내체류 비용을 부담할 능력이 없는 사람, 그 밖에 구호(救護)가 필요한 사람
④ 경제질서 또는 사회질서를 해치거나 선량한 풍속을 해치는 행동을 할 염려가 있다고 인정할 만한 상당한 이유가 있는 사람

39

주한미군지위협정(SOFA) 적용 대상자가 아닌 사람은 모두 몇 명인가?

┌─────────────────────────────────┐
│ ㉠ 이중국적 가족
│ ㉡ NATO에 근무 중 공무상 한국을 여행 중인 미군
│ ㉢ 주한 미군사고문단
│ ㉣ 한국에서 근무하는 미군의 21세 미만인 자녀
│ ㉤ 주한 미대사관에 근무하는 미군사병
└─────────────────────────────────┘

① 2명　　　　② 3명
③ 4명　　　　④ 5명

40

「범죄인 인도법」에 대한 설명으로 가장 적절한 것은?

① 범죄인 인도심사 및 그 청구와 관련된 사건은 각 관할구역 고등법원과 고등검찰청의 전속관할로 한다.
② 범죄인 인도에 관하여 인도조약에「범죄인 인도법」과 다른 규정이 있는 경우에는「범죄인 인도법」을 우선한다.
③ 법무부장관은 청구국으로부터 범죄인의 긴급인도구속을 청구받았을 때에는 긴급인도구속 청구서와 관련 자료를 외교부장관에게 송부하여야 한다.
④ 법원은 범죄인이 인도구속영장에 의하여 구속 중인 경우에는 구속된 날부터 2개월 이내에 인도심사에 관한 결정을 하여야 한다.

제3회 모의고사

1

다음 중 경찰의 분류에 대한 설명으로 가장 적절하지 않은 것은?

① 행정경찰은 실질적 의미의 경찰에 해당하고, 사법경찰은 형식적 의미의 경찰에 해당한다고 할 수 있다. 따라서 행정경찰은 주로 과거의 상황에 대하여 발동되는 반면, 사법경찰은 주로 현재 또는 장래의 상황에 대하여 발동하게 된다.
② 예방경찰과 진압경찰은 경찰권 발동시점에 따라 구분한 것으로, '위해를 주는 정신착란자 보호'와 '사람을 공격하는 동물 사살'은 진압경찰에 해당한다.
③ 보안경찰과 협의의 행정경찰은 업무의 독자성에 따라 구분한 것으로, 교통경찰, 경비경찰, 해양경찰, 풍속경찰, 생활안전경찰 등은 보안경찰에 해당한다.
④ 평시경찰과 비상경찰은 위해의 정도와 담당기관에 따라 구분하며, 평시경찰은 평온한 상태하에서 일반경찰법규에 의하여 보통 경찰기관이 행하는 경찰작용이고 비상경찰은 비상사태발생이나 계엄선포시 군대가 일반치안을 담당하는 경우이다.

2

갑오개혁 이후 일본의 헌병의 경찰활동에 대한 설명으로 가장 적절하지 않은 것은?

① 1896년 한성과 부산 간의 군용전신선 보호를 명목으로 일본의 헌병대가 처음 주둔하게 되었다.
② 1910년 조선주차헌병조령에 의해 헌병이 일반치안을 담당할 법적 근거를 마련하였으며, 헌병은 의병활동지나 군사요충지, 일반경찰은 주로 도시나 개항장 등에 배치되었다.
③ 헌병은 군사경찰업무와 행정경찰업무를 수행하고, 사법경찰업무는 제외하였다.
④ 헌병은 사회단체의 단속, 항일인사의 체포, 일본관민의 보호 등 고등경찰업무도 수행했다.

3

「국가경찰과 자치경찰의 조직 및 운영에 관한 법률」상 경찰청장에 대한 설명으로 옳은 것은?

① 경찰청장은 국가경찰위원회의 동의를 받아 행정안전부장관의 추천으로 국무총리를 거쳐 대통령이 임명한다. 이 경우 국회의 인사청문을 거쳐야 한다.
② 경찰청장의 임기는 2년이 보장되나(중임할 수 없음), 직무 수행 중 헌법이나 법령을 위배하였을 때에는 국회는 탄핵 소추를 의결할 수 있다.
③ 소속 공무원뿐만 아니라 자치경찰사무를 담당하는 경찰공무원을 언제나 직접 지휘·명령할 수 있다.
④ 경찰청장은 비상사태 등 전국적 치안유지를 위한 지휘·명령이 필요한 경우에는 시·도자치경찰위원회에 자치경찰사무를 담당하는 경찰공무원을 직접 지휘·명령하려는 사유 및 내용 등을 구체적으로 제시하여 통보하여야 한다.

4

「경찰공무원 임용령」에 관한 설명 중 가장 적절한 것은?

① 경찰청장은 시·도지사에게 시·도의 자치경찰사무를 담당하는 경찰공무원 중 경정의 전보·파견·휴직·직위해제 및 복직에 관한 권한과 경감 이하의 임용권(신규채용 및 면직에 관한 권한은 제외)을 위임할 수 있다.
② 자치경찰사무를 담당하는 동작경찰서 소속 경사 乙의 경위으로의 승진임용과 경감 乙에 대한 휴직은 시·도지사가 한다.
③ 국가경찰사무를 담당하는 동작경찰서 소속 경사 丙의 감봉처분은 동작경찰서장이 행하고, 징계처분에 대한 행정소송 피고는 시·도경찰청장이다.
④ 임용권을 위임받은 시·도자치경찰위원회는 시·도지사와 경찰청장의 의견을 들어 그 권한의 일부를 시·도경찰청장에게 다시 위임할 수 있다.

5

「경찰공무원 임용령」상 채용후보자의 자격상실 사유와 관련된 내용이다. 다음 내용 중에서 채용후보자의 자격상실 사유에 해당하지 않는 것은 모두 몇 개인가?

㉠ 채용후보자로서 받아야 할 교육훈련에 응하지 않은 경우
㉡ 채용후보자로서 받은 교육훈련과정의 수료요건 또는 졸업요건을 갖추지 못한 경우
㉢ 채용후보자로서 교육훈련 중 질병, 병역복무 또는 그 밖에 교육훈련을 계속할 수 없는 사유로 퇴교처분을 받은 경우
㉣ 채용후보자로서 품위를 크게 손상하는 행위를 함으로써 경찰공무원으로서의 직무를 수행하기 곤란하다고 인정되는 경우
㉤ 법 또는 법에 따른 명령을 위반하여 「경찰공무원 징계령」 제2조 제2호에 따른 경징계 사유에 해당하는 비위를 저지른 경우

---

① 1개 ② 2개
③ 3개 ④ 4개

6

「경찰공무원법」상 '경찰공무원의 정치관여 금지의무'와 「국가공무원법」상 '정치운동의 금지의무'에 대한 설명으로 옳은 것은?

① 「국가공무원법」상 정당이나 정치단체에 가입하거나 정치활동에 관여하는 행위를 하여서는 아니 된다.
② 「경찰공무원법」상 공무원은 선거에서 특정 정당 또는 특정인을 지지 반대하기 위하여 타인에게 정당이나 그 밖의 정치단체에 가입하게 하거나 또는 가입하지 아니하도록 권유 운동을 하여서는 아니 된다.
③ 「경찰공무원법」상 '경찰공무원의 정치관여 금지의무'와 「국가공무원법」상 '정치운동의 금지의무'를 위반한 경우 5년 이하의 징역과 5년 이하의 자격정지에 처한다.
④ 경찰공무원이 「경찰공무원법」상 '경찰공무원의 정치관여 금지의무' 위반한 경우 이에 대한 공소시효의 기간은 「형사소송법」 제249조 제1항에도 불구하고 10년으로 한다.

7

「경찰공무원 징계령 세부시행규칙」상 행위자의 정상참작 사유로 가장 적절하지 않은 것은?

① 과실로 인하여 발생한 의무위반행위가 다른 법령에 의해 처벌사유가 되지 않고 비난가능성이 없는 때
② 의무위반행위 중 직무와 관련이 없는 사고로 인한 의무위반행위로서 사회통념에 비추어 공무원의 품위를 손상하지 아니한 때
③ 간첩 또는 사회이목을 집중시킨 중요사건의 범인을 검거한 공로가 있을 때
④ 기타 부하직원에 대하여 평소 철저한 교양감독 등 감독자로서의 임무를 성실히 수행하였다고 인정된 때

8

「지방자치법」상 자치법규에 관한 설명으로 가장 적절한 것은?

① 지방자치단체는 법률의 범위에서 그 사무에 관하여 조례를 제정할 수 있다. 다만, 주민의 권리 제한 또는 의무 부과에 관한 사항이나 벌칙을 정하는 때에는 법령의 위임이 있어야 한다.
② 지방자치단체의 장은 법령 또는 조례의 범위에서 그 권한에 속하는 사무에 관하여 규칙을 제정할 수 있다.
③ 지방자치단체는 조례를 위반한 행위에 대하여 조례로써 1천만원 이하의 벌금이나 과태료를 정할 수 있으며, 이에 따른 과태료는 해당 지방자치단체의 장이나 그 관할 구역의 지방자치단체의 장이 부과·징수한다.
④ 법령에서 조례로 정하도록 위임한 사항은 그 법령의 하위 법령에서 그 위임의 내용과 범위를 제한하거나 직접 규정할 수 있다.

9

「행정기본법」상 부관에 대한 설명으로 옳지 않은 것은?

① 행정청은 처분에 재량이 있는 경우에는 부관을 붙일 수 있다.
② 행정청은 처분에 재량이 없는 경우에는 법률에 근거가 있는 경우에 부관을 붙일 수 있다.
③ 부관은 해당 처분의 목적에 위배되지 아니하고, 실질적 관련이 없을 것을 요건으로 한다.
④ 행정청은 사정이 변경되어 종전의 부관을 변경하지 아니하면 해당 처분의 목적을 달성할 수 없다고 인정되는 경우에는 그 처분을 한 후에도 부관을 새로 붙이거나 종전의 부관을 변경할 수 있다.

10

「질서위반행위규제법」에 관한 내용으로 옳은 것은?

① 질서위반행위의 성립과 과태료 처분은 처분 시의 법률에 따른다.
② 행정청의 과태료 처분이나 법원의 과태료 재판이 확정된 후 법률이 변경되어 그 행위가 질서위반행위에 해당하지 아니하게 된 때에는 변경된 법률에 특별한 규정이 없는 한 과태료의 징수 또는 집행을 면제한다.
③ 질서위반행위규제법은 대한민국 영역 안에서 질서위반행위를 한 자에게 적용하지만, 대한민국 영역 밖에 있는 대한민국의 선박 또는 항공기 안에서 질서위반행위를 한 외국인에게는 적용하지 아니한다.
④ 고의 또는 과실이 없는 질서위반행위는 과태료를 감경한다.

11

「경찰관 직무집행법」상 불심검문에 대한 설명으로 가장 적절한 것은?

① 경찰관은 이미 행하여진 범죄나 행하여지려고 하는 범죄행위에 관한 사실을 안다고 인정되는 사람을 정지시켜 질문하여야 한다.
② 경찰관은 ①에 따른 사람을 정지시킨 장소에서 질문을 하는 것이 그 사람에게 불리하거나 교통에 방해가 된다고 인정될 때에는 질문을 하기 위하여 가까운 경찰서·지구대·파출소 또는 출장소(지방해양경찰관서 포함하며, 이하 "경찰관서"라 함)로 동행할 것을 요구할 수 있다. 이 경우 동행을 요구받은 사람은 그 요구를 거절할 수 없다.
③ 경찰관은 ②에 따라 동행한 사람을 6시간을 초과하여 경찰관서에 머물게 할 수 없으며, 질문을 받거나 동행을 요구받은 사람은 형사소송에 관한 법률에 따르지 아니하고는 신체를 구속당하지 아니하며, 그 의사에 반하여 답변을 강요당하지 아니한다.
④ 경찰관이 불심검문 시 흉기조사뿐 아니라, 흉기 이외의 일반소지품 조사도 할 수 있다고 규정하고 있다.

12

「경찰관 직무집행법」제11조의5에 따른 '직무수행으로 인한 형의 감면'의 대상이 되는 범죄에 해당하는 것은 모두 몇 개인가?

> ㉠ 「형법」제2편 제24장 살인의 죄
> ㉡ 「형법」제2편 제32장 강간과 추행의 죄 중 강제추행에 관한 범죄
> ㉢ 「형법」제2편 제38장 절도와 강도의 죄 중 절도에 관한 범죄
> ㉣ 「가정폭력범죄의 처벌 등에 관한 특례법」에 따른 가정폭력범죄

① 1개 ② 2개
③ 3개 ④ 4개

13

동기부여이론 중 내용이론에 해당하는 것으로 가장 적절하지 않은 것은?

① 아지리스(C. Argyris)의 성숙·미성숙 이론
② 포터&롤러(Porter & Lawler)의 업적만족이론
③ 매슬로우(Maslow)의 욕구단계이론
④ 허즈버그(Herzberg)의 욕구충족요인 이원론(동기위생이론)

14

「경찰장비관리규칙」에 대한 설명으로 가장 적절한 것은?

① 간이무기고는 근무자가 24시간 상주하는 지구대, 파출소, 상황실 및 112타격대(이하 "지구대 및 상황실 등"이라 한다) 등 경찰기관의 장이 필요하다고 인정하는 상당한 이유가 있는 장소에 설치하여야 한다.
② 집중무기·탄약고의 열쇠보관은 일과시간에는 당직 업무(청사방호) 책임자가 하고, 일과시간 후에는 무기 관리부서의 장이 한다.
③ 경찰기관의 장은 무기를 휴대한 자가 술자리 또는 연회장소에 출입할 경우 즉시 대여한 무기·탄약을 회수해야 한다.
④ 경찰관이 권총을 휴대·사용하는 경우 1탄은 공포탄, 2탄 이하는 실탄을 장전한다. 다만, 대간첩작전, 살인·강도 등 중요범인이나 무기·흉기 등을 사용하는 범인의 체포 및 위해의 방호를 위하여 불가피한 경우에 1탄부터 실탄을 장전할 수 있다.

15

경찰통제의 기본요소에 관한 설명으로 가장 적절하지 않은 것은?

① 권한의 분산 : 경찰의 중앙조직과 지방조직 간의 권한 분산, 상위계급자와 하위계급자 간의 권한 분산 등이 필요하다.
② 공개 : 경찰의 정보공개를 통해 행정기관의 투명성이 확보된다면 독선과 부패는 억제될 수 있다.
③ 책임 : 조직의 정책과오에 대하여 엄격한 책임을 묻고 있다.
④ 참여 : 경찰은 국민에게 행정참여를 보장함으로써 행정의 공정성, 투명성 및 신뢰성을 확보해야 한다.

16

국가배상에 관한 설명으로 가장 적절하지 않은 것은? (다툼이 있는 경우 판례에 의함)

① 생명·신체의 침해로 인한 국가배상을 받을 권리는 양도하거나 압류하지 못한다.
② 지방자치단체장이 설치하여 관할 지방경찰청장에게 관리권한이 위임된 교통신호기의 고장으로 인하여 교통사고가 발생한 경우, 지방자치단체뿐만 아니라 경찰관들의 봉급을 부담하는 국가도 손해배상책임이 인정된다.
③ 도로·하천, 그 밖의 공공의 영조물(營造物)의 설치나 관리에 하자(瑕疵)가 있기 때문에 타인에게 손해를 발생하게 하였을 때에는 국가나 지방자치단체는 그 손해를 배상하여야 한다.
④ 군인·군무원·경찰공무원 또는 예비군대원이 전투·훈련 등 직무 집행과 관련하여 전사·순직하거나 공상을 입은 경우, 유족이 다른 법령에 따라 재해보상금·유족연금·상이연금 등의 보상을 지급받을 수 있을 때에는 「국가배상법」 및 「민법」에 따른 손해배상 및 위자료를 청구할 수 없다.

17

「경찰 인권보호 규칙」에 대한 설명으로 가장 적절한 것은?

① 당연직 위원은 경찰청은 청문감사인권담당관, 시·도경찰청은 감사관으로 한다.
② 경찰청 인권위원회는 위원장 1명을 포함하여 7명 이상 15명 이하의 위원으로 구성한다. 이때, 특정 성별이 전체위원 수의 10분의 6을 초과하지 아니해야 한다. 위원장은 위원회에서 호선(互選)하며, 위원은 당연직 위원과 위촉 위원으로 구분한다.
③ 경찰청장은 인권침해를 예방하고, 인권친화적인 치안 행정이 구현되도록 국민의 인권에 영향을 미치는 정책 및 계획에 대하여 인권영향평가를 실시해야 한다.
④ 시·도경찰청장은 ③의 사안이 확정되기 이전에 인권영향평가를 실시해야 한다.

18

존 클라이니히(J. Kleinig)의 내부고발에 대한 설명으로 옳은 것은?

① 동료나 상사의 부정에 대하여 감찰이나 외부의 언론매체를 통하여 공표하는 행위를 내부고발 행위라고 말하며, 침묵의 규범이라고도 한다.
② 내부고발자는 특별한 경우를 제외하고 공표를 한 후에 자신의 이견(異見)을 표시하기 위한 모든 내부적 채널을 다 사용해야 한다.
③ 내부고발자는 부적절한 행동을 하도록 지시되었다는 자신의 신념이 합리적 증거에 근거하였는지 확인해야 한다.
④ 경찰시험을 준비하는 甲은 언론에서 경찰공무원의 부정부패 기사를 보고 '나는 경찰이 되면 저런 행위를 하지 않겠다'는 생각을 가졌다. 이런 현상을 Moral hazard라 한다.

19

경찰의 윤리에 관한 설명으로 옳은 것은 모두 몇 개인가?

> ㉠ 셔먼(Sherman)의 미끄러지기 쉬운 경사로 이론은 사소한 부패가 습관화되면 나중에는 커다란 부패로 이어진다는 이론이다.
> ㉡ 존 클라이니히(J. Kleinig)의 내부고발의 윤리적 정당화 요건으로 적절한 도덕적 동기에 의해 내부고발이 이루어져야 하며, 성공가능성은 불문한다.
> ㉢ 회의주의와 비교할 때, 냉소주의는 조직 내 특정한 대상을 합리적 의심을 통해 신뢰하지 않는 것과 관련이 있다.
> ㉣ 사회계약설을 토대로 코헨(Cohen)과 펠드버그(Feldberg)가 제시하는 경찰활동의 기준에 따르면, 경찰입직 전 집에 도둑을 맞은 경험이 있었던 김순경은 경찰에 임용되어 절도범을 검거하자, 과거의 도둑맞은 경험이 생각나 피의자에게 욕설과 가혹행위를 한 경우는 '공공의 신뢰확보'에 위배된다.

① 0개 ② 1개
③ 2개 ④ 3개

20

「공직자의 이해충돌 방지법」과 「부정청탁 및 금품등 수수의 금지에 관한 법률」에 관한 설명 중 가장 적절한 것은?

① 「공직자의 이해충돌 방지법」상 부동산을 직접적으로 취급하는 대통령령으로 정하는 공공기관의 공직자는 공직자 자신이 소속 공공기관의 업무와 관련된 부동산을 보유하고 있거나 매수하는 경우 소속기관장에게 그 사실을 서면으로 신고하여야 한다.
② 「부정청탁 및 금품등 수수의 금지에 관한 법률」상 '공직자등'이 부정청탁을 받았을 때에는 부정청탁을 한 자에게 부정청탁임을 알리고 이를 거절하는 의사를 명확히 표시하여야 하며, 이러한 조치를 하였음에도 불구하고 동일한 부정청탁을 다시 받은 경우에는 이를 소속기관장에게 구두 또는 서면(전자서면을 포함)으로 신고하여야 한다.
③ 「부정청탁 및 금품등 수수의 금지에 관한 법률」에 따르면 ○○경찰서 소속 경찰관 甲이 모교에서 자신의 직무와 관련된 강의를 요청받아 1시간 동안 강의를 하고 50만 원의 사례금을 받았다면 대통령령이 정하는 바에 따라 소속기관장에게 신고하고 그 초과금액을 소속기관장에게 지체없이 반환하여야 한다.
④ 「부정청탁 및 금품등 수수의 금지에 관한 법률」상 「국가공무원법」 또는 「지방공무원법」에 따른 공무원과 그 밖에 다른 법률에 따라 그 자격·임용·교육훈련·복무·보수·신분보장 등에 있어서 공무원으로 인정된 사람일지라도 '공직자등' 개념에 포함되지 않는다.

21

「지역경찰의 조직 및 운영에 관한 규칙」에 대한 설명으로 가장 적절하지 않은 것은?

① '지역경찰의 근무'는 행정근무, 상황근무, 순찰근무, 경계근무, 대기근무, 기타근무로 구분하며, 112순찰근무, 경계근무는 반드시 2인 이상 합동으로 지정하여야 한다.
② 행정근무를 지정받은 지역경찰은 지역경찰관서 내에서 문서의 접수 및 처리, 시설·장비의 관리 및 예산의 집행, 각종 현황·통계·자료·부책 관리, 기타 행정업무 및 지역경찰관서장이 지시한 업무를 수행한다.
③ '순찰팀'은 범죄예방 순찰, 각종 사건사고에 대한 초동조치 등 현장 치안활동을 담당한다.
④ '순찰팀장'은 '근무교대시 주요 취급사항 및 장비 등의 인수인계 확인', '지역경찰관서의 시설·예산·장비의 관리' 등의 직무를 수행한다.

22

「풍속영업의 규제에 관한 법률」상 풍속영업을 하는 자 및 대통령령으로 정하는 종사자가 풍속영업을 하는 장소에서 하여서는 아니 되는 행위로 가장 적절하지 않은 것은?

① 「성매매알선 등 행위의 처벌에 관한 법률」 제2조 제1항 제2호에 따른 성매매알선등행위
② 음란행위를 하게 하거나 이를 알선 또는 제공하는 행위
③ 음란한 문서·도화·영화·음반·비디오물, 그 밖의 음란한 물건에 대한 제작·반포·판매 및 이를 알선하는 행위
④ 도박이나 그 밖의 사행행위를 하게 하는 행위

23

「아동·청소년의 성보호에 관한 법률」에 대한 내용으로 옳은 것은?

① "아동·청소년"이란 만 19세 미만인 사람을 말한다. 다만, 만 19세가 되는 해의 1월 1일을 맞이한 사람은 제외한다.
② 음주 또는 약물로 인한 심신장애 상태에서 아동·청소년대상 성폭력 범죄를 범한 때에는 「형법」 제10조 제1항·제2항 및 제11조(청각 및 언어 장애인)를 적용하지 아니한다.
③ 13세 미만의 사람에 대하여 강간죄를 범한 경우에는 공소시효를 적용하지 않는다.
④ 아동·청소년대상 성범죄의 피해자, 그 법정대리인 또는 경찰은 피해자가 공판기일에 출석하여 증언하는 것에 현저히 곤란한 사정이 있을 때에는 그 사유를 소명할 필요 없이 제26조에 따라 촬영된 영상물 또는 그 밖의 다른 증거물에 대하여 해당 성범죄를 수사하는 검사에게 증거보전의 청구를 할 것을 요청할 수 있다.

24

「디지털 증거의 처리 등에 관한 규칙」에 대한 내용을 옳은 것은?

① "디지털 증거"란 전기적 또는 자기적 방법으로 저장되거나 네트워크 및 유·무선 통신 등을 통해 전송되는 정보를 말한다.
② "복제본"이란 정보저장매체등에 저장된 전자정보 일부를 하드카피 또는 이미징 등의 기술적 방법으로 별도의 다른 정보저장매체에 저장한 것을 말한다.
③ 경찰관은 압수·수색·검증영장을 신청하는 때에는 전자정보와 정보저장매체등을 종합하여 판단하여야 하며, 압수·수색·검증 현장에서 전자정보를 압수하는 경우에는 범죄 혐의사실과 관련된 전자정보에 한하여 문서로 출력하거나 휴대한 정보저장매체에 해당 전자정보만을 복제하는 방식으로 하여야 한다. 이 경우 해시값 확인 등 디지털 증거의 동일성, 무결성을 담보할 수 있는 적절한 방법과 조치를 취하여야 한다.
④ 경찰관은 피압수자 등이 협조하지 않거나, 협조를 기대할 수 없는 경우의 사유로 인해 압수·수색·검증 현장에서 선별압수하는 방법이 불가능하거나 압수의 목적을 달성하기에 현저히 곤란한 경우에는 복제본을 획득하여 외부로 반출한 후 전자정보의 압수·수색·검증을 진행할 수 있다.

25

시체 초기현상과 후기 현상에 대한 설명으로 가장 적절한 것은?

① 시체얼룩이란 시체의 피부 하부가 멍이 든 것처럼 암적갈색으로 변하는 현상을 말하며, 익사나 저체온사는 선홍색을 띤다.
② 각막은 사후 12시간 전후부터 흐려지기 시작하여, 24시간이 경과하면 완전히 불투명하게 된다.
③ 백골화란 고온·건조한 지역에서 시체의 건조가 부패·분해보다 빠를 때 생기는 현상을 말한다
④ 자가용해는 부패균의 작용에 의하여 질소화합물의 분해 현상을 말하는데, 쉽게 말하면 시체가 썩는 현상을 말한다.

26

「스토킹범죄의 처벌 등에 관한 법률」상 응급조치로 적절한 것은 모두 몇 개인가?

> 가. 피해자에 대한 스토킹범죄 중단에 관한 서면 경고
> 나. 스토킹 피해 관련 상담소 또는 보호시설로의 피해자 등 인도(피해자 등이 동의한 경우만 해당한다)
> 다. 피해자 또는 그의 동거인, 가족이나 그 주거등으로부터 100미터 이내의 접근금지
> 라. 「전자장치 부착 등에 관한 법률」 제2조 제4호의 위치추적 전자장치(이하 "전자장치"라 한다)의 부착
> 마. 스토킹행위의 제지, 향후 스토킹행위의 중단 통보 및 스토킹행위를 지속적 또는 반복적으로 할 경우 처벌 서면경고

① 1개 ② 2개
③ 3개 ④ 4개

27

경비경찰의 수단에 관한 설명으로 가장 적절한 것은?

① '제지'는 세력분산 · 통제파괴 · 주동자 및 주모자 격리 등을 실시하는 행위이며, 제지 행위시 무기는 사용할 수 없다.
② '경고'는 사실상 통지행위로 간접적 실력행사에 해당하는 임의처분이다.
③ '경고'는 「경찰관 직무집행법」에, '제지 · 체포'는 「형사소송법」에 근거한다.
④ 실력의 행사는 반드시 경고, 제지, 체포의 순서로 행사되어야 한다.

28

「경찰 비상업무 규칙」상 비상근무의 종류별 정황에 대한 설명이다. 아래 ㉠부터 ㉣까지의 설명 중 옳고 그름의 표시(O, X)가 바르게 된 것은?

> ㉠ 경비비상 갑호 - 국제행사 · 기념일 등을 전후하여 치안수요의 증가하여 경력을 동원할 필요가 있는 경우
> ㉡ 안보비상 을호 - 간첩 또는 정보사범 색출을 위한 경계지역 내 검문검색 필요시
> ㉢ 수사비상 갑호 - 사회이목을 집중시킬만한 중대범죄 발생 시
> ㉣ 교통비상 을호 - 농무, 풍수설해 및 화재 등에 따른 대규모 교통사고 등 교통혼란이 발생하였거나 발생할 가능성이 현저한 경우

① ㉠(O) ㉡(X) ㉢(X) ㉣(O)
② ㉠(X) ㉡(X) ㉢(O) ㉣(X)
③ ㉠(O) ㉡(X) ㉢(O) ㉣(X)
④ ㉠(X) ㉡(O) ㉢(X) ㉣(X)

29

경호경비에 대한 설명으로 옳은 것은?

① 경호란 경비와 호위를 포함하는 개념으로 호위란 피경호자의 생명과 신체를 보호하기 위해 특정한 지역을 경계·순찰·방비하는 행위이다.
② 하나의 통제된 출입문이나 통로를 통한 접근도 반드시 경호원에 의하여 확인된 후 허가절차를 밟아 이루어져야 한다는 것은 경호의 4대원칙 중 자기담당구역 책임의 원칙의 내용이다.
③ 행사장 경호과정에서 비표확인이나 MD(금속탐지기) 설치 운영 등은 제3선 경계구역부터 철저히 이루어져야 한다.
④ 연도경호는 물적 위해요소가 방대하여 엄격하고 통제된 3중 경호원리를 적용하기 어렵다.

30

「도로교통법」상 제2조(정의)에 대한 설명으로 가장 적절한 것은?

① "보도"란 연석선, 안전표지나 그와 비슷한 인공구조물로 경계를 표시하여 보행자(유모차, 보행보조용 의자차, 노약자용 보행기 등 행정안전부령으로 정하는 기구·장치를 이용하여 통행하는 사람 및 제21호의3에 따른 실외이동로봇을 제외)가 통행할 수 있도록 한 도로의 부분을 말한다.
② "중앙선"이란 차마의 통행 방향을 명확하게 구분하기 위하여 도로에 황색 실선(實線)이나 황색 점선 등의 안전표지로 표시한 선 또는 중앙분리대나 울타리 등으로 설치한 시설물을 말한다. 다만, 제14조 제1항 후단에 따라 가변차로(可變車路)가 설치된 경우에는 신호기가 지시하는 진행방향의 가장 왼쪽에 있는 황색 실선을 말한다.
③ "차"란 자동차·건설기계·원동기장치자전거·자전거, 철길이나 가설된 선을 이용하여 운전되는 것, 사람 또는 가축의 힘이나 그 밖의 동력으로 도로에서 운전되는 것을 말한다.
④ "음주운전 방지장치"란 술에 취한 상태에서 자동차등을 운전하려는 경우 시동이 걸리지 아니하도록 하는 것으로서 행정안전부령으로 정하는 것을 말한다.

31

다음 빈 칸에 들어갈 알맞은 내용으로 짝지은 것은?

제1종 보통 면허	• 승용자동차 • 승차정원 (가.)명 이하의 승합자동차 • 적재중량 (나.)톤 미만의 화물자동차 • 건설기계(도로를 운행하는 3톤 미만의 지게차에 한함) • 총중량 10톤 미만의 특수자동차 (구난차등은 제외한다) • 원동기장치자전거
제2종 보통 면허	• 승용자동차 • 승차정원 10명 (다.)의 승합자동차 • 적재중량 4톤 이하의 화물자동차 • 총중량 (라.)톤 이하의 특수자동차(구난차등은 제외한다) • 원동기장치자전거

	가.	나.	다.	라.
①	15	12	이하	3.5
②	10	4	이하	3
③	15	12	이하	3
④	10	12	미만	3.5

32

다음은 차륜흔적에 대한 설명이다. 옳지 않은 것은?

① 스키드마크(Skid mark) – 급제동 때 바퀴가 구르지 않고 미끄러질 때 나타나며 좌·우측 타이어의 흔적이 대체로 동등하게 나타나는 것이 특징이다.
② 노면패인흔적(Gouge Mark) – 칩(Chip), 찹(Chop), 그루브(Groove)로 구분되며 차량의 프레임, 콘트롤 암 등 차량부품 중 노면에 가까운 차량하부의 강한 금속부분에 의해 지면이 파인 자국을 말한다.
③ 요마크(Yaw mark) – 급핸들 등으로 인하여 차의 바퀴가 돌면서 차축과 평행하게 옆으로 미끄러진 때 나타나는 타이어의 마모흔적으로 대체로 바깥쪽 타이어에 마찰열이 더 많이 발생하고 안쪽보다 진한 흔적을 남긴다.
④ 스크래치(Scratch) – 정지된 차량에서 기어가 들어가 있는 채로 엔진이 고속으로 회전하다가 클러치 페달을 갑자기 놓아 급가속이 될 때 순간적으로 발생한다.

33

'음주운전'과 관련된 판례 입장으로 옳지 않은 것은? (다툼이 있으면 판례에 의함)

① 음주운전 시점과 혈중알코올농도의 측정 시점 사이에 시간 간격이 있고 그때가 혈중알코올농도의 상승기로 보이는 경우라 하더라도, 그러한 사정만으로 무조건 실제 운전 시점의 혈중알코올농도가 처벌기준치를 초과한다는 점에 대한 증명이 불가능하다고 볼 수는 없다.
② 음주운전과 관련한 도로교통법 위반죄의 범죄수사를 위하여 미성년자인 피의자의 혈액채취가 필요한 경우에도 피의자에게 의사능력이 있다면 피의자 본인만이 혈액채취에 관한 유효한 동의를 할 수 있고, 피의자에게 의사능력이 없는 경우에는 법정대리인이 피의자를 대리하여 동의할 수 있다.
③ 경찰공무원이 보호조치된 운전자에 대하여 음주측정을 요구하였다는 이유만으로 음주측정 요구가 당연히 위법하거나 보호조치가 당연히 종료된 것으로 볼 수는 없다.
④ 음주감지기에서 음주반응이 나온 경우, 그것만으로 술에 취한 상태에 있다고 인정할 만한 상당한 이유가 있다고 볼 수 없다.

34

「집회 및 시위에 관한 법률」 제3조(집회 및 시위의 방해 금지)에 대한 설명이다. 가장 옳지 않은 것은?

① 현행 「집회 및 시위에 관한 법률」은 폭행, 협박, 그 밖의 방법으로 평화적인 집회 또는 시위를 방해하거나 질서를 문란하게 하는 것과 집회 또는 시위의 주최자나 질서유지인의 임무 수행을 방해하는 것을 금지하고 있다.
② 집회 또는 시위의 주최자는 평화적인 집회 또는 시위가 방해될 염려가 있다고 인정되면 관할 경찰관서에 보호를 요청할 수 있으며, 이 경우 관할 경찰관서의 장은 정당한 사유 없이 보호 요청을 거절하여서는 아니 된다.
③ 주최자의 평화적 집회·시위 보호요청에 대해 관할 경찰관서의 장이 정당한 사유 없이 거절한 경우, 「집회 및 시위에 관한 법률」에 처벌규정을 두고 있다.
④ 현행 「집회 및 시위에 관한 법률」은 군인·검사 또는 경찰관이 평화적인 집회 또는 시위를 방해하는 경우 가중처벌하도록 규정하고 있다.

35

「집회 및 시위에 관한 법률」상 확성기 등의 사용의 제한에 관한 설명으로 옳은 것은?

① 소음 측정 장소는 피해자가 위치한 건물의 외벽에서 소음원 방향으로 1 ~ 3.5m 떨어진 지점으로 하되, 소음도가 높을 것으로 예상되는 지점의 지면 위 1.2 ~ 1.5m 높이에서 측정한다. 주된 건물의 경비 등을 위하여 사용되는 부속 건물, 광장·공원이나 도로상의 영업시설물, 공원의 관리사무소 등도 소음 측정 장소에 해당한다.
② 확성기등의 대상소음이 있을 때 측정한 소음도를 측정소음도로 하고, 같은 장소에서 확성기등의 대상소음이 없을 때 5분간 측정한 소음도를 배경소음도로 한다. 이 경우 배경소음도가 위 표의 등가소음도 기준보다 큰 경우에는 배경소음도의 소수점 첫째 자리에서 올림한 값을 등가소음도 기준으로 하고, 등가소음도 기준에서 10dB을 더한 값을 최고소음도 기준으로 한다.
③ 중앙행정기관이 개최하는 국경일 행사의 경우 행사 개최시간에 한정하여 행사 진행에 영향을 미치는 소음에 대해서는, 「집회 및 시위에 관한 법률 시행령」별표2에 따른 확성기등의 소음기준을 '그 밖의 지역'의 소음기준으로 적용한다.
④ 최고소음도는 확성기등의 대상소음에 대해 매 측정 시 발생된 소음도 중 가장 높은 소음도를 측정하며, 동일한 집회·시위에서 측정된 최고소음도가 1시간 내에 3회 이상 위 표 및 제3호 후단에 따른 최고소음도 기준을 초과한 경우 소음기준을 위반한 것으로 본다. 다만, 주거지역, 학교, 종합병원에 해당하는 대상 지역의 경우에는 1시간 내에 2회 이상 위 표 및 제3호 후단에 따른 최고소음도 기준을 초과한 경우 소음기준을 위반한 것으로 본다.

36

북한의 대남 전략전술에 대한 설명 중 잘못된 것은?

① '혁명기지전략(혁명적 민주기지론)'은 남한 지역에 혁명의 근거지를 구축한 다음 그 역량을 바탕으로 전 한반도에서 공산혁명을 완수한다는 전략을 말한다.
② '남조선혁명전략'이란 남한 내 혁명세력이 주체가 되어 계급간 투쟁을 일으키고, 결정적인 시기가 도래하면 북한이 개입하여 정권을 전복시키는 구상이다.
③ '통일전선전술'이란 공산주의 세력이 약할 때 비공산 세력과도 연합전선을 형성하여 궁극적으로 적화통일을 이룩하려는 전술로서, 북한이 남북한교류협력 과정에서 이용할 가능성이 가장 높은 전술이다.
④ '연방제통일전략'이란 남과 북의 사상과 제도를 그대로 인정한 채 각각 지역자치제를 실시하는 연방공화국을 창설하여 조국을 통일한다는 전략이다.

37

「보안관찰법」에 대한 설명으로 가장 적절하지 않은 것은?

① 보안관찰처분에 관한 결정은 보안관찰처분심의위원회의 의결을 거쳐 법무부장관이 행한다.
② 보안관찰처분의 기간은 2년으로 한다. 법무부장관은 검사의 청구가 있는 때에는 보안관찰처분심의위원회의 의결을 거쳐 그 기간을 갱신할 수 있다.
③ 검사는 피보안관찰자가 도주하거나 1월 이상 그 소재가 불명한 때에는 보안관찰처분의 집행중지결정을 할 수 있다.
④ '보안관찰처분대상자'라 함은 보안관찰해당범죄 또는 이와 경합된 범죄로 징역 이상의 형의 선고를 받고 그 형기 합계가 3년 이상인 자로서 형의 전부 또는 일부의 집행을 받은 사실이 있는 자를 말한다.

38

「출입국관리법」상 외국인이 입국할 때 생체정보의 제공에 대한 설명 중 옳지 않은 것은?

① 입국하려는 외국인은 입국심사를 받을 때 법무부령으로 정하는 방법으로 생체정보를 제공하고 본인임을 확인하는 절차에 응하여야 한다.
② 17세 미만인 사람과 외국과의 우호 및 문화교류 증진, 경제활동 촉진 또는 대한민국의 이익 등을 고려하여 생체정보의 제공을 면제하는 것이 필요하다고 법무부령으로 정하는 사람은 제외된다.
③ 생체정보를 제공하지 아니하는 경우에는 그의 입국을 허가하지 아니할 수 있다.
④ 법무부장관은 입국심사에 필요한 경우에는 관계 행정기관이 보유하고 있는 외국인의 생체정보의 제출을 요청할 수 있다.

39

「범죄수사규칙」상 외국인 등 관련범죄에 관한 특칙에 대한 설명으로 옳은 것은?

① 경찰관은 외국인 등 관련 범죄 중 중요한 범죄에 관하여는 미리 경찰청장에게 보고하여 그 지시를 받아 수사에 착수하여야 한다. 다만, 급속을 요하는 경우에는 필요한 처분을 한 후 신속히 경찰청장의 지시를 받아야 한다.
② 경찰관은 대·공사관과 대·공사나 대·공사관원의 사택 별장 혹은 그 숙박하는 장소에 관하여는 해당 대·공사나 대·공사관원의 청구가 있을 경우 이외에는 출입해서는 아니 되며, 경찰관은 외국군함에 관하여는 해당 군함의 함장의 청구가 있는 경우 외에는 이에 출입해서는 아니 된다.
③ 경찰관은 임명국의 국적을 가진 대한민국 주재의 총영사, 영사 또는 부영사에 대한 사건에 관하여 구속 또는 조사할 필요가 있다고 인정될 때에는 미리 경찰관에게 보고하여 그 지시를 받아야 한다.
④ 경찰관은 대한민국의 영해에 있는 외국 선박내에서 발생한 범죄로서 대한민국 육상이나 항내의 안전을 해할 때, 승무원 이외의 사람이나 대한민국의 국민에 관계가 있을 때, 중대한 범죄가 행하여졌을 때에는 수사를 할 수 있다.

40

국제형사경찰기구(인터폴)에 관한 설명으로 옳은 것은?

① 인터폴 협력의 원칙으로는 주권의 존중, 일반형법의 집행, 보편성의 원칙, 평등성의 원칙, 업무방법의 유연성 등이 있다.
② 인터폴 총회는 국제범죄 예방과 진압을 위해 각 회원국 등과 긴밀한 협조관계를 유지하는 총본부이자 추진체이며, 국제수배서를 발행한다.
③ 인터폴 총회는 회원국 정부가 자국 내에 국제경찰협력 상설 경찰부서를 지정하도록 하고 있는데 이것을 국가중앙사무국(NCB)이라 한다.
④ 인터폴 회원국 간 협조의 기본원칙으로 모든 회원국은 재정 분담금의 규모와 관계없이 동일한 혜택과 지원을 받을 수 있다는 보편성을 들 수 있다.

실무종합 문제 제4회 모의고사

1

국가경찰과 자치경찰에 관한 이론으로 가장 적절한 것은?

① 국가경찰은 자치경찰과 비교하여 신속한 업무수행으로 인해 인권과 민주성이 보장되어 주민들의 지지를 받기 쉽다.
② 국가경찰은 자치경찰과 비교하여 지역주민에 대한 경찰의 책임의식이 높다.
③ 자치경찰은 국가경찰과 비교하여 조직이 비대화되고 관료화 될 우려가 있다.
④ 자치경찰는 전국적 통계자료의 정확성을 얻기 곤란한 반면 국가경찰은 타 행정부문과의 기밀한 협조·조정이 원활하고, 광역적 범죄 수사가 용이하다.

2

「영사관계에 관한 비엔나협약」에 대한 설명으로 적절하지 않은 것은?

① 공관지역과 외교관의 개인주거는 불가침이다.
② 영사관원과 영사신서사는 어떠한 형태의 체포 또는 구금도 당하지 아니한다.
③ 외교관은 어떠한 형태의 체포 또는 구금도 당하지 아니한다.
④ 접수국의 당국은 영사기관장 또는 그가 지정한 자 또는 파견국의 외교공관장의 동의를 받는 경우를 제외하고, 전적으로 영사기관의 활동을 위하여 사용되는 영사관사의 부분에 들어가서는 아니된다. 다만, 화재 또는 신속한 보호조치를 필요로 하는 기타 재난의 경우에는 영사기관장의 동의가 있은 것으로 추정될 수 있다.

3

갑오개혁 당시 한국경찰이 창설되는 과정에 대한 설명으로 가장 적절하지 않은 것은?

① 한국에서 근대경찰이 창설된 것은 1894년 일본의 각의에서 조선에 대한 내정개혁 요구의 하나로 이루어졌다.
② 일본각의의 결정에 따라, 조선의 김홍집 내각은 '각아문관제'에서 처음으로 경찰이라는 용어를 사용하고, 경찰을 내무아문 아래에 창설하였으나, 곧 법무아문으로 소속을 변경하였다.
③ 1894년 7월 14일(음력)에는 최초의 경찰조직법인 경무청관제직장과 최초의 작용법인 행정경찰장정이 제정되었다.
④ 갑오개혁 당시 경찰조직법·경찰작용법적 근거가 마련됨으로써 외형상 근대국가적 경찰체제가 갖추어졌다고 볼 수 있다.

4

「국가경찰과 자치경찰의 조직 및 운영에 관한 법률」상 국가경찰위원회와 시·도자치경찰위원회에 대한 설명으로 옳지 않은 것은?

① 국가경찰위원회와 시·도자치경찰위원회는 합의제 행정기관으로서 그 권한에 속하는 업무를 독립적으로 수행한다.
② 국가경찰위원회와 시·도자치경찰위원회 위원의 임기는 3년으로 연임이 불가능하다.
③ 국가경찰위원회와 시·도자치경찰위원회 의결정족수는 재적위원 과반수의 출석과 출석위원 과반수 찬성이다.
④ 국가경찰위원회는 행정안전부장관이, 시·도자치경찰위원회는 시·도지사가 재의를 요구할 수 있다.

5

다음 중 승진에 대한 설명으로 가장 적절한 것은?

① 「경찰공무원법」상 경무관 이하 계급으로의 승진은 승진시험에 의하여 한다. 다만, 경정 이하 계급으로의 승진은 대통령령으로 정하는 비율에 따라 승진시험과 승진심사를 병행할 수 있다.
② 「경찰공무원법」상 총경 이하의 경찰공무원에 대해서는 대통령령으로 정하는 바에 따라 계급별로 승진대상자 명부를 작성하여야 한다.
③ 「경찰공무원 승진임용 규정」상 경력 평정은 기본경력과 초과경력으로 구분하여 실시하되, 경정·경감의 경우 기본경력에 포함되는 기간은 평정기준일부터 최근 4년간으로 한다.
④ 「경찰공무원 승진임용 규정」상 임용권자는 경감으로의 근속승진임용을 위한 심사를 할 때에는 연도별로 합산하여 해당 기관의 근속승진 대상자의 100분의 40에 해당하는 인원수(소수점 이하가 있는 경우에는 1명을 가산한다)를 초과하여 근속승진임용할 수 없다.

6

다음 중 「경찰공무원법」상 경찰공무원의 직권면직사유 중 직권면직 처분을 위해 징계위원회의 동의가 필요한 사유로 옳은 것은 모두 몇 개인가?

> ㉠ 직제와 정원의 개폐 또는 예산의 감소 등에 따라 폐직 또는 과원이 되었을 때
> ㉡ 해당 경과에서 직무를 수행하는데 필요한 자격증의 효력이 상실되거나 면허가 취소되어 담당 직무를 수행할 수 없게 되었을 때
> ㉢ 경찰공무원으로는 부적합할 정도로 직무수행능력이나 성실성이 현저하게 결여된 사람으로서 대통령령으로 정하는 사유에 해당된다고 인정될 때
> ㉣ 휴직 기간이 끝나거나 휴직 사유가 소멸된 후에도 직무에 복귀하지 아니하거나 직무를 감당할 수 없을 때
> ㉤ 직위해제로 인한 대기명령을 받은 자가 그 기간에 능력 또는 근무성적의 향상을 기대하기 어렵다고 인정된 때

① 1개 ② 2개
③ 3개 ④ 4개

7

「경찰공무원 징계령」상 경찰공무원 징계에 대한 설명으로 가장 적절하지 않은 것은?

① 징계위원회는 징계등 심의대상자가 그 징계위원회에 출석하여 진술하기를 원하지 아니할 때에는 진술권 포기서를 제출하게 하여 이를 기록에 첨부하고 서면심사로 징계등 의결을 할 수 있다.

② 출석한 징계 등 심의대상자에게 진술할 수 있는 기회를 충분히 주어야 하며, 진술의 기회를 주지 않고 한 징계등 의결은 절차상 하자로 무효가 된다.

③ 징계등 의결을 요구한 자 또는 징계등 의결의 요구를 신청한 자는 징계위원회에 출석하여 의견을 진술하거나 서면으로 의견을 진술할 수 있다. 다만, 중징계나 중징계 관련 징계부가금 요구사건의 경우에는 특별한 사유가 없는 한 징계위원회에 출석하여 의견을 진술해야 한다.

④ 징계등 심의 대상자의 소재가 분명하지 아니할 때에는 출석통지를 관보에 게재하고, 그 게재일 다음날부터 10일이 지나면 출석통지가 송달된 것으로 보며, 징계등 의결을 할 때에는 관보 게재의 사유와 그 사실을 기록에 분명히 적어야 한다.

8

법률과 법규명령의 공포 및 효력발생시기에 관한 설명으로 가장 적절하지 않은 것은?

① 「헌법」상 국회에서 의결된 법률안은 정부에 이송되어 15일 이내에 대통령이 공포한다.
② 「헌법」상 법률은 특별한 규정이 없는 한 공포한 날로부터 20일을 경과함으로써 효력을 발생한다.
③ 「법령 등 공포에 관한 법률」상 대통령령, 총리령 및 부령은 특별한 규정이 없으면 공포한 날부터 20일이 경과함으로써 효력을 발생한다.
④ 「법령 등 공포에 관한 법률」상 국민의 권리 제한 또는 의무 부과와 직접 관련되는 법률, 대통령령, 총리령 및 부령은 긴급히 시행하여야 할 특별한 사유가 있는 경우를 제외하고는 공포일로부터 적어도 20일이 경과한 날부터 시행되도록 하여야 한다.

9

허가에 대한 설명으로 가장 적절하지 않은 것은?

① 허가란 법령에 의하여 과하여진 금지의무를 특정한 경우에 해제하여 주는 행정행위이다.
② 허가는 일반적·상대적 금지를 일정한 경우에 해제하여 적법하게 행위를 할 수 있도록 자연적 자유를 회복시켜주는 행정행위로 절대적 금지의 경우에는 인정되지 않는다.
③ 경찰허가는 행위의 적법요건이자 유효요건이므로 이를 위반하면 위법하며 무효가 된다.
④ 허가는 일반적으로 상대방의 신청에 의하여 행해지지만, 일정구역 통행허가와 같이 상대방의 신청이 없더라도 행하여지기도 한다.

10

「경찰관 직무집행법」에 대한 내용으로 옳은 것은?

① 경찰관은 직무 수행에 필요하다고 인정되는 상당한 이유가 있을 때에는 국가기관이나 공사(公私) 단체 등에 직무 수행에 관련된 사실을 조회할 수 있다.
② 경찰관은 미아를 인수할 보호자 확인, 유실물을 인수할 권리자 확인, 사고로 인한 사상자(死傷者) 확인, 형사책임을 규명하기 위한 사실조사에 필요한 사실 확인을 위하여 필요하면 관계인에게 출석하여야 하는 사유·일시 및 장소를 명확히 적은 출석 요구서를 보내 경찰관서에 출석할 것을 요구할 수 있다.
③ 흥행장(興行場), 여관, 음식점, 역, 그 밖에 많은 사람이 출입하는 장소의 관리자나 그에 준하는 관계인은 경찰관이 범죄나 사람의 생명·신체·재산에 대한 위해를 예방하기 위하여 해당 장소의 영업시간이나 해당 장소가 일반인에게 공개된 시간에 그 장소에 출입하겠다고 요구하면 정당한 이유 없이 그 요구를 거절할 수 없다.
④ 경찰관이 위험방지를 위해 여관에 출입할 경우에는 그 신분을 표시하는 증표의 제시 의무는 없다.

11

「경찰관 직무집행법」 '제10조의4'에 규정된 위해를 수반할 수 있는 무기사용 요건으로 옳은 것은?

① 대간첩작전 수행 과정에서 무장간첩이 항복하라는 경찰관의 3회 이상 명령을 받고도 따르지 아니할 때
② 공무집행에 대한 항거의 제지
③ 「형법」에 규정된 정당행위와 긴급피난
④ 제3자가 체포·구속영장과 압수·수색영장을 집행하는 과정에서 경찰관의 직무집행에 항거하거나 도주하려고 하는 사람을 도주시키려고 경찰관에게 항거할 때

12

「경찰관 직무집행법」에 대한 설명으로 가장 적절한 것은? (다툼이 있는 경우 판례에 의함)

① 경찰관이 신분증을 제시하지 않고 불심검문을 하였다면, 검문하는 사람이 경찰관이고 검문하는 이유가 범죄행위에 관한 것임을 검문대상자가 알고 있었던 경우라도 그 불심검문은 위법하다.
② 경찰관의 질문을 위한 동행요구가 형사소송법의 규율을 받는 수사로 이어지는 경우, 그 동행요구는 피의자의 자발적인 의사에 의하여 수사관서 등에 동행이 이루어졌음이 객관적인 사정에 의하여 명백하게 입증된 경우에만 그 적법성이 인정된다.
③ 상해사건을 신고받고 출동한 정복착용 경찰관들이 사건당사자인 피검문자의 경찰관 신분확인의 요구가 없는 상황에서 경찰공무원증 제시 없이 불심검문하자 피검문자가 경찰관들을 폭행한 사안에서 당시 불심검문은 경찰관들이 경찰공무원증을 제시하지 않은 것은 위법한 공무집행이다.
④ 경찰관의 보호조치의 발동에 관하여는 재량이 인정되므로 술에 취하여 응급구호가 필요한 자를 가족에게 인계할 수 있음에도 특별한 사정없이 경찰관서에 보호조치하는 것은 위법이라 할 수 없다.

13

「국가재정법」상 예산과정에 대한 설명으로 옳은 것은?

① 각 중앙관서의 장은 매년 1월 31일까지 다음 회계연도부터 5회계연도 이상의 기간 동안의 신규사업 및 기획재정부장관이 정하는 주요 계속사업에 대한 중기사업계획서를 기획재정부장관에게 제출하여야 한다.
② 기획재정부장관은 예산요구서에 따라 예산안을 편성하여 국회의 심의를 거친 후 대통령의 승인을 얻어야 한다.
③ 정부는 ②의 규정에 따라 대통령의 승인을 얻은 예산안을 회계연도 개시 90일 전까지 국회에 제출하여야 한다.
④ 각 중앙관서의 장은 예산이 확정된 후 사업운영계획 및 이에 따른 세입세출예산·계속비와 국고채무부담행위를 포함한 예산배정요구서를 기획재정부장관에게 제출하여야 한다.

14

「보안업무규정」에 대한 설명으로 가장 적절한 것은?

① 대통령, 국무총리, 검찰총장, 국가인권위원회 위원장, 감사원장, 경찰청장 등은 Ⅰ급 비밀취급 인가권자이다.
② Ⅰ급 비밀이라도 그 생산자의 허가를 받은 경우에는 모사·타자·인쇄·조각·녹음·촬영·인화·확대 등 그 원형을 재현하는 행위를 할 수 있다.
③ 각급기관의 장은 보안 업무의 효율적인 수행을 위하여 필요하다고 인정되는 경우에는 국가정보원장의 승인하에 해당 비밀의 보존기간 내에서 그 사본을 제작하여 보관할 수 있다.
④ 공무원 또는 공무원이었던 사람은 어떠한 경우에도 소속 기관의 장이나 소속되었던 기관의 장의 승인 없이 비밀을 공개해서는 아니 된다.

15

경찰통제의 유형 중 가장 적절하게 연결된 것은?

① 민주적 통제 – 국가경찰위원회, 국민감사청구, 국가배상제도
② 외부통제 – 소청심사위원회, 행정소송, 청문감사인권관제도
③ 사전통제 – 입법예고제, 국회의 예산심의권, 사법부의 사법심사
④ 사후통제 – 사법심사에 의한 통제, 국정 감사·조사권, 국회의 예산결산권

16

「행정절차법」에 대한 설명으로 옳은 것은?

① 행정청은 청문을 하려면 청문이 시작되는 날부터 14일 전까지 처분의 제목 등 일정한 사항을 당사자등에게 통지하여야 한다.
② 행정청이 당사자에게 의무를 과하거나 권익을 제한하는 처분을 할 경우 다른 법률에 특별한 규정이 없으면 청문을 거쳐야 한다.
③ 입법예고기간은 예고할 때 정하되, 특별한 사정이 없으면 40일(자치법규는 20일) 이상으로 한다.
④ 행정청이 당사자에게 의무를 부과하거나 권익을 제한하는 처분을 할 때 청문을 실시하거나 공청회를 개최하는 경우 외에는 당사자등에게 의견제출의 기회를 줄 수 있다.

17

전문직업의 윤리적 문제점에 대한 설명으로 옳지 않은 것은?

① 학자들이 제시하는 전문직업의 윤리적 문제점으로는 부권주의, 사적인 이익을 위한 이용, 소외, 차별 등이 있다.
② '소외'는 전문직들은 그들의 지식과 기술로 상당한 사회적 힘을 소유하나, 이러한 힘을 때때로 공익보다는 사적인 이익을 위해서만 이용하는 것을 말한다.
③ '차별'은 전문직이 되는 데 장기간의 교육이 필요하고 비용이 들어, 가난한 사람은 전문가가 되는 기회를 상실하는 것을 말한다.
④ '부권주의'의 예로 심장 전문의사 A가 치료법에 대하여 환자의 입장을 고려하지 않고 자신의 우월적인 의학적 지식만 고려하여 일방적으로 치료방법을 결정하는 것을 들 수 있다.

18

경찰 윤리강령에 따라 발생할 수 있는 문제점에 관한 설명으로 가장 적절하지 않은 것은?

① 냉소주의 : 경찰관의 도덕적 자각에 따른 자발적인 행동이 아니라 외부로부터 요구된 타율성으로 인해 진정한 봉사가 이루어지지 않을 수 있다는 것 때문에 발생할 수 있는 문제
② 실행가능성의 문제 : 전문직업인의 내부규율로서 선언적 효력을 가질 뿐 법적인 강제력이 없기 때문에 이를 위반했을 경우 제재할 방법이 미흡하며, 지나친 이상추구의 성격 때문에 발생할 수 있는 문제
③ 행위중심적 성격 : 행위중심적으로 규정되어 있어서 행위 이전의 의도나 동기를 소홀히 하기 때문에 발생할 수 있는 문제
④ 최소주의 위험 : 경찰관이 최선을 다하여 헌신과 봉사를 하려다가도 경찰윤리강령에 포함된 정도의 수준으로만 근무를 하려 하기 때문에 발생할 수 있는 문제

19

「부정청탁 및 금품등 수수의 금지에 관한 법률」 제8조에서는 '금품 등의 수수 금지'를 규정하고 있다. 다음 중 '금품 등의 수수 금지'에 해당하지 않는 것에 대한 설명으로 가장 적절하지 않은 것은?

① 원활한 직무수행 또는 사교·의례 또는 부조의 목적으로 제공되는 음식물·경조사비·선물 등으로서 대통령령으로 정하는 가액 범위 안의 금품등. 다만, 선물 중 농수산물 및 농수산가공품(농수산물을 원료 또는 재료의 50퍼센트를 넘게 사용하여 가공한 제품만 해당한다)은 대통령령으로 정하는 설날·추석을 포함한 기간에 한정하여 그 가액 범위를 두배로 한다.
② 불특정 다수인에게 배포하기 위한 기념품 또는 홍보용품 등이나 경연·추첨을 통하여 받는 보상 또는 상품 등
③ 사적 거래(증여 포함)로 인한 채무의 이행 등 정당한 권원(權原)에 의하여 제공되는 금품등
④ 공직자등의 직무와 관련된 공식적인 행사에서 주최자가 참석자에게 통상적인 범위에서 일률적으로 제공하는 교통, 숙박, 음식물 등의 금품등

20

「공직자의 이해충돌 방지법」에 관한 내용으로 적절하지 않은 것은?

① 인·허가를 담당하는 공직자는 자신의 직무관련자가 사적이해관계자임을 안 경우 안 날부터 14일 이내에 소속기관장에게 그 사실을 서면 또는 구두로 신고하고 회피를 신청하여야 한다.
② 공직자는 직무관련자에게 사적으로 노무 또는 조언·자문 등을 제공하고 대가를 받는 행위를 하여서는 아니 된다.
③ 공직자는 공공기관이 소유하거나 임차한 물품·차량·선박·항공기·건물·토지·시설 등을 사적인 용도로 사용·수익하거나 제3자로 하여금 사용·수익하게 하여서는 아니된다.
④ 공직자는 직무수행 중 알게 된 비밀 또는 소속 공공기관의 미공개정보를 사적 이익을 위하여 이용하거나 제3자로 하여금 이용하게 하여서는 아니 된다.

21

범죄원인론에 대한 설명으로 가장 적절하게 연결되지 않은 것은?

① 쇼와 맥케이(Shaw & Mckay)의 사회해체이론 – 회사원인 甲은 IMF로 인한 실직으로 사업자금을 마련하고자 어쩔 수 없이 살고 있던 집을 처분하고 빈민가로 이사를 하였는데, 자신의 아들 乙이 점점 비행소년으로 변해가는 것을 안타깝게 생각했다.
② Matza & Sykes의 중화기술이론 – 책임의 부인, 피해자의 부정, 피해발생 부인, 비난자에 대한 비난, 보다 높은 충성심에의 호소로 5가지 중화기술을 통해 규범, 가치관 등을 중화시킨다.
③ 레클리스(Reckless)의 견제(봉쇄)이론 – 고전주의 범죄학 이론에 기반을 둔 것으로, 인간은 범죄로부터 얻을 수 있는 이익보다 더 큰 고통을 받게 되면, 범죄를 저지르지 않을 것이라는 전제를 하고 있다. 범죄통제를 위해서는 처벌의 엄격성, 신속성, 확실성이 요구되며 이 중 처벌의 확실성이 가장 중요하다.
④ 머튼(Merton)의 긴장(아노미)이론 – 목표와 그 목표를 이루기 위한 수단과의 간극이 커지면서 아노미 조건이 유발되어 분노와 좌절이라는 긴장이 초래되고, 그 목적을 달성하기 위한 수단으로서 범죄를 선택한다.

22

「실종아동등의 보호 및 지원에 관한 법률」상 용어의 정의에 관한 설명 중 가장 적절한 것은?

① "아동등"이란 실종 당시 18세 미만인 아동, 「장애인복지법」 제2조의 장애인 중 지적장애인, 자폐성장애인 또는 정신장애인, 「치매관리법」 제2조 제2호의 치매환자를 말한다.
② "실종아동등"이란 약취 · 유인 또는 유기되거나 사고를 당하거나 길을 잃는 등의 사유로 인하여 보호자로부터 이탈된 아동등을 말한다. 다만, 가출한 경우는 제외한다.
③ "보호자"란 친권자, 후견인, 보호시설의 장이나 그 밖에 다른 법률에 따라 아동등을 보호 또는 부양할 의무가 있는 자를 말한다.
④ "보호시설"이란 「사회복지사업법」 제2조 제4호에 따른 사회복지시설을 말하고, 인가 · 신고 등이 없이 아동등을 보호하는 시설로서 사회복지시설에 준하는 시설은 해당하지 아니한다.

23

「아동·청소년의 성보호에 관한 법률」상 미수범 처벌 규정에 해당하는 것은 모두 몇 개인가?

> ㉠ 아동·청소년의 성을 사는 행위 또는 아동·청소년성착취물을 제작하는 행위의 대상이 될 것을 알면서 아동·청소년을 매매 또는 국외에 이송하거나 국외에 거주하는 아동·청소년을 국내에 이송한 자
> ㉡ 아동·청소년의 성을 사는 행위의 장소를 제공하는 행위를 업으로 하는 자
> ㉢ 폭행이나 협박으로 아동·청소년으로 하여금 아동·청소년의 성을 사는 행위의 상대방이 되게 한 자
> ㉣ 영업으로 아동·청소년의 성을 사는 행위를 하도록 유인·권유 또는 강요한 자
> ㉤ 위계(僞計) 또는 위력으로써 아동·청소년을 추행한 자
> ㉥ 영업으로 아동·청소년을 아동·청소년의 성을 사는 행위의 상대방이 되도록 유인·권유한 자

① 3개 ② 4개
③ 5개 ④ 6개

24

「범죄수사규칙」상 장물수배서에 대한 다음 설명으로 가장 적절한 것은?

① 장물수배서의 종류로는 특별중요장물수배서, 중요장물수배서, 일반장물수배서가 있다.
② 특별중요장물수배서는 외교사절 등에 관련된 사건의 피해품, 기타 사회적 영향이 큰 사건의 피해품의 경우 발부한다.
③ 중요장물수배서는 수사본부를 설치하여 수사하고 있는 사건에 관하여 발부한다.
④ 특별중요장물수배서는 홍색, 중요장물수배서는 청색용지를 사용한다.

25

디엔에이신원확인정보의 이용 및 보호에 관한 법률에 대한 설명으로 옳지 않은 것은?

① 검찰총장은 제6조(구속피의자) 및 제7조(범죄현장)에 따라 채취한 디엔에이감식시료로부터 취득한 디엔에이신원확인정보에 관한 사무를 총괄한다.
② 채취대상자가 동의하는 경우에는 영장 없이 디엔에이감식시료를 채취할 수 있다. 이 경우 미리 채취대상자에게 채취를 거부할 수 있음을 고지하고 서면으로 동의를 받아야 한다.
③ 디엔에이신원확인정보를 데이터베이스에 수록한 때에는 디엔에이감식시료와 그로부터 추출한 디엔에이를 지체 없이 폐기하여야 한다.
④ 검사의 혐의없음, 죄가안됨 또는 공소권없음의 경우 디엔에이신원확인 정보를 삭제한다. 다만 죄가안됨 처분을 하면서 치료감호의 독립청구를 하는 경우는 제외한다.

26

「가정폭력범죄의 처벌 등에 관한 특례법」상 가정폭력범죄에 해당하는 것은 모두 몇 개인가?

㉠ 살인	㉡ 폭행
㉢ 중상해	㉣ 약취 · 유인
㉤ 특수공갈	㉥ 공무집행방해

① 1개 ② 2개
③ 3개 ④ 4개

27

다중범죄의 대한 설명으로 옳은 것은?

① 다중범죄는 특정 집단의 주의 · 주장을 관철하기 위한 어느 정도 미조직된 다수에 의한 불법집단행동이다.
② 다중범죄의 발생은 군중심리의 영향을 많이 받아 일단 발생하면 부화뇌동으로 인하여 갑자기 확대될 수도 있으며, 점거농성할 때 투신이나 분신자살을 하든 등 과감하고 전투적인 행동을 하는 경우가 많다는 내용은 부화뇌동적 파급성에 대한 설명이다.
③ 다중범죄의 정책적 치료법 중 다중범죄의 발생 징후나 이슈가 있을 때 집단이나 국민들의 관심을 집중시킬 수 있는 경이적인 사건을 폭로하거나 규모가 큰 행사를 개최함으로써 원래의 이슈가 상대적으로 약화되도록 하는 방법은 선수승화법이다.
④ 군중이 목적지에 집결하기 전에 중간에서 차단하여 집합을 못하게 하는 방법으로 차단 · 배제를 위해서는 중요 목지점에 경력을 배치하고 검문검색을 실시하여 불법시위 가담자를 사전에 색출, 검거하거나 귀가시켜 시위군중의 집합을 사전에 차단하는 것이다.

28

국가중요시설 경비에 대한 설명 중 가장 적절하지 않은 것은?

① '국가중요시설'이란 공공기관, 공항 · 항만, 주요산업시설 등 적에 의하여 점령 또는 파괴되거나 기능이 마비될 경우 국가안보와 국민생활에 심각한 영향을 미치는 시설을 말하며, 국방부장관이 관계 행정기관의 장 및 국가정보원장과 협의하여 지정한다.
② 시 · 도경찰청장 또는 지역군사령관 경비 · 보안 및 방호책임을 지며, 통합방위사태에 대비하여 자체방호계획을 수립하여야 한다.
③ 국가중요시설의 평시 경비 · 보안활동에 대한 지도 · 감독은 관계 행정기관의 장과 국가정보원장이 수행한다.
④ 경찰은 경찰서 단위의 방호지원계획을 수립 · 시행하고 군은 대대 단위의 방호지원계획을 수립 · 시행하여야 한다.

29

「청원경찰법」 및 「동법 시행령」에 대한 설명으로 가장 적절한 것은?

① "청원경찰"이란 국가기관의 장 또는 시설 · 사업장 등의 경영자가 경비를 부담할 것을 조건으로 경찰의 배치를 신청하는 경우 그 기관 · 시설 또는 사업장 등의 경비를 담당하게 하기 위하여 배치하는 경찰을 말한다.
② 청원경찰은 청원주와 배치된 기관 · 시설 또는 사업장 등의 구역을 관할하는 경찰서장의 감독을 받아 그 경비구역만의 경비를 목적으로 필요한 범위에서 「청원경찰법」에 따른 경찰관의 직무를 수행한다.
③ 청원경찰에 대한 징계의 종류는 파면, 해임, 강등, 정직, 감봉 및 견책으로 구분한다.
④ 청원경찰의 임용자격은 19세 이상인 사람으로 한정한다.

30

차마의 통행방법에 대한 설명으로 옳지 않은 것은?

① 고속도로에 설치된 버스전용차로로 통행할 수 있는 차는 9인승 이상 승용 · 승합자동차이며, 12인승 이하 승용 · 승합자동차로서 6인 미만이 승차한 경우는 제외된다.
② 황색 등화시 차마는 차마는 우회전할 수 있고 우회전하는 경우에는 보행자의 횡단을 방해하지 못하며, 적색등화 점멸시 차마는 정지선이나 횡단보도가 있을 때에는 그 직전이나 교차로의 직전에 일시 정지한 후 다른 교통에 주의하면서 진행할 수 있다.
③ 모든 차의 운전자는 교차로에서 좌회전을 하려는 경우에는 미리 도로의 중앙선을 따라 서행하면서 교차로의 중심 안쪽을 이용하여 좌회전하여야 한다(시 · 도경찰청장이 지정한 곳 제외)
④ ③에도 불구하고 자전거등의 운전자는 교차로에서 좌회전하려는 경우에는 미리 도로의 좌측 가장자리로 붙어 서행하면서 교차로의 가장자리 부분을 이용하여 좌회전하여야 한다.

31

어린이 보호구역 및 어린이 통학버스에 대한 설명으로 가장 적절하지 않은 것은?

① 「도로교통법」상 모든 차의 운전자는 어린이나 영유아를 태우고 있다는 표시를 한 상태로 도로를 통행하는 어린이통학버스를 앞지르지 못한다.
② 「어린이·노인 및 장애인 보호구역의 지정 및 관리에 관한 규칙」상 시·도경찰청장이나 경찰서장은 「도로교통법」 제12조 제1항 또는 제12조의2 제1항에 따라 보호구역에서 구간별·시간대별로 도시지역의 간선도로를 일방통행로로 지정·운영할 수 있다.
③ 어린이라 함은 13세 미만의 사람을 말한다.
④ 시·도경찰청장이나 경찰서장은 어린이 보호구역에서 운행속도를 시속 30km 이내로 제한, 차마의 통행을 금지하거나 제한, 차마의 정차나 주차를 금지조치를 할 수 있다.

32

다음 안전거리에 대한 설명 중 옳은 것이 바르게 연결된 것은?

> ㉠ 운전자가 위험을 느끼고 브레이크를 밟았을 때 자동차가 제동되기 시작하기까지의 사이에 주행하는 거리를 제동거리라고 한다.
> ㉡ 공주거리란 자동차가 실제로 제동되기 시작하여 정지하기까지의 거리를 말한다.
> ㉢ 정지거리란 공주거리와 제동거리를 합한 거리를 말한다.
> ㉣ 안전거리는 정지거리보다 긴 거리이다.

① ㉠㉡
② ㉡㉢
③ ㉢㉣
④ ㉠㉣

33

「도로교통법」 및 관련 법령에 따를 때, 다음 설명 중 가장 적절하지 않은 것은? (다툼이 있는 경우 판례에 의함)

① 운전자가 음주운전으로 교통사고를 야기한 후, 차에서 내려 피해자(진단 3주)에게 '왜 와서 들이받냐'라는 말을 하고, 교통사고 조사를 위해 경찰서에 가자는 경찰관의 지시에 순순히 응하여 순찰차에 스스로 탑승하여 경찰서까지 갔을 뿐 아니라 경찰서에서 조사받으면서 사고 당시 상황에 대한 자신의 주장을 정확하게 진술하였다면, 비록 경찰관이 작성한 주취운전자 정황진술보고서에는 '언행상태'란에 '발음 약간 부정확', '보행상태'란에 '비틀거림이 없음', '운전자 혈색'란에 '안면 홍조 및 눈 충혈'이라고 기재되어 있다고 하더라도 음주로 인한 특정범죄 가중처벌 등에 관한 법률 위반(위험운전치사상)이 아니라 도로교통법 위반(음주운전)으로 처벌해야 한다.
② 앞차가 빗길에 미끄러져 비정상적으로 움직일 때는 진로를 예상할 수 없으므로 뒤따라가는 차량의 운전자는 이러한 사태에 대비하여 속도를 줄이고 안전거리를 확보해야 할 주의의무가 있다.
③ 「도로교통법」상 도로가 아닌 곳에서 술에 취한 상태에서의 운전은 음주운전으로는 처벌할 수 있지만 운전면허의 정지 또는 취소처분을 부과할 수는 없다.
④ 신뢰의 원칙에 관한 내용으로 보행자신호의 녹색등이 점멸하는 때에는 보도 위에 서 있던 보행자가 갑자기 뛰기 시작하면서 보행을 시작할 수도 있다는 것까지 예상할 주의의무는 없다.

34

손자(孫子)가 분류한 간첩의 종류에 대한 설명 중 옳지 않은 것은?

① 향간(鄕間)이란 수집목표가 위치한 지역에 장기간 거주하여 그 지역 실정에 밝은 사람이 첩보원으로 기용되어 첩보수집, 비밀공작 등 정보활동을 전개하는 것을 말한다.
② 생간(生間)이란 적중에 들어가서 정보활동을 전개한 후 살아서 돌아오는 자로 현대국가에서 운용하는 첩보원들이 대부분 이에 해당한다.
③ 반간(反間)이란 적의 관리를 매수하여 자기편의 간자로 기용한 자를 말한다.
④ 사간(死間)이란 적을 교란하기 위해 적지에 파견하여 적에 붙잡혀 죽게 만든 간자로 어떤 편에서 기만정보를 작성하여 공작원을 통해 다른 편에 전파하는데, 공작원은 자신이 지득한 정보가 고의로 만들어진 기만정보라는 사실을 모른 채 진실이라고 믿고 적진에 전파시킴으로써 적에 붙잡혀 살해당하게 된다.

35

집회 및 시위에 대한 설명으로 가장 적절하지 않은 것은? (다툼이 있는 경우 판례에 의함)

① 집회참가자들이 망인에 대한 추모의 목적과 그 범위 내에서 이루어지는 노제 등을 위한 이동·행진의 수준을 넘어서서 그 기회를 이용하여 다른 공동의 목적을 가지고 일반인이 자유로이 통행할 수 있는 장소를 행진하거나 위력 또는 기세를 보여, 불특정한 여러 사람의 의견에 영향을 주거나 제압을 하는 행위에까지 나아가는 경우에는, 이미 「집회 및 시위에 관한 법률」이 정한 시위에 해당하므로 「집회 및 시위에 관한 법률」 제6조에 따라 사전에 신고서를 관할 경찰서장에게 제출할 것이 요구된다.
② 외형상 기자회견이라는 형식을 띠었지만, 용산철거를 둘러싸고 철거민의 입장을 옹호하면서 검찰에 수사기록을 공개하라는 내용의 공동 의견을 형성하여 이를 대외적으로 표명할 목적 아래 일시적으로 일정한 장소에 모인 것은 「집회 및 시위에 관한 법률」상 집회에 해당한다.
③ 옥외집회 또는 시위 참가자들이 교통혼잡이 야기되었다고 볼 만한 사정은 없으나 이미 신고한 행진 경로를 따라 행진로인 하위 1개 차로에서 약 3시간 30분 동안 이루어진 집회시간 동안 2회에 걸쳐 약 15분 동안 연좌하였다는 사실만으로도 주최행위가 신고한 목적, 일시, 방법 등의 범위를 뚜렷이 벗어나는 경우에 해당한다고 볼 수 있다.
④ 옥외집회 또는 시위 당시의 구체적인 상황에 비추어 볼 때 옥외집회 또는 시위의 신고사항 미비점이나 신고범위 일탈로 인하여 타인의 법익 기타 공공의 안녕질서에 대하여 직접적인 위험이 초래된 경우에 비로소 그 위험의 방지·제거에 적합한 제한조치를 취할 수 있되, 그 조치는 법령에 의하여 허용되는 범위 내에서 필요한 최소한도에 그쳐야 한다.

36

「경찰청과 그 소속기관 직제」에 의할 때 경찰청 안보수사국장의 분장사항으로 옳은 것은 모두 몇 개인가?

> ㉠ 대테러 예방 및 진압대책의 수립·지도
> ㉡ 의무경찰의 복무 및 교육훈련
> ㉢ 보안관찰 및 경호안전대책 업무에 관한 사항
> ㉣ 외사정보의 수집·분석 및 관리 등 외사 정보활동
> ㉤ 북한이탈주민 신변보호
> ㉥ 국가안보와 국익에 반하는 중요 범죄에 대한 수사

① 3개　　② 4개
③ 5개　　④ 6개

37

대공상황 발생 시 조치요령으로 가장 적절한 것은?

① 대공상황의 보고와 전파시에는 적시성, 정확성, 간결성, 보안성 등이 고려되어야 한다.
② 출동하여 사실 확인 후 대공상황이라고 판단되면 군·보안부대에 통보한다.
③ 대공상황은 일반형사사건과는 달리 현장조사의 필요성이 크게 요구되지 아니한다.
④ 보안 유지 사안은 기밀유출 방지 차원에서 보고서에 보안성 문구를 표기하는 것과 같은 행위를 지양하여야 한다.

38

「경찰청 공무국외출장 업무처리규칙」에 대한 설명으로 옳은 것은?

① 허가권을 보유한 경찰청장 또는 소속기관의 장은 경찰기관이 주관하는 5명 이상의 단체 공무국외출장의 경우 그 타당성을 심사하기 위해서 '공무국외출장 심사위원회'를 설치·운영하여야 한다.
② 공무국외출장 심사위원회는 위원장이 부득이한 사유로 직무를 수행할 수 없을 때에는 「직무대리규정」 및 「경찰청 직무대리 운영규칙」에 따라 위원장 직무를 대행하며, 공무국외출장 심사위원회는 위원장이 소집하며, 재적위원 과반수의 찬성으로 의결한다.
③ 공무국외출장 심사위원회는 긴급한 국외출장 실시 또는 심사위원회 소집이 어려운 경우에는 서면으로 심사하여야 한다.
④ 공무국외출장 시 그 직무와 관련하여 외국 정부 또는 외국인사 및 단체로부터 미화 100달러 또는 10만원 가액 상당 이상의 선물을 받은 때에는 귀국 후 지체없이 소속 기관의 장에 신고하여야 한다.

39

주한미군지위협정(SOFA)에 대한 설명으로 옳지 않은 것은?

① 주한미군지위협정(SOFA)에 따라 미군에 신병이 있는 경우에도 사안이 중대하고 구속의 필요성이 있는 경우에는 미군에 신병인도를 요구하고 미군이 이를 호의적 고려할 경우 피의자를 기소 전 신병구속 할 수 있다.
② 주한미군지위협정(SOFA)은 다른 주둔군지위협정과 마찬가지로 영토주권의 원칙에 의하여 '접수국 법령 존중의 원칙'을 규정하고 있다.
③ 대한민국 당국은 미군 당국의 요청이 있으면 대한민국 당국이 재판권을 행사함이 특히 중요하다고 결정하는 경우를 제외하고는 재판권을 행사할 제1차적 권리를 포기한다.
④ 공무 중 사건으로 인한 피해가 전적으로 미군 측의 책임으로 밝혀진 경우 미군 측이 25%, 한국 측이 75%를 부담하여 배상한다.

40

인터폴에서 발행하는 국제수배서에 대한 설명 중 가장 적절하지 않은 것은?

① 적색수배서(Red Notice) - 국제체포수배서로서 범죄인 인도를 목적으로 발행
② 오렌지색 수배서(Orange Notice) - 폭발물, 테러범, 위험인물 등에 대한 보안을 경보하기 위하여 발행
③ 황색수배서(Yellow Notice) - 가출인의 소재확인 및 심신상실자의 신원확인
④ 청색수배서(Blue Notice) - 상습국제범죄자의 동향 파악 및 범죄예방을 위해 발행

제5회 모의고사

1

경찰의 분류에 관한 설명으로 가장 적절하지 않은 것은?

① 예방경찰과 진압경찰은 경찰권 발동 시점에 따라 구분한 것이다.
② 행정경찰과 사법경찰은 경찰활동의 목적 및 임무에 따라 구분한 것이다.
③ 행정경찰은 보안경찰과 협의의 행정경찰로 구분할 때, 협의의 행정경찰은 각종의 일반 행정기관이 관장을 하는 것이기 때문에 형식적 의미의 경찰과 관계가 있다.
④ 질서경찰과 봉사경찰은 질과 내용에 따라 구분할 때, 봉사경찰은 비권력적 작용이므로 권력적 작용을 중심으로 하는 실질적 의미의 경찰작용으로 볼 수 없고, 형식적 의미의 경찰에 속한다.

2

다음 설명 중 가장 적절한 것은?

① 1953년 경찰작용의 기본법인「경찰관직무집행법」이 제정되어 경감 이상의 계급정년제가 도입되었고, 1969년「경찰공무원법」이 제정되어 경정 및 경장 계급이 신설되었다.
② 미군정기에 고등경찰제도가 폐지되었으며, 경찰에 정보업무를 담당하는 정보과와 경제사범단속을 위한 경제경찰이 신설되었다.
③ 1919년 3·1운동을 계기로 헌병경찰제도에서 보통경찰제도로의 전환은 이루어졌으나, 일본에서 제정된「정치범처벌법」을 우리나라에 적용하는 등 일제의 탄압적 지배체제가 강화되었다.
④ 1991년에 제정된 경찰법은 경찰의 기본조직 및 직무범위 기타 필요한 사항을 규정하였고, 관청으로서의 지위를 보장하고, 민주적 통제를 보장하고자 경찰위원회를 도입했다.

3

「국가경찰과 자치경찰의 조직 및 운영에 관한 법률」상 국가수사본부장에 관한 내용으로 옳은 것은?

① 경찰청에 국가수사본부를 두며, 국가수사본부장은 치안총감으로 보한다.
② 국가수사본부장은 「경찰관 직무집행법」에 따른 경찰의 수사에 관하여 각 시·도경찰청장과 경찰서장 및 수사부서 소속 공무원을 지휘·감독한다.
③ 국가수사본부장의 임기는 2년으로 하며, 중임할 수 없으며, 임기가 끝나면 당연히 퇴직한다.
④ 경찰청장 또는 국가수사본부장이 직무를 집행하면서 헌법이나 법률을 위배하였을 때에도 국회는 탄핵 소추를 의결할 수 없다.

4

「국가경찰과 자치경찰의 조직 및 운영에 관한 법률」상 국가경찰위원회와 시·도자치경찰위원회에 공통적으로 적용되는 규정 중 가장 적절한 것은?

① 위원 중 2명은 법관의 자격이 있는 사람이어야 한다.
② 위원은 중대한 신체상 또는 정신상의 장애로 직무를 수행할 수 없게 된 경우를 제외하고는 그 의사에 반하여 면직되지 아니한다.
③ 위원 2명이 회의를 요구하는 경우 임시회의를 개최할 수 있다.
④ 전임자의 남은 임기가 1년 미만인 경우 그 보궐위원은 한 차례만 연임할 수 있다.

5

다음 중 「경찰공무원법」에서 규정하는 '신규채용'에 대한 설명으로 가장 적절하지 않은 것은?

① 경정 및 순경의 신규채용은 공개경쟁시험으로 한다.
② 「국가공무원법」 제70조 제1항 제3호(직제와 정원의 개폐 등에 따른 면직의 사유)로 퇴직하거나 같은 법 제71조 제1항 제1호(신체·정신상의 장애로 장기 요양이 필요할 때)의 휴직 기간 만료로 퇴직한 경찰공무원을 퇴직한 날부터 3년(「공무원 재해보상법」에 따른 공무상 질병 또는 부상으로 인한 휴직의 경우에는 5년) 이내에 퇴직 시에 재직한 계급의 경찰공무원으로 재임용하는 경우에는 경력 등 응시요건을 정하여 같은 사유에 해당하는 다수인을 대상으로 경쟁의 방법으로 채용하는 시험(이하 경력경쟁채용시험)으로 경찰공무원을 신규채용할 수 있다.
③ 경찰청장은 누구든지 경찰공무원의 채용과 관련하여 대통령령으로 정하는 비위를 저질러 유죄판결이 확정된 경우에는 그 비위 행위로 인하여 채용시험에 합격하거나 임용된 사람에 대하여 대통령령으로 정하는 바에 따라 합격 또는 임용을 취소할 수 있다.
④ 경찰청장은 ③에 따른 취소 처분을 하기 전에 미리 그 내용과 사유를 당사자에게 통지하고 소명할 기회를 주어야 하며, 취소 처분은 소급하여 효력이 발생하지 않는다.

6

다음 중 「공직자윤리법」에 대한 설명으로 가장 적절하지 않은 것은?

① 총경 이상(자치총경을 포함)의 경찰공무원은 재산등록 의무자에 해당한다.
② 소유자별 합계액 5백만원 이상의 현금, 예금, 보석류는 등록재산에 해당한다.
③ 공직자는 등록의무자가 된 날부터 2개월이 되는 날이 속하는 달의 말일까지 등록하여야 한다.
④ 취업심사대상자는 퇴직일부터 3년간 취업심사대상기관에 취업할 수 없다. 다만, 관할 공직자윤리위원회로부터 취업심사대상자가 퇴직 전 5년 동안 소속하였던 부서 또는 기관의 업무와 취업심사대상기관 간에 밀접한 관련성이 없다는 확인을 받으면 취업할 수 있다.

7

다음 중 징계에 대한 설명으로 가장 적절한 것은 모두 몇 개인가? (다툼이 있는 경우 판례에 의함)

⊙ 징계등 의결 요구를 받은 징계위원회는 그 요구서를 받은 날부터 30일 이내에 징계등에 관한 의결을 하여야 한다. 다만, 부득이한 사유가 있을 때에는 해당 징계등 의결을 요구한 경찰기관의 장의 승인을 받아 30일 이내의 범위에서 그 기한을 연기할 수 있다.
ⓒ 징계위원회는 징계등 사건을 의결할 때에는 징계등 심의 대상자의 비위행위 당시 계급 및 직위, 비위행위가 공직 내외에 미치는 영향, 평소 행실, 공적(功績), 뉘우치는 정도나 그 밖의 정상과 징계등 의결을 요구한 자의 의견을 고려해야 한다.
ⓒ 금품 및 향응 수수로 징계 해임된 자의 경우 재직기간이 5년 이상인 사람의 퇴직급여는 4분의 3을 지급하고, 재직기간이 5년 미만인 사람의 퇴직급여는 8분의 7을 지급한다.
② 경찰공무원 보통징계위원회는 해당 징계위원회가 설치된 경찰기관 소속 경정 이하 경찰공무원에 대한 징계 등 사건을 심의·의결한다.
⑩ 징계위원회의 위원장 또는 위원은 불공정한 의결을 할 우려가 있다고 의심할 만한 타당한 사유가 있는 경우 스스로 해당 징계등 사건의 심의·의결을 회피해야 한다.

① 1개 ② 2개
③ 3개 ④ 4개

8

법규명령과 행정규칙에 대한 설명으로 옳지 않은 것은? (다툼이 있으면 판례에 의함)

① 법규명령이란 국회의 의결을 거치지 않고 행정기관이 정립하는 일반·추상적인 규정으로서 법규성을 지닌 것을 말한다.
② 경찰관은 업무를 처리할 때 법규명령에는 반드시 따라야 하지만, 일반적으로 행정규칙에 따라야 할 의무는 없다.
③ 행정규칙은 공포를 요하지 않으며, 행정규칙의 종류에는 훈령·예규·고시·일일명령 등이 있다.
④ 원칙적으로 행정규칙은 법규가 아니므로 대외적(대국민적) 효력이 없는 단순한 경찰 내부규범에 불과하지만, 자기구속 법리가 적용되는 경우에는 외부적 효력이 있다.

9

「행정기본법」상 법 적용의 기준에 관한 내용이다. (   )에 들어갈 것으로 옳은 것은?

> - 당사자의 (ㄱ)에 따른 처분은 법령등에 특별한 규정이 있거나 (ㄴ) 당시의 법령등을 적용하기 곤란한 특별한 사정이 있는 경우를 제외하고는 (ㄴ) 당시의 법령등에 따른다.
> - 법령등을 위반한 행위의 성립과 이에 대한 제재처분은 법령등에 특별한 규정이 있는 경우를 제외하고는 (ㄷ) 당시의 법령등에 따른다. 다만, 법령등을 위반한 행위 후 법령등의 변경에 의하여 그 행위가 법령등을 위반한 행위에 해당하지 아니하거나 제재처분 기준이 가벼워진 경우로서 해당 법령등에 특별한 규정이 없는 경우에는 (ㄹ) 법령등을 적용한다.

	ㄱ	ㄴ	ㄷ	ㄹ
①	처분	신청	제재처분	변경된
②	신청	신청	법령등을 위반한 행위	신청시
③	처분	처분	판결	신청시
④	신청	처분	법령등을 위반한 행위	변경된

10

「경찰관 직무집행법」 제6조 '범죄의 예방과 제지'에 대한 설명으로 가장 적절한 것은? (다툼이 있는 경우 판례에 의함)

① 특정 지역에서의 불법집회에 참가하려는 것을 막기 위하여 시간적·장소적으로 근접하지 않은 다른 지역에서 집회예정장소로 이동하는 것을 제지하는 것은 제6조의 행정상 즉시강제의 범위에 포함되며 허용된다.
② 경찰관의 제지에 관한 부분은 눈앞의 급박한 경찰상 장해를 제거하여야 할 필요가 있고 의무를 명할 시간적 여유가 없거나 의무를 명하는 방법으로는 그 목적을 달성하기 어려운 상황에서 의무이행을 전제로 하지 않고 경찰이 직접 실력을 행사하여 경찰상 필요한 상태를 실현하는 비권력적 사실행위에 관한 근거조항이다.
③ 주거지에서 음악 소리를 크게 내거나 큰 소리로 떠들어 이웃을 시끄럽게 하는 행위는 경범죄 처벌법 제3조 제1항 제21호에서 경범죄로 정한 '인근소란 등'에 해당하고, 경찰관은 경찰관 직무집행법에 따라 경범죄에 해당하는 행위를 예방·진압·수사하고, 필요한 경우 제지할 수 있다.
④ 어떠한 범죄행위를 목전에서 저지르려고 하거나 이들의 행위로 인하여 인명·신체에 위해를 미치거나 재산에 중대한 손해를 끼칠 우려 등 긴급한 사정이 있는 경우에 방패를 든 전투경찰대원들이 조합원들을 둘러싸고 이동하지 못하게 가둔 행위(고착관리)는 제지 조치라고 볼 수 없고, 이는 형사소송법상 체포에 해당한다.

11

「경찰관 직무집행법」과 「경찰착용기록장치 운영 등에 관한 규정」상 경찰착용기록장치의 사용 고지 등에 관한 설명으로 가장 적절한 것은?

① 경찰관이 경찰착용기록장치를 사용하여 이동형 영상정보처리기기로 사람 또는 그 사람과 관련된 사물의 영상을 촬영하는 때는, 촬영 사실을 별도로 고지하지 않아도 된다.
② 경찰착용기록장치로 기록을 마친 영상음성기록은 영상음성기록정보 관리체계를 이용하여 데이터베이스에 전송·저장하지 않아도 되지만, 임의로 편집·복사하거나 삭제해서는 안 된다.
③ 경찰착용기록장치로 기록한 영상음성기록의 보관기간은 해당 기록을 ②에 따라 영상음성기록정보 데이터베이스에 전송·저장한 날부터 90일(해당 영상음성기록이 수사 중인 범죄와 관련된 경우 등 경찰청장 또는 해양경찰청장이 정하는 사항에 해당하는 경우에는 180일)로 한다.
④ ③에도 불구하고 경찰청장, 시·도경찰청장, 경찰서장은 범죄수사를 위한 증거 보전이 필요한 경우 등 영상음성기록을 계속하여 보관할 필요가 있다고 인정하는 경우에는 90일의 범위에서 한 차례만 보관기간을 연장할 수 있다.

12

다음 보기에서 설명하는 조직편성의 원리에 대한 설명으로 옳은 것은?

> 조직의 목표달성 과정에서 여러 단위간의 충돌과 갈등을 방지하기 위해 질서 정연한 행동통일을 기하는 원리로서, 관리자의 리더십을 강화하거나 위원회제도 등을 활용하여 조직단위의 권한과 책임의 한계를 명확히 함으로써 제고될 수 있다.

① 경찰업무는 대부분 여러 명의 협동을 요구하는 경우가 많은데, 각자의 임무를 명확히 나누어 부과하고 협력하도록 하는 것은 인간능력의 한계를 극복함은 물론 전문화를 추구하여 업무의 효율성을 높이기 위한 원칙에 대한 설명이다.
② 조직의 구성원간에 지시나 보고를 주고받는 과정에서 지시는 한 사람만이 할 수 있고, 보고도 한 사람에게만 하여야 한다는 원칙에 대한 설명이다.
③ 조직편성의 각각의 원리는 장단점을 가지고 있는 바, 이러한 장단점을 조화롭게 승화시키는 원리에 대한 설명이다.
④ 조직목적 수행을 위한 구성원의 임무를 책임과 난이도에 따라 상위로 갈수록 권한과 책임이 무거운 임무를 수행하도록 편성하는 원리에 대한 설명이다.

13

「행정업무의 운영 및 혁신에 관한 규정」에 대한 설명으로 가장 적절한 것은?

① '일반문서'란 고시·공고 등 행정기관이 일정한 사항을 일반에게 알리는 문서를 말한다.
② 공문서는 결재권자가 해당 문서에 서명(전자이미지서명, 전자문자서명 및 행정전자서명을 포함한다)의 방식으로 결재함으로써 효력을 발생한다.
③ 공문서는 수신자에게 도달(전자문서의 경우는 수신자가 관리하거나 지정한 전자적 시스템 등에 입력되는 것을 말한다)됨으로써 효력을 발생한다. 다만, 공고문서의 경우 그 문서에서 효력발생 시기를 구체적으로 밝히고 있지 않으면 그 고시 또는 공고 등이 있은 날부터 5일이 경과한 때에 효력이 발생한다.
④ 공문서에는 음성정보나 영상정보 등이 수록되거나 연계된 바코드 등을 표기할 수 없다.

14

경찰홍보와 관련하여 다음 (   ) 안에 들어갈 말을 나열한 것으로 가장 적절한 것은?

- (㉠)는 주민을 소비자로 보는 관점으로 유료광고·캐릭터 활용 등의 방법이 있고, (㉡)는 신문·잡지·TV 등의 보도기능에 대응하는 활동으로 대개 사건·사고에 대한 질의에 답하는 대응적이고 소극적인 홍보활동을 말한다.
- (㉢)는 인쇄매체, 유인물 등 각종 대중매체를 통하여 개인이나 단체의 긍정적인 점을 일방적으로 알리는 활동을 의미하고, (㉣)는 단순히 기자들의 질문에 응답만 하는 것이 아니라 신문·방송 등 대중매체와 긴밀한 협조관계를 구축하여 대중매체가 원하는 바를 충족시켜주는 것과 동시에 경찰의 긍정적인 측면을 널리 알리는 활동을 말한다.

① ㉠ 지역공동체관계 ㉡ 언론관계
  ㉢ 협의의 홍보 ㉣ 기업식 경찰홍보
② ㉠ 지역공동체관계 ㉡ 공공관계
  ㉢ 대중매체관계 ㉣ 협의의 홍보
③ ㉠ 기업식 경찰홍보 ㉡ 언론관계
  ㉢ 협의의 홍보 ㉣ 대중매체관계
④ ㉠ 기업식 경찰홍보 ㉡ 공공관계
  ㉢ 대중매체관계 ㉣ 언론관계

15

「공공기관의 정보공개에 관한 법률」에 관한 설명으로 가장 적절한 것은?

① 공공기관은 「공공기관의 정보공개에 관한 법률」 제11조에 따라 정보의 공개 결정을 한 경우에는, 청구인이 사본 또는 복제물의 교부를 원하는 경우에는 이를 교부하여야 한다.
② 모든 국민은 정보의 공개를 청구할 권리를 가지며, 공공기관이 보유·관리하는 정보는 국민의 알권리 보장 등을 위하여 이 법에서 정하는 바에 따라 적극적으로 공개할 수 있다.
③ 공공기관은 정보공개 청구를 받으면 그 청구를 받은 날부터 7일 이내에 공개 여부를 결정하여야 한다.
④ 경찰기관이 보유·관리하는 경찰의 보안관찰 관련 통계자료는 정보공개청구대상이 되며, 비공개 정보대상인 폭력단체 현황자료 정보는 공개하지 아니할 수 있다.

16

「경찰 감찰 규칙」에 대한 설명으로 가장 적절하지 않은 것은?

① 감찰부서장은 감찰관 제척·기피신청과 관련한 사항을 심의하기 위하여 감찰처분심의회(이하 "처분심의회"라고 한다)를 설치·운영할 수 있다.
② 감찰관은 소속 경찰기관의 관할구역 안에서 활동하여야 한다. 다만, 상급 경찰기관의 장의 지시가 있는 경우에는 관할구역 밖에서도 활동할 수 있다.
③ 경찰기관의 장은 1년 이상 성실히 근무한 감찰관에 대해서는 희망부서를 고려하여 전보한다.
④ 감찰관은 소속 경찰공무원 등의 의무위반 사실에 대한 민원을 접수하였을 때에는 접수일로부터 2개월 내에 신속히 처리하여야 하며, 다른 경찰기관 또는 검찰, 감사원 등 다른 행정기관으로부터 통보받은 소속직원의 의무위반행위에 대해서는 통보받은 날로부터 1개월 이내에 신속히 처리하여야 한다.

17

경찰의 부패에 관한 설명 중 가장 적절하지 않은 것은?

① 'Dirty Harry 문제'는 도덕적으로 선한 목적을 위해 윤리적, 정치적, 혹은 법적으로 더러운 수단을 동원하는 것이 적절한가와 관련된 딜레마적 상황이다.
② 윌슨(Wilson)의 전체사회가설은 시카고 경찰의 부패 원인 중 하나로 '시카고 시민이 경찰을 부패시켰다'라는 주장이 거론된 것처럼 시민사회가 경찰관의 부패를 묵인하거나 용인할 때 경찰관이 부패 행위에 빠져들게 된다라고 주장하였다.
③ 경찰관A는 부서에서 많은 동료들이 단독 출장을 가면서도 공공연하게 두 사람의 출장비를 청구하고 퇴근 후 잠깐 들러서 시간외 근무를 한 것으로 퇴근시간을 허위 기록되게 하는 것을 보고, 경찰관A도 동료들과 같은 행동을 한 것은 전체사회가설과 관련이 있다.
④ 음주운전으로 징계처분을 받은 적이 있는 경찰관B가 다시 음주운전으로 적발되어 징계위원회에 회부된 것은 썩은사과 이론과 관련이 있다.

18

「경찰헌장」의 내용 중 괄호 안에 들어갈 가장 적절한 표현은?

> 우리는 조국 광복과 함께 태어나 나라와 겨레를 위하여 충성을 다하며 오늘의 자유민주 사회를 지켜온 대한민국 경찰이다(중략)
>
> 1. 우리는 모든 사람의 인격을 존중하고 누구에게나 따뜻하게 봉사하는 (㉠) 경찰이다.
> 1. 우리는 정의의 이름으로 진실을 추구하며 어떠한 불의나 불법과 타협하지 않는 (㉡) 경찰이다.
> 1. 우리는 국민의 신뢰를 바탕으로 오직 양심에 따라 법을 집행하는 (㉢) 경찰이다.
> 1. 우리는 건전한 상식 위에 전문지식을 갈고 닦아 맡은 일을 성실하게 수행하는 (㉣) 경찰이다.
> 1. 우리는 화합과 단결 속에 항상 규율을 지키며 검소하게 생활하는 (㉤) 경찰이다.

  ㉠ ㉡ ㉢ ㉣ ㉤
① 친절한 – 의로운 – 공정한 – 근면한 – 깨끗한
② 의로운 – 깨끗한 – 친절한 – 공정한 – 근면한
③ 친절한 – 깨끗한 – 근면한 – 공정한 – 의로운
④ 공정한 – 의로운 – 깨끗한 – 근면한 – 친절한

19

「경찰청 공무원 행동강령」 제14조의2(감독기관의 부당한 요구 금지)에 대한 설명으로 가장 옳은 것은?

① 감독기관은 피감기관에 법령에 근거가 없거나 예산의 목적·용도에 부합하지 않는 금품 등의 제공 요구가 금지된다.
② 감독기관은 정상적인 관행이라고 해도 피감기관에 예우나 의전의 요구가 금지된다.
③ 부당한 요구를 받은 피감기관 소속 공직자는 이행을 거부해야 하며, 거부했음에도 불구하고 감독기관 소속 공무원으로부터 같은 요구를 다시 받은 때에는 피감기관의 행동강령책임관에게 알려야 한다. 이 경우 행동강령책임관은 그 요구가 ①에 해당하는 경우에는 지체 없이 감독기관에게 보고해야 한다.
④ ③에 따라 감독기관은 그 사실을 해당 감독기관의 장에게 알려야 하며, 그 사실을 통지받은 감독기관의 장은 해당 요구를 한 소속 공무원에 대하여 징계 등 필요한 조치를 해야 한다.

20

「경찰청 적극행정 면책제도 운영규정」에 대한 설명으로 적절하지 않은 것은?

① "사전컨설팅 감사"란 불합리한 제도 등으로 인해 적극적인 업무 수행이 어려운 경우, 해당 업무의 수행에 앞서 업무 처리 방향 등에 대하여 미리 감사의견을 듣고 이를 업무처리에 반영하여 적극행정을 추진하는 것을 말한다.
② "사전컨설팅 대상 기관 및 대상 부서의 장"이란 각 시·도경찰청장, 부속기관의 장, 산하 공직유관단체의 장 및 경찰청 관·국의 장을 말한다.
③ 자체 감사를 받는 사람이 적극행정면책을 받기 위해서는 세 가지 요건(1. 감사를 받는 사람의 업무처리가 불합리한 규제의 개선, 공익사업의 추진 등 공공의 이익을 위한 것일 것, 2. 감사를 받는 사람이 대상 업무를 적극적으로 처리한 결과일 것, 3. 감사를 받는 사람의 행위에 고의나 중대한 과실이 없을 것) 중 최소한 하나를 충족하면 된다.
④ ③에도 불구하고 업무처리과정에서 기본적으로 지켜야 할 의무를 다하지 않았거나 금품을 수수한 경우에는 면책대상에서 제외한다.

21

지역사회 경찰활동에 관한 설명으로 가장 적절하지 않은 것은?

① 지역사회 경찰활동 업무의 효율성은 112신고와 이에 따른 반응시간이 얼마나 짧은가로 판단한다.
② 지역사회 경찰활동은 지역사회와의 협력, 경찰조직의 분권화 등을 중요하게 여긴다.
③ 지역사회 경찰활동 프로그램에는 경찰과 주민 사이에 의사소통을 강화하는 이웃지향적 경찰활동이 있다.
④ 지역사회 경찰활동은 경찰은 지역의 특성에 맞는 조직을 구성하고 이에 따라 활동이 이루어진다.

22

「즉결심판에 관한 절차법」에 대한 설명으로 가장 적절한 것은?

① 지방법원, 지원 또는 시·군법원의 판사는 즉결심판절차에 의하여 피고인에게 20만원 이하의 벌금, 구류 또는 과료, 자격상실, 자격정지에 처할 수 있다.
② 판사가 즉결심판청구를 기각하는 결정을 한 경우 경찰서장은 지체없이 사건을 법원에 송치하여야 한다.
③ 경찰서장은 판사가 무죄·면소의 선고 또는 즉결심판의 청구를 기각하는 결정을 한 날부터 7일 이내에 정식재판을 청구할 수 있다.
④ 판사는 정식재판청구서를 받은 날부터 7일 이내에 경찰서장에게 정식재판청구서를 첨부한 사건기록과 증거물을 송부한다.

23

「실종아동등 및 가출인 업무처리 규칙」상 '실종아동등 프로파일링시스템 등록 등'에 대한 설명으로 옳은 것은?

① 경찰청 여성청소년과장은 「실종아동등의 보호 및 지원에 관한 법률」에 따른 정보시스템으로 실종아동등 프로파일링시스템 및 실종아동찾기센터 홈페이지(인터넷 안전드림)를 운영한다.
② 경찰관서의 장은 실종아동등 프로파일링시스템에 등록된 대상의 보호자가 해제를 요청한 경우 즉시 해제하여야 한다.
③ 프로파일링시스템에 등록되어 있는 발견된 18세 미만 아동 및 가출인의 자료는 수배 해제 후로부터 10년간 보관하며, 발견된 지적·자폐성·정신장애인 등 및 치매환자의 자료는 수배 해제 후로부터 5년간 보관한다.
④ 실종아동등 프로파일링시스템에 등록된 보호시설 무연고자에 대한 자료는 본인의 요청이 있으면 즉시 삭제하여야 한다.

24

「통신비밀보호법」에 대한 설명으로 가장 적절한 것은?

① 사법경찰관은 범죄수사를 위한 통신제한조치의 허가요건이 구비된 경우에는 검사에 대하여 사건별로 통신제한조치에 대한 허가를 신청하고, 검사는 법원에 대하여 그 허가를 청구할 수 있다.
② 검사, 사법경찰관 또는 정보수사기관의 장은 긴급통신제한조치의 집행에 착수한 후 지체없이 제6조에 따라 법원에 허가청구를 하여야 하며, 그 긴급통신제한조치를 한 때부터 36시간 이내에 법원의 허가를 받지 못한 때에는 즉시 이를 중지하여야 한다.
③ 검사, 사법경찰관 또는 정보수사기관의 장은 긴급통신제한조치의 집행에 착수한 때부터 36시간 이내에 법원의 허가를 받지 못한 경우에는 해당 조치를 즉시 중지하면 된다.
④ 검사, 사법경찰관 또는 정보수사기관의 장은 ③에 따라 긴급통신제한조치로 취득한 자료를 폐기한 경우 폐기이유·폐기범위·폐기일시 등을 기재한 자료폐기결과보고서를 작성하여 폐기일부터 7일 이내에 ②에 따라 허가청구를 한 법원에 송부하고, 그 부본(副本)을 피의자의 수사기록 또는 피내사자의 내사사건기록에 첨부하여야 한다.

25

리드(REID) 테크닉 9단계 신문기법과 관련하여 적절한 것은 모두 몇 개인가?

> ㉠ 감정적 피의자의 경우 범죄 후 상당한 죄책감, 정신적 고통을 경험하며 사실적 분석(Factual-analysis) 전략과 기법이 가장 효과적이다.
> ㉡ 혐의자가 범인인지 여부에 대한 수사관의 확신이 없을 때 자백을 이끌어내기 위한 효과적인 신문기법이다.
> ㉢ 리드(REID) 테크닉 9단계 신문 방법 중 7단계는 구두 자백의 서면화로 용의자가 진술한 자백의 내용을 서면화 하는 것이다.
> ㉣ 우울한 기분 달래주기 단계는 동정과 이해를 표시하고, 끝까지 피의자를 추궁하여 자백할 것을 촉구한다.

① 없음   ② 1개
③ 2개   ④ 3개

26

「과학수사 기본규칙」상 과학수사에 관한 설명으로 적절하지 않은 것은?

① "과학수사"란, 과학적으로 검증된 지식·기술·기법·장비·시설 등을 활용하여 객관적 증거를 확보하기 위한 수사활동을 말한다.
② "과학적범죄분석시스템(SCAS:Scientific Crime Analysis System)이란 주민등록증 발급신청서·외국인의 생체정보·수사자료표의 지문을 원본 그대로 암호화하여 데이터베이스에 저장하고, 채취한 지문과의 동일성 검색에 활용하는 전산시스템을 말한다.
③ 과학수사를 통해 확보한 증거물은 수집·채취 단계부터 감정, 송치 또는 수사종결 시까지 업무처리자 변동 등 모든 단계의 이력이 연속적으로 관리함으로써 증거물의 연계성을 확보하여야 한다.
④ 과학수사관은 증거물의 감정 등을 위하여 증거물을 이송하는 경우 직접 운반하여야 한다. 다만, 직접 운반이 현저히 곤란한 경우 증거물이 오염·훼손되지 않고 운반 이력이 확인될 수 있는 방법을 이용할 수 있다.

27

'경비수단의 원칙'에 대한 설명으로 가장 적절하지 않은 것은?

① '적시의 원칙'이란 가장 적절한 시기에 실력행사를 하는 것으로 상대의 허약한 시점을 포착하여 실력행사를 한다는 것으로 한정된 경력으로 최대의 성과를 거양하는 원칙을 말한다.
② '위치의 원칙'이란 실력행사시 상대 군중보다 유리한 지점과 위치를 선점한다는 원칙을 말한다.
③ '안전의 원칙'이란 작전 때의 변수발생은 사회적으로 큰 파장을 미칠 수 있으므로 사고 없는 안전한 진압을 실시해야 한다는 원칙을 말한다.
④ '균형의 원칙'이란 균형있는 경력운용으로 상황에 따라 주력부대와 예비대를 적절하게 활용하는 원칙을 말한다.

28

「경찰 비상업무 규칙」에 대한 설명으로 옳은 것은?

① 비상근무는 비상상황의 유형에 따라 경비 소관의 경비, 작전비상, 수사 소관의 수사비상, 안보 소관의 안보비상, 치안상황 소관의 교통, 재난비상으로 구분하여 발령한다.
② 기능별 상황의 긴급성 및 중요도에 따라 비상등급은 갑호 비상, 을호 비상, 병호 비상, 작전준비태세, 경계 강화 순으로 구분하여 실시한다.
③ 을호 비상시 연가를 중지하고 가용경력 50%까지 동원할 수 있으며, 지휘관과 참모는 1시간 이내에 현장지휘 및 현장 근무가 가능한 장소에 위치한다.
④ 경계강화 발령시 별도의 경력동원 없이 특정분야의 근무를 강화하며 지휘관과 참모는 지휘선상 위치 근무를 원칙으로 한다.

29

인질협상 및 기법에 대한 설명으로 가장 적절한 것은?

① 협상은 항상 성공하는 것이 아니므로 다음 과정인 무력제압의 예비조치가 될 가능성이 있고, 인질협상 시에는 언론과 인질범의 부모, 여자친구 등을 최대한 활용하는 것이 바람직하다.
② 영국의 Scot Negotiation Institute에서 제시한 인질협상의 8단계 중 5단계는 '타결안 제시'이고 타결안은 여러 가지 내용을 포괄하여 취급하여야 하고 개개 내용에 대한 일괄타결을 해서는 안 된다.
③ 영국의 Scot Negotiation Institute에서 제시한 인질협상의 8단계 중 6단계는 '흥정'이고 이 단계에서는 우리 측에서 줄 수 있는 한계를 분명히 하는 식이 되어서는 안 되고, 상대로 하여금 떼를 쓰고 흥정을 걸어오도록 유도해야 한다.
④ 영국의 Scot Negotiation Institute에서 제시한 인질협상의 8단계 중 8단계는 '타결'이고 이 단계에서는 쌍방이 서로의 제의와 그 내용에 대한 합의를 재확인한 후 약속한 절차에 따라 실제 행동에 들어간다.

30

도로교통법 및 도로교통법 시행규칙상 내용으로 옳지 않은 것은?

① 가파른 비탈길의 내리막이나, 도로가 구부러진 부근은 서행할 수 있다.
② 시·도경찰청장은 정비상태가 매우 불량하여 위험발생의 우려가 있는 경우 자동차등록증을 보관하고 운전의 일시정지를 명할 수 있으며 필요할 때는 10일 범위 내 정비기간을 정하여 그 사용을 정지시킬 수 있다.
③ 「도로교통법」 제2조에 규정된 '차'라 함은 자동차, 건설기계, 원동기장치자전거, 자전거 또는 사람이나 가축의 힘, 그 밖의 동력에 의하여 도로에서 운전되는 것을 말한다. 다만, 철길이나 가설된 선을 이용하여 운전되는 것, 유모차, 보행보조용 의자차, 노약자용 보행기 등 행정안전부령으로 정하는 기구·장치는 제외한다.
④ 도로공사로 인하여 교통안전시설을 훼손한 공사시행자는 부득이 한 사유가 없는 한 해당 공사가 끝난 날부터 3일 이내에 원상회복하고 그 결과를 관할 경찰서장에게 신고하여야 한다.

31

「도로교통법 시행규칙」상 운전면허와 운행할 수 있는 차량으로 짝지어진 것 중 가장 적절하지 않은 것은?

① 제1종 대형면허 : 3톤 미만의 지게차
② 제1종 보통면허 : 적재중량 12톤 미만의 화물자동차
③ 제2종 보통면허 : 승차정원 10명 이하의 승합자동차
④ 제1종 소형면허 : 이륜자동차(운반차 포함)

32

「도로교통법」 및 「도로교통법 시행령」상 교통안전교육에 대한 설명으로 가장 적절하지 않은 것은?

① 교통안전교육은 운전면허를 받고자 하는 사람이 학과시험 응시 전 받아야 하는 1시간의 교통안전교육으로, 자동차운전 전문학원에서 학과교육을 수료한 사람은 제외된다.
② 특별교통안전교육 중 의무교육 대상은 운전면허효력 정지처분을 받게 되거나 받은 초보운전자로서 그 정지기간이 끝나지 아니한 사람 등이다.
③ 특별교통안전교육 중 권장교육 대상은 운전면허를 받은 사람 중 교육을 받으려는 날에 65세 이상인 사람 등으로, 권장교육을 받기 전 1년 이내에 해당 교육을 받지 아니한 사람에 한정한다.
④ 긴급자동차 교통안전교육 중 신규 교통안전교육은 긴급자동차를 운전하는 사람을 대상으로 3년마다 정기적으로 실시하는 교육이다.

33

정보를 출처에 따라 분류할 때 옳지 않은 것은 모두 몇 개인가?

> ⊙ 간접정보는 직접정보에 비해 출처의 신빙성과 내용의 신뢰성이 낮게 평가될 여지가 있다.
> ⓒ 정기출처란 특별한 보호조치가 요구되지 않아 일상적인 방법으로 첩보를 수집할 수 있는 출처를 말하는데 정기간행물, 방송, 신문 등이 이에 해당한다.
> ⓒ 국가에 따라 다르지만 통상 전체 생산 국가정보의 약 75%에서 많게는 90%가 공개출처정보이다.
> ⓔ 비밀출처에는 공작원, 외교관 등이 포함되나 국가정보기관이나 부문정보기관에 종사하는 정보관은 해당되지 않는다.

① 1개 ② 2개
③ 3개 ④ 4개

34

EEI(첩보기본요소)와 SRI(특별첩보요구)에 대한 설명으로 가장 적절하지 않은 것은?

① EEI는 광범위한 지역에 걸쳐 수집되어야 할 항시적 요구사항으로 사전에 첩보수집계획서를 작성한다.
② SRI는 단기적 문제해결을 위한 첩보요구이다.
③ 정보관들은 SRI에 따라 일상적으로 정보활동을 수행한다.
④ SRI는 비교적 구체성·전문성이 요구된다.

35

「집회 및 시위에 관한 법률」상 처벌규정에 대한 설명으로 가장 적절하지 않은 것은?

① 적법한 절차에 따라 설정한 질서유지선을 경찰관의 경고에도 불구하고 정당한 사유 없이 상당 시간 침범하거나 손괴·은닉·이동 또는 제거하거나 그 밖의 방법으로 그 효용을 해친 자는 6개월 이하의 징역 또는 50만원 이하의 벌금·구류 또는 과료에 처한다.
② 중복된 2개 이상의 집회·시위 신고의 경우 제8조 제4항에 해당하는 먼저 신고된 옥외집회 또는 시위의 주체자가 정당한 사유 없이 집회일시 24시간 전에 철회사유서를 제출하지 않은 경우 100만원 이하의 과태료를 부과한다.
③ 군인·검사·경찰관이 폭행, 협박, 그 밖의 방법으로 평화적인 집회 또는 시위를 방해한 경우 3년 이하의 징역에 처한다.
④ 주최자 또는 질서유지인이 참가를 배제하였지만 그 집회·시위에 참가한 자는 6개월 이하의 징역 또는 50만원 이하의 벌금·구류 또는 과료에 처한다.

36

방첩활동에 관한 다음 설명 중 옳은 것은?

① 방첩수단을 적극적·소극적·기만적 수단으로 분류할 때 허위정보의 유포, 양동간계시위, 역용공작은 소극적 방첩수단에 해당된다.
② 피라미드형은 간첩 밑에 주공작원 2~3명을 두고, 주공작원은 그 밑에 각각 2~3명의 행동공작원을 두는 조직형태로 일시에 많은 공작을 입체적으로 수행할 수 있어 활동 범위가 넓고 조직 구성에 많은 시간이 소요되지 않는다는 장점이 있다.
③ 동일 지배계급의 일부세력이 집권세력을 폭력으로써 타도하여 정권을 탈취하는 전복의 형태를 정부전복이라고 한다.
④ 계속 접촉의 유지는 탐지 → 주시 → 판명 → 이용 → 검거 순서로 진행된다.

37

보안관찰처분심의위원회에 관한 다음 설명 중 옳은 것은 모두 몇 개인가?

> ㉠ 보안관찰처분에 관한 사안을 심의·의결하기 위하여 법무부에 보안관찰처분심의위원회(이하 "위원회"라 한다)를 둔다.
> ㉡ 위원회는 위원장 1인과 8인의 위원으로 구성한다.
> ㉢ 위원은 법무부차관의 제청으로 대통령이 임명 또는 위촉한다.
> ㉣ 위원회의 회의는 위원장을 제외한 재적위원 과반수의 출석으로 개의하고 출석위원 과반수의 찬성으로 의결한다.
> ㉤ 위원회는 보안관찰처분 또는 그 기각의 결정, 면제 또는 그 취소결정 그리고 보안관찰처분의 취소 또는 기간의 갱신결정을 심의·의결한다.

① 2개 ② 3개
③ 4개 ④ 5개

38

여행경보단계 중 해외체류자는 신변안전에 특별히 유의하여야 하고, 해외여행예정자는 불필요한 여행을 자제해야 하는 단계는?

① 남색경보 ② 황색경보
③ 적색경보 ④ 흑색경보

39

「출입국관리법」상 외국인 강제퇴거 대상으로 적절하지 않은 것은 모두 몇 개인가?

> ㉠ 영주자격을 가진 사람으로 3년 이상의 징역 또는 금고의 형을 선고받고 석방된 사람 중 법무부령으로 정하는 사람
> ㉡ 외국인등록 의무를 위반한 사람
> ㉢ 벌금 이상의 형을 선고받고 석방된 사람
> ㉣ 법무부장관이 정한 거소 또는 활동범위의 제한이나 그 밖의 준수사항을 위반한 사람
> ㉤ 지방출입국·외국인관서의 장이 붙인 조건부 입국 허가조건을 위반한 사람

① 2개 ② 3개
③ 4개 ④ 5개

40

「범죄인 인도법」에 대한 설명으로 가장 적절하지 않은 것은?

① "인도조약"이란 대한민국과 외국 간에 체결된 범죄인의 인도에 관한 조약·협정 등의 합의를 말한다.
② "범죄인"이란 인도범죄에 관하여 청구국에서 수사나 재판을 받고 있는 사람 또는 유죄의 재판을 받은 사람을 말한다.
③ 청구국과 피청구국 쌍방의 법률에 의하여 범죄를 구성하지 않는 경우에는 범죄인을 인도하지 않는다는 것은 쌍방가벌성의 원칙으로, 우리나라 「범죄인 인도법」에 명문 규정은 없다.
④ 인도범죄가 정치적 성격을 지닌 범죄이거나 그와 관련된 경우 범죄인을 인도하여서는 안 된다는 '정치범 불인도의 원칙'은 「범죄인 인도법」에 규정되어 있다. 다만 국가원수 암살, 집단 학살 등은 정치범 불인도의 예외사유로 인정한다.

제6회 모의고사

1

경찰의 임무를 공공의 안녕과 질서에 대한 위험의 방지라고 정의할 때, 위험에 대한 설명 중 가장 옳은 것은?

① '위험'이란 가까운 장래에 공공의 안녕에 손해가 나타날 가능성이 개개의 경우 충분히 존재하는 상태를 의미한다. 위험은 구체적 위험과 추상적 위험으로 구분할 수 있으며 경찰개입은 구체적 위험이 있을 때에만 가능하다.
② '외관적 위험'은 경찰이 의무에 합당한 사려 깊은 상황판단을 했음에도 불구하고 위험을 잘못 인정한 경우로 적법한 경찰개입이므로 경찰관에게 민·형사상 책임을 물을 수 없지만, 국가의 손해배상책임이 발생할 수 있다.
③ '추정적 위험'은 객관적으로 판단할 때 위험의 외관 또는 혐의가 정당화되지 않음에도 경찰이 위험의 존재를 잘못 추정한 경우를 말하며, 위법한 경찰개입이므로 경찰관 개개인에게는 민·형사상 책임이, 국가에게는 손해배상 책임이 발생할 수 있다.
④ '위험혐의'의 경우 위험의 존재여부가 명백해질 때까지 예비적인 위험조사 차원의 경찰개입은 정당화될 수 없다.

2

정부수립 이후 1991년 이전의 경찰의 특징이 아닌 것은?

①「국가공무원법」의 특별법인「경찰공무원법」이 제정되었다.
② 해양경찰업무, 전투경찰업무, 소방업무가 정식으로 경찰의 업무 범위에 추가되었다.
③ 경찰이 비로소 주권국가 대한민국의 존립과 안녕, 대한민국 국민의 생명과 신체 및 재산의 보호라는 경찰 본연의 임무를 수행하였다.
④ 1991년「경찰법」제정 이전에는 중앙 및 지방경찰은 내무부 및 시·도지사의 보조기관으로 관청으로서의 지위를 갖지 못하였고, 경찰서장만 관청으로서의 지위를 가졌다.

3

「국가경찰과 자치경찰의 조직 및 운영에 관한 법률」과 「국가경찰위원회 규정」상 국가경찰위원회에 대한 설명이다. 아래 ㉠부터 ㉤까지 설명 중 옳고 그름의 표시(O, X)가 바르게 된 것은?

> ㉠ 국가경찰위원회 위원은 행정안전부장관의 제청으로 국무총리를 거쳐 대통령이 임명한다.
> ㉡ 경찰청장은 국가경찰위원회의 의결사항이 부적당하다고 판단될 때에는 재의를 요구할 수 있다.
> ㉢ 행정안전부장관은 국가경찰위원회에서 심의·의결된 내용이 적정하지 아니하다고 판단할 때에는 재의를 요구할 수 있으며, 재의를 요구하는 경우에는 의결한 날부터 7일 이내에 재의요구서를 위원회에 제출하여야 한다.
> ㉣ 위원장은 재의요구가 있는 경우에는 그 요구를 받은 날부터 10일 이내에 회의를 소집하여 다시 의결하여야 한다.
> ㉤ 위원장이 사고가 있을 때에는 위원장이 미리 지명한 위원으로 위원장의 직무를 대리한다.

① ㉠ (O) ㉡ (O) ㉢ (X) ㉣ (O) ㉤ (X)
② ㉠ (X) ㉡ (X) ㉢ (O) ㉣ (X) ㉤ (O)
③ ㉠ (X) ㉡ (X) ㉢ (X) ㉣ (X) ㉤ (X)
④ ㉠ (O) ㉡ (X) ㉢ (X) ㉣ (X) ㉤ (X)

4

「수사경찰 인사운영규칙」상 수사경과에 대한 설명으로 적절한 것은?

① 수사경과 유효기간은 수사경과 발령일 또는 갱신일로부터 3년으로 하며, 수사경과자는 수사경과 유효기간 내에 수사경과 갱신을 위한 시험에 합격하는 방법으로 언제든지 수사경과를 갱신할 수 있다.
② 인권침해, 편파수사를 이유로 다수의 진정을 받는 등 공정한 수사업무 수행을 기대하기 곤란한 경우에는 수사경과를 해제하여야 한다.
③ 5년간 연속으로 비수사부서에 근무하는 경우에는 수사경과를 해제하여야 한다.
④ 수사업무 능력·의욕이 현저하게 부족한 경우 수사경과를 해제하여야 한다.

5

「경찰공무원법」상 '경찰공무원의 정년'에 대한 설명으로 가장 적절하지 않은 것은?

① 경찰공무원의 계급정년은 치안감 4년, 경무관 6년, 총경 11년, 경정 14년이다.
② ①에도 불구하고 징계로 인하여 강등(경감으로 강등된 경우를 포함한다)된 경찰공무원의 계급정년은 강등되기 전의 계급 중 가장 높은 계급의 계급정년으로 하며, 계급정년을 산정할 때에는 강등되기 전 계급의 근무연수와 강등 이후의 근무연수를 합산한다.
③ 수사, 정보, 외사, 안보, 자치경찰사무 등 특수 부문에 근무하는 경찰공무원으로서 대통령령으로 정하는 바에 따라 지정을 받은 사람은 총경 및 경정의 경우에는 2년의 범위에서 대통령령으로 정하는 바에 따라 계급정년을 연장할 수 있다.
④ 경찰공무원은 그 정년이 된 날이 1월에서 6월 사이에 있으면 6월 30일에 당연퇴직하고, 7월에서 12월 사이에 있으면 12월 31일에 당연 퇴직된다.

6

경찰공무원의 '직무상 의무' 중 그 근거 법령이 같은 것으로 옳게 연결된 것은?

> ㉠ 소속상관의 허가 또는 정당한 사유 없이는 직장을 이탈하지 못한다.
> ㉡ 소속상관이 종교중립의 의무에 위배되는 직무상 명령을 한 경우에는 이에 따르지 아니할 수 있다.
> ㉢ 직무에 관하여 거짓으로 보고나 통보를 하여서는 아니 된다.
> ㉣ 직무를 게을리하거나 유기(遺棄)해서는 아니 된다.
> ㉤ 소속 기관장의 허가 없이 다른 직무를 겸할 수 없다.

① 국가공무원법 – ㉠㉡㉤ 경찰공무원법 – ㉢㉣
② 국가공무원법 – ㉠㉡ 경찰공무원법 – ㉢㉣㉤
③ 국가공무원법 – ㉢㉣㉤ 경찰공무원법 – ㉠㉡
④ 국가공무원법 – ㉠㉢㉣ 경찰공무원법 – ㉡㉤

7

서울경찰청 소속 甲 경정은 음주운전을 하여 징계를 받게 되었다. 甲 경정에 대한 징계절차로 가장 타당하지 않은 것은?

① 甲 경정은 서울경찰청 소속 경찰공무원 보통징계위원회에서 심의·의결한다.
② 甲 경정에 대한 출석통지는 징계위원회 개최일 5일 전까지 하고, 징계등 의결 요구를 받은 징계위원회는 그 요구서를 받은 날부터 30일 이내에 징계등에 관한 의결을 하여야 한다.
③ 甲 경정의 강등 집행은 경찰청장이 한다.
④ 강등처분을 받은 甲 경정은 1계급 아래로 직급을 내리고 3개월간 보수가 전액 감액되고, 강등처분의 집행이 끝난 날부터 24개월간 승진임용의 제한을 받는다.

8

경찰공무원 직무명령에 대한 다음 설명 중 옳은 것은?

① 상관의 명령은 부하공무원 직무범위 내에 속해야 한다.
② 권한 없는 상관의 명령에도 복종해야 한다.
③ 범죄를 구성하거나 명백한 하자가 있는 경우에도 복종해야 한다.
④ 직무명령은 부하의 권한 외 행사에 대한 명령이다.

9

「행정기본법」상 행정상 강제에 대한 설명으로 가장 적절한 것은?

① 행정대집행은 의무자가 행정상 의무로서 타인이 대신하여 행할 수 있는 의무를 이행하지 아니하는 경우 법률로 정하는 다른 수단으로는 그 이행을 확보하기 곤란하고 그 불이행을 방치하면 공익을 크게 해칠 것으로 인정될 때에 행정청이 의무자가 하여야 할 행위를 스스로 하거나 제3자에게 하게 하고 그 비용을 의무자로부터 징수하는 것을 말한다.
② 이행강제금의 부과는 의무자가 행정상 의무 중 금전급부의무를 이행하지 아니하는 경우 행정청이 의무자의 재산에 실력을 행사하여 그 행정상 의무가 실현된 것과 같은 상태를 실현하는 것을 말한다.
③ 직접강제는 현재의 급박한 행정상의 장해를 제거하기 위한 경우로서 행정청이 미리 행정상 의무 이행을 명할 시간적 여유가 없는 경우에 행정청이 곧바로 국민의 신체 또는 재산에 실력을 행사하여 행정목적을 달성하는 것을 말한다.
④ 강제징수는 의무자가 행정상 의무를 이행하지 아니하는 경우 행정청이 적절한 이행기간을 부여하고, 그 기한까지 행정상 의무를 이행하지 아니하면 금전급부의무를 부과하는 것을 말한다.

10

「경찰관 직무집행법」상 경찰권 발동에 대한 설명으로 옳지 않은 것은? (다툼이 있는 경우 판례에 의함)

① 상해사건을 신고받고 출동한 정복착용 경찰관들이 사건당사자인 피검문자의 경찰관 신분확인의 요구가 없는 상황에서 경찰공무원증 제시 없이 불심검문 하자 피검문자가 경찰관들을 폭행한 사안에서 당시 불심검문은 경찰관들이 경찰공무원증을 제시하지 않은 것은 공무집행방해죄 성립에 위법성을 인정할 수 없다.
② 경찰관은 범죄·재난·공공갈등 등 공공안녕에 대한 위험의 예방과 대응을 위한 정보의 수집·작성·배포와 이에 수반되는 사실의 확인을 할 수 있다.
③ 경찰관은 수상한 행동이나 그 밖의 주위 사정을 합리적으로 판단해 볼 때 정신착란을 일으키거나 술에 취하여 자신 또는 다른 사람의 생명·신체·재산에 위해를 끼칠 우려가 있는 것이 명백하고 응급구호가 필요하다고 믿을 만한 상당한 이유가 있는 사람을 발견하였을 때에는 보건의료기관이나 공공구호기관에 긴급구호를 요청하거나 경찰관서에 보호하는 등 적절한 조치를 할 수 있다.
④ 경찰관은 소요사태의 예방을 위하여 필요하다고 인정되는 상당한 이유가 있을 때에는 경찰관서·무기고 등 국가중요시설에 대한 접근 또는 통행을 제한하거나 금지할 수 있으며 이 사실을 즉시 소속 경찰관서의 장에게 보고하여야 한다.

11

아래 설명은 「경찰 물리력 행사의 기준과 방법에 관한 규칙(경찰청예규)」에서 규정하고 있는 '㉠ 경찰의 물리력 사용의 정도(경찰관의 대응 수준)와 ㉡ 대상자의 행위'에 대한 내용이다. 연결이 가장 적절한 것은?

> ㉠ '폭력적 공격' 이상의 상태의 대상자에 대해 사용할 수 있는 물리력 수준으로서, 대상자에게 신체적 부상을 입힐 수 있으나 생명·신체에 대한 중대한 위해 발생 가능성은 낮은 물리력을 말한다.
> ㉡ 대상자가 경찰관 또는 제3자에 대해 신체적 위해를 가하는 상태

① ㉠ 중위험 물리력 ㉡ 치명적 공격
② ㉠ 고위험 물리력 ㉡ 폭력적 공격
③ ㉠ 중위험 물리력 ㉡ 폭력적 공격
④ ㉠ 고위험 물리력 ㉡ 치명적 공격

12

「경찰관 직무집행법」에 대한 설명으로 가장 적절한 것은?

① 경찰청장은 경찰관이 제2조 각 호에 따른 직무의 수행으로 인하여 민·형사상 책임과 관련된 소송을 수행할 경우 변호인 선임 등 소송 수행에 필요한 지원을 하여야 한다.
② 직무수행으로 인한 형의 감면은 형의 감면 대상인 범죄가 행하여지려고 하거나 행하여지고 있어 타인의 생명·신체에 대한 위해 발생의 우려가 명백하고 긴급한 상황이어야 한다.
③ 경찰관이 그 위해를 예방하거나 진압하기 위한 행위 또는 범인의 검거 과정에서 경찰관을 향한 직접적인 유형력 행사에 대응하는 행위를 하여 그로 인하여 경찰관 자신에게 피해가 발생한 경우이어야 하며 그 경찰관의 직무수행이 불가피한 것이고 필요한 최소한의 범위에서 이루어졌으며 해당 경찰관에게 고의 또는 중대한 과실이 없는 때에는 그 정상을 참작하여 형을 감경하거나 면제할 수 있다.
④ 이 법에 규정된 경찰관의 의무를 위반하거나 직권을 남용하여 다른 사람에게 해를 끼친 사람은 장기 3년 이상의 징역이나 금고 또는 300만원 이하의 벌금에 처한다.

13

계급제와 직위분류제에 대한 설명으로 가장 적절한 것은?

① 계급제는 공직을 분류함에 있어서 행정기관을 구성하는 개개의 직위에 내포되어 있는 직무의 특성에 중점을 두고 직무의 종류와 책임도 및 곤란도에 따라 여러 직종과 등급 및 직급을 분류하는 제도이다.
② 계급제는 장기간에 걸쳐 능력을 키울 수 있어 공무원이 보다 종합적 능력을 가지게 되므로 기관간의 종적 협조가 용이하다.
③ 직위분류제는 직무분석과 직무평가의 충실한 수행을 강조하는 제도이다.
④ 직위분류제는 전직이 제한되고 행정의 전문화에 기여하고, 권한과 책임의 한계가 불명확하고 신분보장이 미흡하다는 단점이 있다.

14

「경찰장비관리규칙」에 대한 설명으로 가장 적절한 것은?

① 무기·탄약고 비상벨은 상황실과 숙직실 등 초동조치 가능장소와 연결하고, 외곽에는 철조망장치와 조명등 및 순찰함을 설치할 수 있다.
② 간이무기고란 경찰인력 및 경찰기관별 무기 책정기준에 따라 배정된 개인화기와 공용화기를 집중보관·관리하기 위하여 각 경찰기관에 설치된 시설을 말한다.
③ 무기탄약을 대여 받은 자는 그 무기를 휴대하고 근무하는 경우를 제외하고는 무기고에 보관하여야 하며, 근무 종료시에는 감독자 입회아래 무기탄약 입출고부에 기재한 뒤 즉시 입고하여야 한다.
④ 경찰기관의 장은 무기를 휴대한 자 중에서 직무상의 비위 등으로 인하여 징계 의결 요구된 자가 발생한 때에는 무기 소지 적격 심의위원회의 심의를 거쳐 대여한 무기·탄약을 회수해야 한다. 다만, 대상자가 이의신청을 하거나 소속 부서장이 무기 소지 적격 여부에 대해 심의를 요청하는 경우에는 무기 소지 적격 심의위원회의 심의를 거쳐 대여한 무기·탄약의 회수여부를 결정한다.

15

「언론중재 및 피해구제 등에 관한 법률」상 조정 및 중재에 관한 설명으로 옳지 않은 것은?

① 언론중재위원회는 40명 이상 90명 이내의 중재위원으로 구성하며, 위원장 1명과 2명 이내의 부위원장 및 2명 이내의 감사를 두는데, 위원장·부위원장·감사 및 중재위원의 임기는 각각 3년으로 하며, 한 차례만 연임할 수 있다.
② 정정보도청구등과 손해배상의 조정신청은 정정보도 청구의 요건 또는 추후보도청구기간 이내에 서면 또는 구술이나 그 밖에 대통령령으로 정하는 바에 따라 전자문서 등으로 하여야 하며, 피해자가 먼저 언론사등에 정정보도청구등을 한 경우에는 피해자와 언론사등 사이에 협의가 불성립된 날부터 14일 이내에 하여야 한다.
③ 출석요구를 받은 신청인 2회에 걸쳐 출석하지 아니한 경우에는 정정보도등을 이행하기로 합의한 것으로 보며, 피신청 언론사등이 2회에 걸쳐 출석하지 아니한 경우에는 조정신청 취지에 따라 조정 신청을 취하한 것으로 본다.
④ 당사자 양쪽은 정정보도청구등 또는 손해배상의 분쟁에 관하여 중재부의 종국적 결정에 따르기로 합의하고 중재를 신청할 수 있다.

16

「경찰 인권보호 규칙」에 대한 설명으로 가장 적절한 것은?

① "경찰관등"이란 경찰청과 그 소속기관의 경찰공무원, 일반직공무원을 의미하고, 무기계약근로자 및 기간제근로자는 포함되지 않는다.
② 경찰 활동 전반에 걸친 민주적 통제를 구현하여 경찰력 오·남용을 예방하고, 경찰행정의 인권지향성을 높여 인권을 존중하는 경찰 활동을 정립하기 위해 경찰청장 및 시·도경찰청장의 심의기구로서 각각 경찰청 인권위원회, 시·도경찰청 인권위원회를 설치하여 운영한다.
③ 경찰청장은 위원회의 위원이 특별한 사유 없이 연속적으로 임시회의에 2회 불참 등 직무를 태만히 한 경우 직권으로 위원을 해촉할 수 있다.
④ 위원장과 위촉 위원의 임기는 위촉된 날로부터 2년으로 하며 위원장의 직은 연임할 수 없고, 위촉 위원은 두 차례만 연임할 수 있다.

17

다음 사례에서 나타나는 전문직업인으로서 경찰의 윤리적 문제점으로 ㉠, ㉡, ㉢을 가장 적절하게 표현한 것은?

> ㉠ 심장전문의 甲은 환자의 치료법에 대하여 환자의 입장을 고려하지 않고 자신의 우월적 의학적 지식만 고려하여 일방적으로 치료방법을 결정하였다.
> ㉡ 노원경찰서 형사과 소속 경찰관 乙은 범죄 현장에서 피해자가 다수 발생하자 범죄 수사, 현장 보호, 피해자 지원 등 다른 전체적인 분야에 대한 고려 없이 오로지 범인 검거에만 집중하여 검거 결정을 하였다.
> ㉢ 동작경찰서 수사과 소속 경찰관 丙은 자신의 지인 A가 운영하는 가게가 경쟁업체 B의 허위 신고로 피해를 입었다는 제보를 받고 수사를 진행하였다. 그러나 丙은 공정성을 유지하지 않고 지인 A의 요청에 따라 경쟁업체 B에게 불리한 방향으로 수사를 진행하고, 이를 통해 지인 A의 가게를 돕는 데 집중하였다.

① ㉠ 부권주의, ㉡ 소외, ㉢ 사적 이익을 위한 이용
② ㉠ 부권주의, ㉡ 차별, ㉢ 소외
③ ㉠ 사적 이익을 위한 이용, ㉡ 소외, ㉢ 차별
④ ㉠ 부권주의, ㉡ 사적 이익을 위한 이용, ㉢ 소외

18

경찰윤리강령에 관한 설명으로 가장 적절한 것은?

① 우리나라의 경찰윤리강령은 경찰헌장(1966년) – 새경찰신조(1980년) – 경찰윤리헌장(1991년) – 경찰서비스헌장(1998년) 순서로 제정되었다.
② 민주적 참여에 의한 제정보다는 상부에서 제정되고 일방적으로 하달되어 냉소주의를 불러일으키는 단점이 있다.
③ 경찰윤리강령의 문제점 중 비진정성은 전문직업인의 내부규율로서 선언적 효력을 가질 뿐 법적인 강제력이 없기 때문에 이를 위반했을 경우 제재할 방법이 미흡하며, 지나친 이상추구의 성격 때문에 발생할 수 있다는 것을 의미한다.
④ 1945년 10월 21일 국립경찰의 탄생 시 경찰의 이념적 좌표가 된 경찰정신은 대륙법계의 영향을 받은 '봉사와 질서'이다.

19

「부정청탁 및 금품등 수수의 금지에 관한 법률」 제14조에서 규정하고 있는 '신고의 처리'에 대한 설명으로 가장 적절한 것은?

① 조사기관은 같은 신고를 받거나 국민권익위원회로부터 신고를 이첩받은 경우에는 그 내용에 관하여 필요한 조사·감사 또는 수사를 할 수 있다.
② 조사기관은 ①에 따라 조사·감사 또는 수사를 마친 날부터 10일 이내에 그 결과를 신고자와 국민권익위원회에 통보(국민권익위원회로부터 이첩받은 경우만 해당한다)하고, 조사·감사 또는 수사 결과에 따라 공소 제기, 과태료 부과 대상 위반행위의 통보, 징계 처분 등 필요한 조치를 할 수 있다.
③ 국민권익위원회는 조사기관의 조사·감사 또는 수사 결과가 충분하지 아니하다고 인정되는 경우에는 조사·감사 또는 수사 결과를 통보받은 날부터 30일 이내에 새로운 증거자료의 제출 등 합리적인 이유를 들어 조사기관에 재조사를 요구할 수 있다.
④ ③에 따른 재조사를 요구받은 조사기관은 재조사를 종료한 날부터 7일 이내에 그 결과를 국민권익위원회에 통보하여야 한다. 이 경우 국민권익위원회는 통보를 받은 후 7일 이내에 신고자에게 재조사 결과의 요지를 알려야 한다.

20

「공직자의 이해충돌 방지법」에 관한 설명 중 가장 적절한 것은?

① 공직자로 채용·임용되기 전 3년 이내에 공직자 자신이 대리하거나 고문·자문 등을 제공했던 개인이나 법인 또는 단체는 사적 이해관계자에 해당한다.
② 부동산을 직접 또는 간접으로 취급하는 대통령령으로 정한 공공기관의 공직자가 소속 공공기관의 업무와 관련된 부동산을 보유하고 있거나 매수하는 경우 소속기관장에게 그 사실을 서면으로 신고하여야 한다.
③ 고위공직자는 그 직위에 임용되거나 임기를 개시하기 전 3년 이내에 민간 부문에서 업무활동을 한 경우, 그 활동 내역을 그 직위에 임용되거나 임기를 개시한 다음 날부터 30일 이내에 소속기관장에게 제출하여야 한다.
④ 동법 제14조 제2항을 위반하여 공직자로부터 직무상 비밀 또는 소속 공공기관의 미공개정보임을 알면서도 제공받거나 부정한 방법으로 취득하고 이를 이용하여 재물 또는 재산상의 이익을 취득한 자는 5년 이하의 징역 또는 5천만원 이하의 벌금에 처한다.

21

다음 중 「지역경찰의 조직 및 운영에 관한 규칙」에 대한 내용으로 옳은 것은?

① 행정근무를 지정받은 지역경찰은 지역경찰관서 내에서 중요 사건·사고 발생시 보고 및 전파, 기타 필요한 문서의 작성 업무, 시설·장비의 관리 및 예산의 집행, 각종 현황·통계·자료·부책 관리, 기타 행정업무 및 지역경찰관서장이 지시한 업무를 수행한다.
② 지역경찰관리자는 신고출동태세 유지 등을 위해 필요한 경우 휴게 및 식사시간도 대기근무로 지정할 수 있다.
③ 근무일지는 1년간 보관한다.
④ 시·도경찰청장은 소속 시·도경찰청의 지역경찰 정원 충원 현황을 반기별 2회 이상 점검하고 현원이 정원에 미달할 경우, 지역경찰 정원 충원 대책을 수립·시행하여야 한다.

22

「유실물법」상 '유실물 처리'에 대한 설명으로 옳은 것은?

① 경찰서장은 보관한 물건이 멸실되거나 훼손될 우려가 있을 때 또는 경제적 가치가 떨어질 때에는 경찰서 인터넷홈페이지에 유실물에 관한 정보를 게시하는 방법으로 매각할 수 있다.
② 물건의 소유권을 취득한 자가 그 취득한 날부터 6개월 이내에 물건을 경찰서 또는 자치경찰단으로부터 받아가지 아니할 때에는 그 소유권을 상실한다.
③ 지방자치단체가 습득한 유실물을 습득일로부터 7일 이내 제출하여도 보상금을 지급받을 수 없다.
④ 착오로 인하여 점유한 타인의 물건도 「유실물법」 규정에 따라 제출하면 보상금을 청구할 수 있다.

23

「검사와 사법경찰관의 상호협력과 일반적 수사준칙에 관한 규정」에 대한 내용으로 옳지 않은 것은?

① 검사는 사법경찰관에게 재수사를 요청하려는 경우에는 관계 서류와 증거물을 송부받은 날부터 90일 이내에 해야 한다. 다만, 증거 등의 허위, 위조 또는 변조를 인정할 만한 상당한 정황이 있는 경우에는 관계 서류와 증거물을 송부받은 날부터 90일이 지난 후에도 재수사를 요청할 수 있다.
② 검사는 ①에 따라 재수사를 요청할 때에는 그 내용과 이유를 구체적으로 적은 서면으로 해야 한다. 이 경우 송부받은 관계 서류와 증거물을 사법경찰관에게 반환해야 한다.
③ 사법경찰관은 재수사를 한 경우, 범죄의 혐의가 있다고 인정되는 경우에는 검사에게 사건을 송치하고 관계 서류와 증거물을 송부한다.
④ 검사는 사법경찰관이 ③에 따라 재수사 결과를 통보한 사건에 대해서 다시 재수사를 요청을 하거나 송치 요구를 할 수 있다.

24

「특정중대범죄 피의자 등 신상정보 공개에 관한 법률」상 '신상정보공개심의위원회'에 대한 설명으로 적절하지 않은 것은?

① 법무부장관은 이 법상 신상정보 공개 여부에 관한 사항을 심의하기 위하여 신상정보공개심의위원회를 둘 수 있다.
② 신상정보공개심의위원회는 위원장을 포함하여 10인 이내의 위원으로 구성한다.
③ 신상정보공개심의위원회는 신상정보 공개 여부에 관한 사항을 심의할 때 피의자에게 의견을 진술할 기회를 주어야 한다.
④ 신상정보공개심의위원회 위원 또는 위원이었던 사람은 심의 과정에서 알게 된 비밀을 외부에 공개하거나 누설하여서는 아니 되며, 이를 위반하여 비밀을 외부에 공개하거나 누설한 사람은 1년 이하의 징역이나 금고 또는 1천만원 이하의 벌금에 처한다.

25

「성폭력범죄의 처벌 등에 관한 특례법」에 대한 설명으로 가장 적절한 것은?

① 경찰청장은 각 경찰서장으로 하여금 성폭력범죄 전담 사법경찰관을 지정하도록 하여 특별한 사정이 없으면 이들로 하여금 피해자를 조사하게 할 수 있다.
② 모든 성폭력 범죄피해자를 조사하는 경우에 진술내용과 조사과정을 영상녹화장치로 녹화(녹음이 포함된 것을 말함)하고, 그 영상녹화물을 보존하여야 한다.
③ ②에도 불구하고 19세미만피해자등이 이를 원하지 아니하는 의사를 표시하더라도 영상녹화로 촬영·보존할 수 있다.
④ 검사 또는 사법경찰관은 ②에 따른 영상녹화를 마쳤을 때에는 지체 없이 피해자 또는 변호사 앞에서 봉인하고 피해자로 하여금 기명날인 또는 서명하게 하여야 한다.

26

「학교폭력예방 및 대책에 관한 법률」에 규정된 학교폭력에 대한 설명으로 옳은 것은?

① '학교폭력'이란 학교 내외에서 학생을 대상으로 발생한 상해, 폭행, 감금, 협박, 약취·유인, 명예훼손·모욕, 절도, 공갈, 강요·강제적인 심부름 및 성폭력, 따돌림 등에 의하여 신체·정신 또는 재산상의 피해를 수반하는 행위를 말한다.
② 가해학생에 대한 조치로 학교에서의 봉사, 피해학생에 대한 구두사과, 출석정지가 있다.
③ 이 법에 따라 학교폭력의 예방 및 대책과 관련된 업무를 수행하거나 수행하였던 사람은 그 직무로 인하여 알게 된 가해학생·피해학생과 관련된 자료를 누설한 선생님 A에게는 1년 이하의 징역 또는 1천만원 이하의 벌금에 처한다.
④ 학교폭력의 예방 및 대책에 관련된 사항을 심의하기 위하여 학교폭력대책심의위원회를 두어야 함에도 불구하고 이를 설치·운영하지 않은 교육감 B에게는 300만원 이하의 과태료를 부과한다.

27

마약류에 대한 설명으로 옳은 것은 모두 몇 개인가?

> ㉠ 마약이라 함은 양귀비, 아편, 대마와 이들로부터 추출되는 모든 알카로이드 및 그와 동일한 화학적 합성품으로서 대통령령으로 정하는 것 등을 말한다.
> ㉡ GHB(일명 물뽕)는 무색, 무취, 무미의 액체로 유럽 등지에서 데이트 강간약물로도 불린다.
> ㉢ 헤로인은 「마약류 관리에 관한 법률」에서 규제하는 향정신성의약품에 해당한다.
> ㉣ 엑스터시(MDMA 또는 XTC)는 기분이 좋아지는 약, 포옹마약(Hug Drug), 클럽마약, 도리도리 등으로 지칭되며, 복용하면 신체적 접촉 욕구가 강하게 발생한다.
> ㉤ 프로포폴(propofol)은 흔히 수면마취제라고 불리는 정맥마취제로서 수면내시경 등에 사용되나, 환각제 대용으로 오·남용되는 사례가 있어 향정신성의약품으로 지정되어 관리되고 있다.

① 2개 ② 3개
③ 4개 ④ 5개

28

「재난 및 안전관리 기본법」에 대한 설명으로 가장 적절하지 않은 것은?

① '재난'이란 국민의 생명·신체·재산과 국가에 피해를 주거나 줄 수 있는 것으로서 자연재난과 사회재난으로 구분된다.
② 국무총리는 대통령령으로 정하는 재난이 발생하거나 발생할 우려가 있는 경우 사람의 생명·신체 및 재산에 미치는 중대한 영향이나 피해를 줄이기 위하여 긴급한 조치가 필요하다고 인정하면 중앙위원회의 심의를 거쳐 재난사태를 선포할 수 있다. 다만, 국무총리는 재난상황이 긴급하여 중앙위원회의 심의를 거칠 시간적 여유가 없다고 인정하는 경우에는 중앙위원회의 심의를 거치지 아니하고 재난사태를 선포할 수 있다.
③ 중앙대책본부장은 대통령령으로 정하는 규모의 재난이 발생하여 국가의 안녕 및 사회질서의 유지에 중대한 영향을 미치거나 피해를 효과적으로 수습하기 위하여 특별한 조치가 필요하다고 인정한 경우에는 중앙위원회의 심의를 거쳐 해당 지역을 특별재난지역으로 선포할 것을 대통령에게 건의할 수 있다.
④ 특별재난지역의 선포를 건의받은 대통령은 해당 지역을 특별재난지역으로 선포할 수 있다.

29

경호의 4대 원칙에 대한 설명 중 가장 적절하지 않은 것은?

① 자기 담당구역 책임의 원칙 – 경호원은 각자 자기 담당구역 내에서 일어나는 어떠한 사태에 대해서도 책임을 지고 해결하여야 한다는 원칙이다.
② 자기희생의 원칙 – 어떠한 희생을 치르더라도 피경호자의 신변의 안전이 보호·유지되어야 한다는 것으로서 육탄방어의 정신으로 피경호자를 보호하여야 한다는 원칙이다.
③ 하나의 통제지점을 통한 접근의 원칙 – 피경호자와 접근할 수 있는 통로는 통제된 유일한 통로여야 한다는 원칙으로서 행차 코스, 행사할 예정인 장소 등은 비공개되어야 하는 것이 좋다.
④ 목표물 보존의 원칙 – 암살 기도자나 위해를 가할 가능성이 있는 자들로부터 분리시켜야 한다는 원칙으로 보안의 원칙이라고도 한다.

30

다음은 「도로교통법」상 주차 및 정차 금지에 관한 설명이다. 괄호 안에 들어갈 숫자의 총합은?

> ㉠ 모든 차의 운전자는 교차로의 가장자리나 도로의 모퉁이로부터 (　)미터 이내인 곳에서는 차를 정차하거나 주차하여서는 아니 된다.
> ㉡ 모든 차의 운전자는 안전지대가 설치된 도로에서는 그 안전지대의 사방으로부터 각각 (　)미터 이내인 곳에서는 차를 정차하거나 주차하여서는 아니 된다.
> ㉢ 모든 차의 운전자는 버스여객자동차의 정류지(停留地)임을 표시하는 기둥이나 표지판 또는 선이 설치된 곳으로부터 (　)미터 이내인 곳에서는 차를 정차하거나 주차하여서는 아니 된다.
> ㉣ 모든 차의 운전자는 건널목의 가장자리 또는 횡단보도로부터 (　)미터 이내인 곳에서는 차를 정차하거나 주차하여서는 아니 된다.

① 25　　② 30
③ 35　　④ 40

31

다음은 운전면허에 대한 설명 중 가장 옳은 것은? (다툼이 있는 경우 판례에 의함)

① '운전면허를 받지 아니하고'라는 법률문언의 통상적 의미에 '운전면허를 받았으나 그 후 운전면허의 효력이 정지된 경우'도 당연히 포함된다 할 수 있다.
② 만 65세 이상 75세 미만인 사람은 5년마다, 75세 이상인 사람은 3년마다 면허증을 갱신하여야 한다.
③ 운전면허를 받은 날부터 1년이 경과한 사람(운전면허 정지 기간 중인 사람을 제외한다. 연습하고자 하는 자동차를 운전할 수 있는 운전면허에 한함)과 함께 타서 그의 지도를 받아야 한다.
④ 운전면허증 소지자가 면허증의 반납사유가 발생하면 반납사유가 발생한 날로부터 10일 이내 반납하여야 한다.

32

교통사고 처리에 관한 설명으로 옳은 것은?

① 사고현장 측점 시 사상자의 위치는 허리를 중심으로 1점을 측정한다.
② 교통사고 조사관은 교통사고 현장도면을 작성할 때에는 모든 내용을 빠짐없이 정밀하게 작성한다.
③ 안전거리란 공주거리와 제동거리를 합한 거리를 말한다.
④ 차대차 사고로서 당사자 간의 과실이 차이가 있는 경우 과실이 경한 당사자를 선순위로 지정한다.

33

「도로교통법」상 음주측정 거부에 해당하는 것은? (판례에 의함)

① 경찰공무원이 운전자의 음주 여부나 주취 정도를 확인하기 위하여 음주측정기에 의한 측정의 사전절차로서 음주감지기에 의한 시험을 요구할 때, 그 시험결과에 따라 음주측정기에 의한 측정이 예정되어 있고 운전자가 그러한 사정을 인식하였음에도 음주감지기에 의한 시험에 명시적으로 불응한 경우
② 오토바이를 운전하여 자신의 집에 도착한 상태에서 단속경찰관으로부터 주취운전에 관한 증거 수집을 위한 음주측정을 위해 인근 파출소까지 동행하여 줄 것을 요구받고 이를 명백하게 거절하였음에도 위법하게 체포·감금된 상태에서 음주측정요구에 응하지 않은 행위
③ 신체 이상 등의 사유로 인하여 호흡조사에 의한 측정에 응할 수 없는 운전자가 혈액채취에 의한 측정을 거부하거나 이를 불가능하게 한 행위
④ 교통사고로 상해를 입은 피고인의 골절부위와 정도에 비추어 음주측정 당시 통증으로 인하여 깊은 호흡을 하기 어려웠고 그 결과 음주측정이 제대로 되지 아니한 경우

34

정보배포의 원칙에 대한 설명이다. 〈보기 1〉과 〈보기 2〉의 내용이 가장 적절하게 연결된 것은?

〈보기 1〉
(가) 특정 정보가 필요한 정보사용자에게 배포되었다면, 그 정보의 내용이 변화되었거나 혹은 관련 내용이 추가적으로 입수되었을 경우에 관련 정보는 지속적으로 사용자에게 배포되어야 한다.
(나) 정보는 정책결정과정에서 정보사용자가 사용하고자 하는 시간에 맞추어 배포되어야 한다.
(다) 정보는 사용자의 능력과 상황에 맞추어서 적당한 양을 조절하여 필요한 만큼만 적절한 전파수단을 통해 전달되어야 한다.

〈보기 2〉
㉠ 필요성 ㉡ 적시성
㉢ 적당성 ㉣ 계속성

	(가)	(나)	(다)
①	㉣	㉡	㉢
②	㉡	㉢	㉠
③	㉠	㉡	㉢
④	㉣	㉡	㉠

35

「집회 및 시위에 관한 법률 시행령」상 집회시위의 해산절차로 가장 적절한 것은?

① 자진 해산의 요청 → 해산명령 → 종결선언의 요청 → 직접해산
② 자진 해산의 요청 → 종결선언의 요청 → 해산명령 → 직접해산
③ 종결선언의 요청 → 자진 해산의 요청 → 해산명령 → 직접해산
④ 종결선언의 요청 → 해산명령 → 자진 해산의 요청 → 직접해산

36

국가안전보장과 관련된 설명으로 가장 적절하지 않은 것은?

① 정치적 위협 – 전통적으로 국가의 안전보장을 위협하는 가장 큰 위협 요소라고 할 수 있다.
② 사회적 위협 – 프랑스가 미국의 패스트푸드를 요리문화에 대한 위협으로 간주하는 한편, 영어 단어의 유입을 불어에 대한 위협으로 판단하는 경우와 같은 사회 문화적 위협을 말한다.
③ 경제적 위협 – 주요 전략물자를 국외로부터 수입해야 할 경우 보호무역주의·수출입제한으로 인해 공급이 차질이 생기는 경우나, 상대 국가의 급속한 경제발전 등 경제 분야에서의 위협요소를 말한다.
④ 생태적 위협 – 오존층의 파괴나 대기의 온난화 현상 등은 한 국가의 힘만으로는 해결할 수 없는 문제이기 때문에 그 해결을 위해 전세계가 합동하여 대처해야할 위협 요소이다.

37

「국가보안법」의 특성에 대한 설명으로 가장 적절하지 않은 것은?

① 고의범만 처벌하며, 일부 범죄를 제외하고 기본적으로 미수·예비·음모를 처벌한다.
② 「국가보안법」의 죄를 범하고 그 보수를 받은 때에는 이를 몰수한다. 다만, 이를 몰수할 수 없을 때에는 그 가액을 추징한다.
③ 검사는 「국가보안법」의 죄를 범한 자에 대하여 공소제기를 보류할 수 있으며 공소보류가 취소된 경우에는 동일한 범죄사실로 재구속할 수 없다.
④ 편의제공죄나 찬양·고무죄 등 「형법」상 종범의 성격을 가진 행위에 대하여 독립된 범죄로 처벌한다.

38

「출입국관리법」상 규정된 '상륙의 종류'와 '내용'에 대한 설명으로 가장 적절한 것은? (단, 기간연장은 없음)

① 관광상륙 – 외국인승무원이 승선 중인 선박 등이 대한민국의 출입국항에 정박하고 있는 동안 휴양 등의 목적으로 상륙 상륙하려는 외국인승무원에 대하여 선박등의 장 또는 운수업자나 본인이 신청하면 3일의 범위에서 관광상륙을 허가할 수 있다.
② 난민임시상륙 – 선박등에 타고 있던 외국인이 생명·신체 또는 신체의 자유를 침해받을 공포가 있는 영역에서 도피하여 곧바로 대한민국에 비호를 신청하는 경우 60일의 범위 내에서 허가할 수 있다.
③ 승무원상륙 – 승선 중인 선박등이 대한민국의 출입국항에 정박하고 있는 동안 휴양 등의 목적으로 상륙하려는 외국인승무원은 15일 범위 내에서 허가할 수 있다.
④ 재난상륙 – 선박등에 타고 있는 외국인(승무원을 포함한다)이 질병이나 그 밖의 사고로 긴급히 상륙할 필요가 있다고 인정될 때 상륙하는 것으로 30일 범위 내에서 허가할 수 있다.

39

「범죄수사규칙」에 대한 설명으로 가장 적절한 것은?

① 경찰관은 외국인인 피의자 및 그 밖의 관계자가 한국어에 능통하지 않는 경우에는 통역인으로 하여금 통역하게 하여 한국어로 피의자신문조서나 진술조서를 작성하여야 하며, 특히 필요한 때에는 한국어의 진술서를 작성하게 하거나 한국어의 진술서를 제출하게 하여야 한다.
② 경찰관은 피의자가 외교 특권을 가진 사람인지 여부가 의심스러운 경우에는 신속히 국가수사본부장에게 보고하여 그 지시를 받을 수 있다.
③ 경찰관은 중대한 범죄를 범한 사람이 도주하여 대한민국의 영해에 있는 외국군함으로 들어갔을 때에는 신속히 국가수사본부장에게 보고하여 그 지시를 받아야 한다. 다만, 급속을 요할 때에는 신분을 밝히고 출입할 수 있다.
④ 경찰관은 외국군함에 속하는 군인이나 군속이 그 군함을 떠나 대한민국의 영해 또는 영토 내에서 죄를 범한 경우에는 신속히 국가수사본부장에게 보고하여 그 지시를 받아야 한다. 다만, 현행범 그 밖의 급속을 요하는 때에는 체포 그 밖의 수사상 필요한 조치를 한 후 신속히 국가수사본부장에게 보고하여 그 지시를 받아야 한다.

40

「국제형사사법공조법」에 대한 설명으로 가장 적절한 것은?

① 대한민국의 주권, 국가안전보장, 안녕질서 또는 미풍양속을 해칠 우려가 있는 경우 공조를 하지 아니할 수 있다.
② 대한민국에서 수사가 진행 중이거나 재판에 계속된 범죄에 대하여 외국의 공조요청이 있는 경우에는 그 수사 또는 재판 절차가 끝날 때까지 공조를 연기하여야 한다.
③ 외국의 요청에 따른 수사의 공조절차에서 검사는 요청국에 인도하여야 할 증거물 등이 법원에 제출되어 있는 경우에는 법무부장관의 인도허가 결정을 받아야 한다.
④ 법무부장관은 국제형사경찰기구로부터 외국의 형사사건 수사에 대하여 협력을 요청받거나 국제형사경찰기구에 협력을 요청하는 경우 국제범죄에 관한 사실 확인 및 그 조사 등의 조치를 취할 수 있다.

제7회 모의고사

1

위험에 대한 설명으로 옳은 것은?

> 경찰관 A는 주택가 순찰 중 한 집에서 비명소리가 나는 것을 듣고 가정폭력이 발생한 것으로 오인했다. 경찰관 A는 상황의 긴급성을 판단하여 창문을 깨고 들어갔으나, 안에서는 가족들이 공포 영화를 시청하며 장난치고 있었다.

① 의무에 합당한 사려 깊은 판단을 할 때 실제로 위험의 가능성은 예측되나 불확실한 경우에 해당한다.
② 경찰관 A가 문을 부수고 들어간 행위는 위법한 경찰개입이므로 경찰관 개인에게는 민·형사상 책임이 있다.
③ 경찰관 A가 문을 부수고 들어간 행위는 경찰상 위험에 해당하는 적법한 경찰개입이므로 경찰관 A에게 민·형사상 책임을 물을 수 없다.
④ 경찰관 A가 문을 부수고 들어간 행위로 인한 손해로 국가는 손해배상책임이 발생할 수 있다.

2

다음 임시정부의 경찰활동에 대한 설명으로 가장 적절하지 않은 것은?

① 임시정부경찰은 임시정부의 법령에 의하여 설치된 정식 치안조직이었다.
② 1943년 대한민국 잠행관제에 근거하여 설치된 중경시기 경위대는 일반 경찰사무, 인구조사, 징병 및 징발, 국내 정보 및 적 정보수집 등의 업무를 수행하였다.
③ 창설 이후 광복에 이르는 시기까지 임시정부 경찰의 주된 임무는 임시정부의 수호였다.
④ 의경대는 교민사회의 안녕과 질서유지를 담당하였는데, 의경대의 교민사회 유지활동은 결국 임시정부 수호에도 기여하였다.

3

「국가경찰과 자치경찰의 조직 및 운영에 관한 법률」상 시·도자치경찰위원회에 관한 설명으로 옳지 않은 것은 모두 몇 개인가?

㉠ 시·도자치경찰위원회 비상임 위원은 특정 성(性)이 10분의 6을 초과하지 아니해야 한다.
㉡ 시·도자치경찰위원회 위원장은 위원 중에서 시·도지사가 임명하고, 상임위원은 시·도자치경찰위원회의 의결을 거쳐 위원 중에서 시·도경찰청장의 제청으로 시·도지사가 임명한다.
㉢ 공무원이 아닌 위원에 대해서는 「국가공무원법」 제52조 및 제57조를 준용한다.
㉣ 시·도자치경찰위원회 위원장과 위원의 임기는 3년으로 하되, 위원만 한 차례 연임할 수 있다.
㉤ 시·도자치경찰위원회의 회의는 정기적으로 개최하여야 한다. 다만 위원장이 필요하다고 인정하는 경우, 위원 2명 이상이 요구하는 경우 및 시·도지사가 필요하다고 인정하는 경우에는 임시회의를 개최할 수 있다.
㉥ 위원회의 의결된 내용이 법령에 위반되거나 공익을 현저히 해친다고 판단되면 행정안전부장관은 국가경찰위원회와 경찰청장을 거쳐 시·도지사에게 재의를 요구하게 할 수 있다.

① 2개　② 3개
③ 4개　④ 5개

4

「국가경찰과 자치경찰의 조직 및 운영에 관한 법률」상 자치경찰사무에 대한 설명으로 가장 적절한 것은?

① 국가는 지방자치단체가 이관받은 사무를 원활히 수행할 수 있도록 인력, 장비 등에 소요되는 비용에 대하여 재정적 지원을 할 수 있다.
② 자치경찰사무의 수행에 필요한 예산은 관할 시·도경찰청장의 의견을 들어 시·도자치경찰위원회의 심의·의결을 거쳐 시·도지사가 수립한다.
③ 시·도지사는 자치경찰사무 담당 공무원에게 조례에서 정하는 예산의 범위에서 재정적 지원 등을 하여야 한다.
④ 시·도의회는 관련 예산의 효율적인 관리를 위하여 의결로써 자치경찰사무에 대해 시·도자치경찰위원장의 출석 및 자료 제출을 요구할 수 있다.

5

「경찰공무원 임용령」상 '전보'에 대한 설명으로 가장 적절하지 않은 것은?

① 전보란 경찰공무원의 동일 직위 및 자격 내에서의 근무기관이나 부서를 달리하는 임용을 말한다
② 임용권자 또는 임용제청권자는 소속 경찰공무원이 해당 직위에 임용된 날부터 1년 이내(감사업무를 담당하는 경찰공무원의 경우에는 2년 이내)에 다른 직위에 전보할 수 없다.
③ 정보담당 경찰공무원 가운데 부적격자로 인정되는 경우는 전보제한의 예외사유에 해당한다.
④ 임신 중인 경찰공무원 또는 출산 후 1년이 지나지 않은 경찰공무원의 모성보호, 육아 등을 위하여 필요한 경우는 전보제한의 예외사유에 해당한다.

6

다음 중 「공무원재해보상법」상 보상청구권과 「공무원연금법」상 연금청구권에 대한 설명으로 옳지 않은 것은?

① 「공무원연금법」은 공무원의 퇴직, 장해 또는 사망에 대하여 적절한 급여를 지급하고 후생복지를 지원함으로써 공무원 또는 그 유족의 생활안정과 복지 향상에 이바지함을 목적으로 한다.
② 「공무원연금법」에 따른 급여를 받을 권리는 급여의 사유가 발생한 날부터 5년간 행사하지 아니하면 시효로 인하여 소멸한다.
③ 「공무원재해보상법」상 급여를 받으려는 사람은 인사혁신처장에게 급여를 청구하여야 한다.
④ 「공무원재해보상법」상 급여를 받을 권리는 그 급여의 사유가 발생한 날부터 요양급여·재활급여·간병급여·부조급여는 5년간, 그 밖의 급여는 3년간 행사하지 아니하면 시효로 인하여 소멸한다.

7

「경찰공무원법」과 「경찰공무원징계령」상 징계위원회에 대한 설명으로 옳은 것은?

① 「경찰공무원법」상 경무관 이상의 경찰공무원에 대한 징계의결은 「국가공무원법」에 따라 행정안전부장관 소속으로 설치된 징계위원회에서 하며, 총경 이하의 경찰공무원에 대한 징계의결을 하기 위하여 대통령령으로 정하는 경찰기관 및 해양경찰관서에 경찰공무원 징계위원회를 둔다.
② 「경찰공무원징계령」상 중앙징계위원회는 총경 및 경정에 대한 징계 또는 「국가공무원법」 제78조의2에 따른 징계부가금 부과 사건을 심의·의결하고, 보통징계위원회는 해당 징계위원회가 설치된 경찰기관 소속 경위 이하의 경찰공무원에 대한 징계등 사건을 심의·의결한다.
③ 「경찰공무원징계령」상 징계위원회 회의는 위원장과 징계위원회가 설치된 경찰기관의 장이 회의마다 지정하는 4명 이상 6명 이하의 위원으로 성별을 고려하여 구성하되, 「성폭력범죄의 처벌 등에 관한 특례법」에 따른 성폭력범죄, 「양성평등기본법」에 따른 성희롱에 해당하는 징계 사건이 속한 징계위원회의 회의를 구성하는 경우에는 피해자와 같은 성별의 위원이 위원장을 제외한 위원 수의 2분의 1 이상 포함되어야 한다.
④ 「경찰공무원징계령」상 위원장이 부득이한 사유로 직무를 수행할 수 없거나 위원장이 필요하다고 인정하는 경우에는 출석한 위원 중 최상위 계급 또는 이에 상응하는 직급에 있거나 최상위 계급 또는 이에 상응하는 직급에 먼저 승진임용된 공무원이 위원장이 된다.

8

「국가공무원법」상 인사혁신처 소속 소청심사위원회 위원에 대한 설명으로 가장 적절한 것은?

① 인사혁신처에 설치된 소청심사위원회는 위원장 1명을 포함한 5명 이상 7명 이하의 상임위원과 상임위원 수의 2분의 1 이상인 비상임위원으로 구성되며, 위원은 행정안전부장관의 제청으로 국무총리를 거쳐 대통령이 임명한다.
② 법관·검사 또는 변호사의 직에 5년 이상 근무한 자는 비상임위원이 될 수 있으나, 3급 이상 공무원 또는 고위공무원단에 속하는 공무원으로 3년 이상 근무한 자는 비상임위원이 될 수 없다.
③ 소청심사위원회의 위원은 자격정지 이상의 형벌이나 장기의 심신 쇠약으로 직무를 수행할 수 없게 된 경우 외에는 본인의 의사에 반하여 면직되지 아니한다.
④ 소청심사위원회의 상임, 비상임위원의 임기는 3년으로 하며, 한 번만 연임 가능하다.

9

「행정조사기본법」에 대한 설명으로 옳지 않은 것은?

① 행정조사기본법은 조세·형사등 관련분야에 동법을 적용하지 아니하는 등 적용범위의 예외를 두고 있고, 구체적인 조사절차와 위반시 제재에 대해서는 개별법에서 별도로 규정하고 있는 경우가 많다.
② 행정기관은 행정조사를 통하여 알게 된 정보를 어떠한 경우에도 원래의 조사목적 이외의 용도로 이용하거나 타인에게 제공하여서는 아니 된다.
③ 행정기관의 장이 조사대상자의 자발적인 협조를 얻어 행정조사를 실시하고자 하는 경우 조사대상자는 문서·전화·구두 등의 방법으로 당해 행정조사를 거부할 수 있다.
④ 행정기관의 장은 법령등에 특별한 규정이 있는 경우를 제외하고는 행정조사의 결과를 확정한 날부터 7일 이내에 그 결과를 조사대상자에게 통지하여야 한다.

10

정보의 수집 등에 대한 설명으로 가장 적절한 것은?

① 「경찰관 직무집행법」상 경찰관은 범죄·재난·공공갈등 등 공공의 안녕과 질서에 대한 위험의 예방과 대응을 위한 정보의 수집·작성·배포와 이에 수반되는 사실의 확인을 할 수 있다.
② ①에 따른 정보의 구체적인 범위와 처리 기준, 정보의 수집·작성·배포에 수반되는 사실의 확인 절차와 한계는 대통령령으로 정한다.
③ 「경찰관의 정보수집 및 처리 등에 관한 규정」상 정보활동과 관련하여 직무와 무관한 공식적 직함을 사용하는 행위를 해서는 안 된다.
④ 「경찰관의 정보수집 및 처리 등에 관한 규정」상 경찰관은 언론·교육·종교·시민사회 단체 등 민간단체, 지방자치단체, 정당의 사무소에 상시적으로 출입해서는 안 되며 정보활동을 위해 필요한 경우에 한정하여 일시적으로만 출입해야 한다고 규정되어 있다.

11

「경찰관 직무집행법」 및 「위해성 경찰장비의 사용기준 등에 관한 규정」상 경찰장비의 사용에 대한 설명으로 옳은 것은?

① 경찰관은 범인의 체포 또는 도주의 방지, 자신이나 다른 사람의 생명·신체의 방어 및 보호, 공무집행에 대한 항거의 제지를 위하여 필요한 상당한 이유가 있는 경우 경찰장구를 사용할 수 있다.
② 경찰관은 14세 이하의 자 또는 임산부에 대하여 전자충격기 또는 전자방패를 사용하여서는 아니 된다.
③ 경찰관은 위험을 제거·완화시키는 것이 곤란하다고 판단하는 경우에는 시·도경찰청장의 명령에 따라 필요한 최소한의 범위에서 최루액을 혼합하여 살수할 수 있다. 최루액의 혼합 살수 절차 및 방법은 경찰청장이 정한다.
④ 경찰관 직무집행법 제11조(사용기록의 보관)에 따라 살수차, 분사기, 전자충격기, 무기를 사용하는 경우 그 책임자는 사용 일시·장소·대상, 현장책임자, 종류, 수량 등을 기록하여 보관하여야 한다.

12

엽관주의와 직업공무원제도에 대한 설명으로 옳지 않은 것은?

① 엽관주의의 확립은 행정의 전문화에 도움이 된다.
② 엽관주의는 집권정치인들이 공무원을 통솔하는데 도움이 된다.
③ 엽관주의의 발전은 정당정치의 발달과 관련이 깊다.
④ 직업공무원제의 신분보장은 젊은 사람이 공직을 본업으로 삼아 일생동안 열심히 일하게 하려는 적극적 의미를 지닌다.

13

「국가재정법」상 예산에 관한 설명 중 가장 적절한 것은?

① 각 중앙관서의 장은 제29조의 규정에 따른 예산안편성지침에 따라 그 소관에 속하는 다음 연도의 세입세출예산·계속비·명시이월비 및 국고채무부담행위 요구서를 작성하여 매년 3월 31일까지 기획재정부장관에게 제출하여야 한다.
② 기획재정부장관은 국회의 심의를 거쳐 대통령의 승인을 얻은 다음 연도의 예산안편성지침을 매년 3월 31일까지 각 중앙관서의 장에게 통보하여야 한다.
③ 감사원은 제출된 국가결산보고서를 검사하고 그 보고서를 다음 연도 5월 20일까지 기획재정부장관에게 송부하여야 한다.
④ 경찰청장은 예산이 정한 각 기관 간 또는 각 장·관·항 간에 상호 이용(移用)할 수 있는 것이 원칙이다.

14

「보안업무규정」 및 「경찰청 보안업무규정 시행세칙」상 비밀에 대한 설명으로 가장 옳지 않은 것은?

① 비밀은 그 중요성과 가치에 따라 Ⅰ급, Ⅱ급, Ⅲ급 비밀로 구분된다.
② 누설될 경우 대한민국과 외교관계가 단절되고 전쟁을 일으키며, 국가의 방위계획·정보활동 및 국가방위에 반드시 필요한 과학과 기술의 개발을 위태롭게 하는 등의 우려가 있는 비밀은 이를 Ⅱ급 비밀로 한다.
③ 경찰병원장은 「경찰청 보안업무규정 시행세칙」상 Ⅱ급 및 Ⅲ급 비밀 취급인가권자이다.
④ 국가정보원장은 암호자재를 제작하여 필요한 기관에 공급한다. 다만, 국가정보원장이 필요하다고 인정하는 암호자재의 경우 그 암호자재를 사용하는 기관은 국가정보원장이 인가하는 암호체계의 범위에서 암호자재를 제작할 수 있다.

15

「부패방지 및 국민권익위원회의 설치와 운영에 관한 법률」에 대한 설명으로 가장 적절한 것은?

① 누구든지 부패행위를 알게 된 때에는 이를 위원회에 신고할 수 있으며, 신고자가 신고의 내용이 허위라는 사실을 알았거나 알 수 있었음에도 불구하고 신고한 경우에도 이 법의 보호를 받을 수 있다.
② 공직자는 그 직무를 행함에 있어 다른 공직자가 부패행위를 한 사실을 알게 되었거나 부패행위를 강요 또는 제의받은 경우에는 지체 없이 이를 수사기관·감사원 또는 위원회에 신고할 수 있다.
③ 국민권익위원회에 신고가 접수된 당해 부패행위의 혐의대상자가 치안감급 이상의 경찰공무원으로서 부패혐의의 내용이 형사처벌을 위한 수사 및 공소제기의 필요성이 있는 경우에는 위원회의 명의로 검찰, 수사처, 경찰 등 관할 수사기관에 고발을 하여야 한다.
④ 국민권익위원회는 접수된 신고사항을 그 접수일부터 60일 이내에 처리하여야 한다. 이 경우 신고자의 인적사항, 신고의 경위 및 취지 등 신고내용의 특정에 필요한 사항을 확인하기 위한 보완 등이 필요하다고 인정되는 경우에는 그 기간을 30일 이내에서 연장할 수 있다.

16

「경찰 감찰 규칙」에 대한 설명으로 가장 적절한 것은?

① 감찰관은 소속 경찰기관의 관할 구역 안에서 활동하여야 하나, 소속 경찰기관의 장의 지시가 있는 경우에는 관할구역 밖에서도 활동할 수 있다.
② 경찰기관의 장은 감찰관이 제5조에 따른 결격사유에 해당되는 것으로 밝혀졌을 경우와 제7조 제1항 각 호의 어느 하나에 해당하는 경우를 제외하고는 3년 이내에 본인의 의사에 반하여 전보하여서는 아니 된다. 다만, 승진 등 인사관리상 필요한 경우에는 그러하지 아니하다.
③ 감찰관은 검찰·경찰, 그 밖의 수사기관으로부터 수사개시 통보를 받은 경우에는 해당 기관으로부터 수사결과의 통보를 받을 때까지 감찰조사, 징계의결요구 등의 절차를 진행하지 아니한다.
④ 감찰관의 의무위반행위에 대해서는 「경찰공무원 징계령 세부시행규칙」의 징계양정에 정한 기준보다 가중하여 징계조치한다.

17

바람직한 경찰의 역할모델 중 '범죄와 싸우는 경찰모델'에 관한 설명으로 가장 적절하지 않은 것은?

① 범죄와 싸우는 경찰모델은 경찰활동의 전 부분을 포괄하는 것이 불가능하다.
② 경찰임무를 뚜렷이 인식시켜 경찰의 전문직화에 기여하는 측면이 있다.
③ 법 집행에 있어 범법자는 적이고, 경찰은 정의의 사자로 대립시키는 이분법적 오류에 빠질 우려가 있다.
④ 범죄진압 이외의 업무에 종사하는 경찰인들도 긍정적인 영향을 받아 사기가 향상될 것이다.

18

경찰윤리강령의 대외적 기능에 해당하는 것은 모두 몇 개인가?

> ㉠ 서비스 수준의 보장
> ㉡ 국민과의 신뢰관계 형성
> ㉢ 경찰조직의 기준 제시
> ㉣ 경찰조직구성원에 대한 교육자료 제공
> ㉤ 과도한 요구에 대한 책임 제한

① 0개　　　　② 1개
③ 2개　　　　④ 3개

19

「경찰청 공무원 행동강령」에 대한 설명으로 옳지 않은 것은?

① 초과사례금 신고를 받은 소속기관의 장은 초과사례금을 반환하지 아니한 공무원에 대하여 신고사항을 확인한 후 7일 이내 반환하여야 할 초과사례금의 액수를 산정하여 해당 공무원에게 통지하여야 한다.
② 공무원은 직무관련자와 마작, 화투, 카드 등 우연의 결과나 불확실한 승패에 의하여 금품 등 경제적 이익을 취할 목적으로 하는 사행성 오락을 같이 하여서는 아니 된다.
③ 공무원은 직무관련자에게 직위를 이용하여 행사 진행에 필요한 직·간접적 경비, 장소, 인력, 또는 물품 등의 협찬을 요구하여서는 아니 된다.
④ 공무원은 현재 근무하고 있거나 과거에 근무하였던 기관의 소속 직원에게 경조사를 알려서는 아니 된다. 다만, 친족에게 알리는 경우, 신문, 방송 또는 직원에게만 열람이 허용되는 내부통신망 등을 통하여 알리는 경우, 공무원 자신이 소속된 종교단체·친목단체 등의 회원에게 알리는 경우에는 경조사를 알릴 수 있다.

20

다음 중 「공직자의 이해충돌 방지법」상 위반 행위와 벌칙 규정 내용이다. 옳지 않은 것은 모두 몇 개인가?

> ㉠ 직무상 비밀·소속기관의 미공개 정보를 이용, 재물 또는 재산상 이득을 취한 공직자 – 7년 이하 징역 또는 7천만원 이하 벌금(병과 가능)
> ㉡ 사적 이익을 위해 직무상 비밀 또는 미공개 정보를 이용하거나 제3자가 이용하도록 한 공직자 – 5년 이하 징역 또는 5천만원 이하 벌금(병과 가능)
> ㉢ 공공기관(산하기관, 자회사)에 가족이 채용되도록 지시·유도 또는 묵인을 한 공직자 – 2년 이하 징역 또는 2천만원 이하 벌금
> ㉣ 직무관련자와의 거래를 신고하지 않은 공직자 – 2천만원 이하의 과태료
> ㉤ 업무활동 내역을 제출하지 아니한 고위공직자 – 1천만원 이하의 과태료

① 0개
② 1개
③ 2개
④ 3개

21

「112신고의 운영 및 처리에 관한 법률」과 「112치안종합상황실 운영 및 신고처리 규칙」에 대한 설명으로 가장 적절한 것은?

① 「112신고의 운영 및 처리에 관한 법률」상 경찰청장등은 112신고를 처리하는 과정에서 재난·재해, 범죄 또는 그 밖의 위급한 상황이 발생하여 사람의 생명·신체를 위험하게 할 것으로 인정할 때에는 일정한 구역을 정하여 그 구역에 있는 사람에게 그 구역 밖으로 피난할 것을 명할 수 있다.
② 「112신고의 운영 및 처리에 관한 법률」상 경찰청장등은 어떠한 경우에도 112신고에 사용된 전화번호, 112신고자의 이름·주소·성별·나이·음성과 그 밖에 112신고자를 특정하거나 유추하는데 사용될 수 있는 일체의 정보(이하 "112신고자 정보"라 한다)를 수집·이용 또는 제공하여서는 아니 된다.
③ 「112치안종합상황실 운영 및 신고처리 규칙」상 112근무요원은 접수한 신고의 내용이 코드 3 신고의 유형에 해당하는 경우에는 출동 경찰관에게 지령하지 않고 자체 종결하거나, 담당 부서 또는 112신고 관계 기관에 신고내용을 통보하여 처리하도록 조치해야 한다.
④ 「112치안종합상황실 운영 및 신고처리 규칙」상 112근무요원의 근무기간은 1년 이상으로 한다.

22

「풍속영업의 규제에 관한 법률」에서 규정하는 풍속영업의 범위에 해당하지 않는 것은?

① 「게임산업진흥에 관한 법률」에 따른 복합유통게임제공업
② 「영화 및 비디오물의 진흥에 관한 법률」에 따른 비디오물감상실업
③ 「공중위생관리법」에 따른 미용업
④ 「체육시설의 설치 이용에 관한 법률」에 따른 무도장업

23

입건 전 조사 사건 처리에 관한 규칙에 대한 내용으로 옳지 않은 것은?

① 조사는 임의적인 방법으로 하는 것을 원칙으로 하고, 대물적 강제 조치를 실시하는 경우에는 법률에서 정한 바에 따라 필요 최소한의 범위에서 남용되지 않도록 유의하여야 한다.
② 입건 전 조사단계의 피혐의자에게는 진술거부권이 인정되지 않는다.
③ 수사부서의 장은 조사에 착수한 후 6개월 이내(「정보 및 보안 업무기획·조정 규정」제2조 제5호본문의 죄와 관련된 사건은 12개월 이내)에 수사절차로 전환하지 않은 사건에 대하여 「경찰수사규칙」제19조 제2항 제2호부터 제5호까지의 사유에 따라 불입건 결정 지휘를 해야 한다.
④ 수사부서의 장은 ③에도 불구하고, 다수의 관계인 조사, 관련 자료 추가확보·분석, 외부 전문기관 감정 등 계속 조사가 필요한 사유가 소명된 경우에는 6개월의 범위에서 조사기간을 연장할 수 있다.

24

「특정중대범죄 피의자 등 신상정보 공개에 관한 법률」상 피의자의 신상정보에 대한 설명이다. 아래 가.부터 라.까지의 설명 중 옳고 그름의 표시(O, X)가 바르게 된 것은?

> 가. 검사와 사법경찰관은 이 법상 신상정보 공개 요건을 모두 갖춘 특정중대범죄사건의 피의자의 얼굴, 성명 및 나이를 공개할 수 있다. 다만, 피의자가 미성년자인 경우에는 공개하지 아니할 수 있다.
> 나. 검사와 사법경찰관은 피의자의 얼굴을 공개하기 위하여 필요한 경우 피의자를 식별할 수 있도록 피의자의 얼굴을 촬영할 수 있다. 이 경우 신상정보공개심의위원회에서 피의자의 의견을 청취해야 한다.
> 다. 신상정보를 공개하는 피의자의 얼굴은 특별한 사정이 없으면 공개 결정일 전후 30일 이내의 모습으로 한다. 이 경우 검사와 사법경찰관은 다른 법령에 따라 적법하게 수집·보관하고 있는 사진, 영상물 등이 있는 때에는 이를 활용하여 공개할 수 있다.
> 라. 검사와 사법경찰관은 정보통신망을 이용하여 그 신상정보를 30일간 공개한다.

① 가.(O) 나.(O) 다.(X) 라.(O)
② 가.(O) 나.(X) 다.(O) 라.(X)
③ 가.(X) 나.(X) 다.(O) 라.(O)
④ 가.(X) 나.(O) 다.(O) 라.(X)

25

「피의자 유치 및 호송규칙」에 대한 설명으로 옳은 것은?

① 호송관서의 장은 호송관이 5인 이상이 되는 호송일 때에는 경감 이상 계급의 1인을 지휘감독관으로 지정해야 한다.
② 피호송자 발병 시 진찰한 결과 24시간 이내에 치유될 수 있다고 진단되었을 때에는 치료후 인수관서가 호송을 계속하게 하여야 한다.
③ 호송관은 호송근무를 할 때에는 총기를 휴대하여야 하며, 호송관서의 장은 특별한 사유가 있는 경우 호송관이 분사기를 휴대하도록 할 수 있다.
④ 호송 중 도망사고 발생시 도주한 자에 관한 호송관계서류 및 금품은 호송관서에서 보관하여야 한다.

26

「가정폭력범죄의 처벌 등에 관한 특례법」에 관한 설명으로 적절하지 않은 것은?

① "가정폭력행위자"란 가정폭력범죄를 범한 사람 및 가정구성원인 공범을 말한다
② 아동, 60세 이상의 노인, 그 밖에 정상적인 판단 능력이 결여된 사람의 치료 등을 담당하는 의료인 및 의료기관의 장이 직무를 수행하면서 가정폭력범죄를 알게 된 경우에는 정당한 사유가 없으면 즉시 수사기관에 신고하여야 한다.
③ 긴급임시조치는 피해자 또는 가정구성원의 주거 또는 점유하는 방실(房室)로부터의 퇴거 등 격리, 피해자 또는 가정구성원의 주거, 직장 등에서 100미터 이내의 접근 금지, 피해자 또는 가정구성원에 대한 「전기통신기본법」 제2조 제1호의 전기통신을 이용한 접근 금지를 그 내용으로 한다.
④ 피해자 또는 가정구성원의 주거 또는 점유하는 방실로부터의 퇴거 등 격리의 임시조치기간은 2개월이고 한 차례만 연장할 수 있으며, 의료기관이나 그 밖의 요양소에의 위탁의 임시조치기간은 1개월을 초과할 수 없다(연장은 불가).

27

경비경찰 '조직운영의 원리'에 대한 설명으로 가장 적절하지 않은 것은?

① 부대단위활동의 원칙 - 부대단위로 활동을 할 때에 반드시 지휘관이 있어야 하는 것은 아니다.
② 치안협력성의 원칙 - 업무수행과정에서 국민의 신뢰를 바탕으로 국민과 협력을 이루어야 하고 국민이 스스로 협조해 줄 때 효과적으로 목적달성이 가능하다.
③ 체계통일성의 원칙 - 상하계급 간 일정한 관계가 형성되고 책임과 임무의 분담이 명확히 이루어지고 명령과 복종의 체계가 통일되어야 한다는 것으로 경찰조직 간 체계가 확립되어야만 타 기관과도 상호응원이 가능하게 된다.
④ 지휘관 단일성의 원칙 - 지시는 한 사람에 의해서 행해져야 하고, 보고도 한 사람을 통해서 이루어져야 한다.

28

「통합방위법」에 대한 설명으로 가장 적절하지 않은 것은?

① '갑종사태'란 일정한 조직체계를 갖춘 적의 대규모 병력 침투 또는 대량살상무기 공격 등의 도발로 발생한 비상사태로서 통합방위본부장 또는 지역군사령관의 지휘·통제하에 통합방위작전을 수행하여야 할 사태를 말한다.
② 통합방위본부에는 본부장과 부본부장 1명씩을 두되, 통합방위본부장은 합동참모의장이 되고 부본부장은 합동참모본부에서 군사작전에 대한 기획 등 작전 업무를 총괄하는 참모 부서의 장이 된다.
③ 행정안전부장관 또는 국방부장관은 을종사태에 해당하는 상황이 발생하였을 때 즉시 국무총리를 거쳐 대통령에게 통합방위사태의 선포를 건의하여야 한다.
④ 서울시와 경기도에 걸친 통합방위 사태 중 병종사태에 해당하는 상황이 발생하였을 때는 대통령이 선포한다.

29

「테러취약시설 안전활동에 관한 규칙」에 대한 설명으로 옳은 것은?

① "테러취약시설"이란 테러 예방 및 대응을 위해 경찰이 관리하는 국가중요시설, 다중이용건축물등, 공관지역, 미군 관련 시설, 그 밖에 특별한 관리가 필요하다고 테러취약시설 심의위원회에서 결정한 시설 중 대테러센터장이 지정하는 것을 말한다.
② 다중이용건축물등의 분류 중 C급은 테러에 의하여 파괴되거나 기능 마비시 일부 지역의 대테러진압작전이 요구되고, 국민생활에 중대한 영향을 미칠 수 있는 건축물 또는 시설을 말한다.
③ 경찰서장은 관할 내에 있는 다중이용건축물등 전체에 대해 해당 시설 관리자의 동의를 받아 A등급은 반기 1회 이상 지도·점검을 실시하여야 한다.
④ 경찰서장은 관할 테러취약시설 중 선정하여 분기 1회 이상 대테러 훈련(FTX)을 실시해야 한다. 이 경우 연 1회 이상은 관계기관 합동으로 실시한다.

30

다음은 「도로교통법」상 안전표지의 종류에 관한 설명이다. ㉠~㉢에 해당하는 내용으로 가장 적절하게 짝지어진 것은?

> 안전표지의 종류에는 도로상태가 위험하거나 도로 또는 그 부근에 위험물이 있는 경우에 필요한 안전조치를 할 수 있도록 이를 도로 사용자에게 알리는 (㉠), 도로교통의 안전을 위하여 각종 제한·금지 등의 규제를 하는 경우에 이를 도로사용자에게 알리는 (㉡), 도로의 통행방법·통행구분 등 도로교통의 안전을 위하여 필요한 지시를 하는 경우에 도로사용자에게 이를 따르도록 알리는 (㉢) 등이 있다.

① ㉠ 주의표지 ㉡ 규제표지 ㉢ 안내표지
② ㉠ 안내표지 ㉡ 주의표지 ㉢ 지시표지
③ ㉠ 안내표지 ㉡ 지시표지 ㉢ 주의표지
④ ㉠ 주의표지 ㉡ 규제표지 ㉢ 지시표지

31

제2종 보통면허만을 취득한 자가 운전할 경우, 무면허운전이 되는 것은?

① 원동기장치자전거
② 화물자동차(적재중량 3톤)
③ 승합자동차(승차정원 8명)
④ 특수자동차(총중량 4톤)

32

운전면허 행정처분에 대한 설명으로 옳은 것은?

① 자동차등을 이용하여 범죄행위한 경우 행정처분 대상이 되는 범죄행위가 예비·음모에 그치거나 과실로 인한 경우에는 처분기준이 운전면허 취소처분에 해당하면 처분 벌점을 110점으로 한다.
② 인적피해가 있는 도주사고의 경우 면허가 취소되고, 자수하면 행정처분이 감경된다.
③ 운전자가 교통사고를 야기하여 운전자 본인이 중상을 입은 경우 운전면허 15일 정지된다.
④ 착한 마일리지제도는 1년간 무위반, 무사고 서약을 하고 1년을 기준으로 20점을 부과하며 기간과 관계없이 운전자가 정지처분을 받게 될 경우 누산점수에서 공제하도록 되어 있다.

33

「경찰청과 그 소속기관 직제」상 경찰청 치안정보국장의 분장사항에 해당하는 것은 모두 몇 개인가?

> ㉠ 외사정보의 수집·분석 및 관리 등 외사정보활동
> ㉡ 공공안녕에 대한 위험의 예방과 대응을 위한 정보업무 기획·지도 및 조정
> ㉢ 집회·시위 등 공공갈등과 다중운집에 따른 질서 및 안전 유지에 관한 정보활동
> ㉣ 자치경찰제도 관련 기획 및 조정
> ㉤ 외사보안업무의 지도·조정

① 2개   ② 3개
③ 4개   ④ 5개

34

경찰정보활동에 대한 설명으로 가장 적절하지 않은 것은?

① '정보상황보고서'란 일반적으로 '상황속보' 또는 '속보'로 불리며, 집회·시위 등 공공의 갈등 상황 및 갈등이 우려되는 사안에 대해 경찰 내부 또는 필요시 경찰 외부에까지 전파하는 보고서를 말한다.
② '정보판단(대책)서'란 관련 견문과 자료를 종합·분석하여 지휘관으로 하여금 경력동원 등 상황에 대한 조치를 요하는 보고서를 말한다.
③ 정보보고서의 작성 방법은 일반적인 보고서 작성 방법과 대체로 유사하나 중요한 판단이나 경찰 조치를 나타내는 등의 특수한 용어를 사용한다는 점에서 차이가 있다.
④ 정보보고서를 작성할 때 판단을 나타내는 용어 중 '예상됨'은 과거의 움직임이나 현재의 동향, 미래의 계획 등으로 미루어 장기적으로 활동의 윤곽이 어떠하리라는 예측을 할 경우를 말한다.

35

집회현장에서의 확성기 최고소음도기준(「집회 및 시위에 관한 법률 시행령」)으로 빈 칸의 숫자를 순서대로 바르게 나열한 것은?

	주간 (07:00~ 해지기 전)	심야 (00:00~07:00)
주거지역, 학교, 종합병원	(가)이하	(나)이하
공공도서관	(다)이하	(라)이하

　　가　 나　 다　 라
① 85 - 55 - 85 - 70
② 95 - 75 - 70 - 65
③ 80 - 65 - 80 - 75
④ 75 - 60 - 75 - 70

36

간첩망의 형태에 대한 설명 중 가장 적절한 것은?

① 단일형은 간첩이 단일 특수목적을 수행하기 위해 동조자를 포섭하지 않고 단독으로 활동하는 점조직으로 대남간첩이 가장 많이 사용하며, 간첩 상호간에 종적·횡적 연락의 차단으로 보안 유지 및 신속한 활동이 가능하며 활동 범위가 넓고 공작 성과가 높다는 장점이 있다.
② 써클형은 일시에 많은 공작을 입체적으로 수행할 수 있고 활동범위가 넓은 반면, 행동의 노출이 쉽고 일망타진 가능성이 높으며 조직구성에 많은 시간이 소요된다.
③ 삼각형은 간첩이 3명 이내의 공작원을 포섭하여 지휘하고, 포섭된 공작원 간 횡적연락을 차단한 형태로 일망타진 가능성이 적고 활동범위가 좁으며 공작원 검거시 간첩 정체가 쉽게 노출된다.
④ 레포형은 삼각형 조직에 있어서 간첩과 주공작원 간, 행동공작원 상호간에 연락원을 두고 종·횡으로 연결하는 형태이다.

37

「보안관찰법」상 보안관찰처분을 받은 자(피보안관찰자)의 신고에 대한 다음 설명 중 가장 옳은 것은?

① 최초 신고사항에 변동이 있을 때에는 10일 이내에 지구대장·파출소장을 거쳐 관할경찰서장에게 변동사항을 신고하여야 한다.
② 법무부장관의 결정을 받은 자가 그 결정에 이의가 있을 때에는「행정소송법」이 정하는 바에 따라 그 결정이 집행된 날부터 30일 이내에 서울고등법원에 소를 제기할 수 있다.
③ 보안관찰처분결정고지를 받은 날부터 10일 이내에 지구대장·파출소장을 거쳐 관할경찰서장에게 피보안관찰자신고를 하여야 한다.
④ 보안관찰처분결정고지를 받은 날이 속한 달부터 매 3월이 되는 달의 말일까지 3월간의 주요활동사항 등 소정사항을 지구대장·파출소장을 거쳐 관할경찰서장에게 신고하여야 한다.

38

다음 중「출입국관리법(시행령 및 시행규칙 포함)」상 범죄를 범한 내국인에 대한 출국금지 조치를 할 경우 그 절차에 관한 설명으로 가장 옳지 않은 것은?

① 범죄수사를 위하여 출국이 적당하지 아니하다고 인정되는 사람은 원칙적으로 1개월 이내의 기간 동안 출국을 금지할 수 있다.
② 소재를 알 수 없어 기소중지 또는 수사중지(피의자 중지로 한정한다)된 사람 또는 도주 등 특별한 사유가 있어 수사진행이 어려운 사람은 3개월 이내 기간 동안 출국을 금지할 수 있다.
③ 기소중지된 경우로서 체포영장 또는 구속영장이 발부된 사람은 영장 유효기간 이내 기간 동안 출국을 금지할 수 있다.
④「근로기준법」제43조의2에 따라 명단이 공개된 체불사업주는 3개월 이내의 기간 동안 출국을 금지할 수 있다.

39

다음 설명 중 가장 적절하지 않은 것은?

① 「경찰수사규칙」에 따르면 사법경찰관리는 외국인을 체포·구속하는 경우 국내 법령을 위반하지 않는 범위에서 영사관원과 자유롭게 접견·교통할 수 있고, 체포·구속된 사실을 영사기관에 통보해 줄 것을 요청할 수 있다는 사실을 알려야 한다.
② 「경찰수사규칙」에 따르면 사법경찰관은 주한 미합중국 군대의 구성원·외국인군무원 및 그 가족이나 초청계약자의 범죄 관련 사건을 인지하거나 고소·고발 등을 수리한 때에는 7일 이내에 별지 제95호서식의 한미행정협정사건 통보서를 검사에게 통보해야 한다.
③ 「범죄수사규칙」에 따르면 경찰관은 총영사, 영사 또는 부영사의 사택이나 명예영사의 사무소 혹은 사택에서 수사할 필요가 있다고 인정될 때에는 미리 경찰청장에게 보고하여 그 지시를 받아야 한다.
④ 「범죄수사규칙」에 따르면 경찰관은 외국인 등 관련범죄의 수사를 함에 있어서는 국제법과 국제조약에 위배되는 일이 없도록 유의하여야 한다.

40

국제경찰공조에 관한 설명으로 가장 적절한 것은?

① 국제형사사법공조와 범죄인 인도는 동일한 법률에 근거하고 있다.
② 공조에 관하여 공조조약에 「국제형사사법공조법」과 다른 규정이 있는 경우에는 그 규정에 따른다.
③ 국제형사경찰기구(인터폴)의 회원국은 자국 내 설치된 국가중앙사무국을 통해 다른 나라의 국가중앙사무국과 국제범죄정보 및 자료를 교환하며, 임의적 협조라기보다는 강제적 협조의 성격을 가진다.
④ 국제형사경찰기구는 국제형사공조기구로 분류되며, 예외적인 사안에서는 국제형사경찰기구 소속 수사관이 범인을 체포하거나 구속할 수도 있다.

제8회 모의고사

1

형식적 의미의 경찰과 실질적 의미의 경찰에 관한 설명으로 가장 적절한 것은?

① 형식적 의미의 경찰은 조직을 기준으로 파악된 개념이고, 실질적 의미의 경찰은 국가목적적 작용을 의미하며 작용을 중심으로 파악된 개념이다.
② 법정경찰은 형식적 의미의 경찰과 실질적 의미의 경찰에 모두 해당된다.
③ 정보경찰활동과 사법경찰활동은 형식적 의미의 경찰보다는 실질적 의미의 경찰과 관련이 깊다.
④ 실정법상 보통경찰기관에 분배되어 있는 임무를 달성하기 위하여 행하여지는 경찰활동은 형식적 의미의 경찰이다.

2

정부수립 이후 경찰과 관련된 설명이다. 순서대로 올바르게 연결한 것은?

> ㉠ 경찰관 직무집행법 제정
> ㉡ 헌법에 '경찰중립화' 규정
> ㉢ 경찰공무원법의 제정
> ㉣ 소방업무소관을 치안본부 소방과에서 내무부 소방국으로 이전
> ㉤ 치안국에서 치안본부로 격상

① ㉠ → ㉡ → ㉢ → ㉣ → ㉤
② ㉠ → ㉡ → ㉢ → ㉤ → ㉣
③ ㉡ → ㉠ → ㉣ → ㉢ → ㉤
④ ㉢ → ㉠ → ㉡ → ㉣ → ㉤

3

「국가경찰과 자치경찰의 조직 및 운영에 관한 법률」 제10조에서 규정하고 있는 '국가경찰위원회의 심의·의결 사항'에 대한 설명으로 옳지 않은 것은 모두 몇 개인가?

> ㉠ 자치경찰사무에 관한 인사, 예산, 장비, 통신 등에 관한 주요정책 및 그 운영지원
> ㉡ 국가경찰사무에 관한 인권보호와 관련되는 국가경찰의 운영·개선에 관한 사항
> ㉢ 국가경찰사무 담당 공무원의 부패 방지와 청렴도 향상에 관한 주요 정책사항
> ㉣ 국가경찰사무에 대한 다른 국가기관으로부터의 업무협조 요청에 관한 사항
> ㉤ 비상사태 등 전국적 치안유지를 위한 경찰청장의 지휘·감독에 관한 사항
> ㉥ 그 밖에 경찰청장 및 시·도경찰청장이 중요하다고 인정하여 국가경찰위원회의 회의에 부친 사항

① 1개   ② 2개
③ 3개   ④ 4개

4

「국가경찰과 자치경찰의 조직 및 운영에 관한 법률」에 대한 설명으로 옳지 않은 것은?

① 시·도경찰청에 시·도경찰청장을 두며, 시·도경찰청장은 치안정감·치안감 또는 경무관으로 보한다.
② 시·도자치경찰위원회는 자치경찰사무에 대해 심의·의결을 통하여 시·도경찰청장을 지휘·감독한다. 다만, 시·도자치경찰위원회가 심의·의결할 시간적 여유가 없거나 심의·의결이 곤란한 경우 대통령령으로 정하는 바에 따라 시·도자치경찰위원회의 지휘·감독권을 시·도경찰청장에게 위임한 것으로 본다.
③ 경찰서장 소속으로 지구대 또는 파출소를 두고, 그 설치기준은 치안수요·교통·지리 등 관할구역의 특성을 고려하여 행정안전부령으로 정한다. 다만, 필요한 경우에는 출장소를 둘 수 있다.
④ 시·도자치경찰위원회는 정기적으로 경찰서장의 자치경찰사무 수행에 관한 평가결과를 시·도경찰청장에게 통보하여야 하며 경찰청장은 이를 반영하여야 한다.

5

시보임용에 관한 설명으로 옳은 것은?

① 「경찰공무원법」상 자치경찰공무원을 그 계급에 상응하는 경찰공무원으로 임용하는 경우에는 시보임용을 거쳐야 한다.
② 「경찰공무원 임용령」상 임용권자 또는 임용제청권자는 시보임용경찰공무원이 「경찰공무원 승진임용 규정」 제7조 제2항에 따른 제2평정 요소의 평정점이 만점의 60퍼센트 미만인 경우에 해당하여 정규경찰공무원으로 임용함이 부적당하다고 인정되는 경우에는 임용심사위원회의 의결을 거쳐 해당 시보임용경찰공무원을 면직시키거나 면직을 제청할 수 있다.
③ 「경찰공무원임용령 시행규칙」상 임용심사위원회는 위원장 1명을 포함한 위원 5명 이상 7명 이하로 구성하며, 위원장은 위원 중 가장 계급이 높은 경찰공무원이 된다.
④ 「경찰공무원법」상 경감 이하의 경찰공무원을 신규채용할 때에는 1년간 시보로 임용하고, 그 기간이 만료되는 다음 날에 정규 경찰공무원으로 임용한다.

6

「국가공무원법」상 휴직에 대한 설명으로 옳은 것은?

① 천재지변이나 전시·사변, 그 밖의 사유로 생사(生死) 또는 소재(所在)가 불명확하게 된 때에는 휴직기간을 6개월 이내로 한다.
② 신체·정신상의 장애로 장기 요양이 필요할 때에는 임용권자는 본인의 의사에도 불구하고 휴직을 명할 수 있다.
③ 휴직 기간이 끝나거나 휴직 사유가 소멸된 후에도 직무에 복귀하지 아니하거나 직무를 감당할 수 없을 때에는 임용권자는 그 공무원을 직권으로 면직시킬 수 있다.
④ 휴직기간 중 그 사유가 없어지면 지체 없이 임용권자 또는 임용제청권자에게 신고하여야 하며, 임용권자는 30일 이내에 복직을 명하여야 한다.

7

「경찰공무원 징계령」 제14조(징계위원회의 의결)에 따르면, 다음과 같은 상황에서 괄호 안의 내용으로 가장 적절한 것은? (단, 징계의 감경이나 가중 사유는 존재하지 않음)

> 징계 혐의자인 경찰공무원 甲에 대한 징계 의결을 위한 징계위원회에 6명의 징계위원이 출석하였는데, 징계위원들의 의견이 분분하였다. 징계위원 A와 B는 '강등', 징계위원 C와 D는 '정직 2월', 징계위원 E는 '정직 1월', 징계위원 F는 '감봉 3월' 의견을 제시하였다. 이 경우 징계 혐의자인 경찰공무원 甲에 대한 징계로 (   )을 징계위원회의 합의된 의견으로 본다.

① 강등
② 정직 2월
③ 정직 1월
④ 감봉 3월

8

경찰비례의 원칙에 대한 설명으로 가장 적절한 것은?

① 경찰비례의 원칙은 경찰권의 발동의 조건과 정도를 명시한 불문법 원칙이므로 명시적 규정은 없다.
② 경찰비례의 원칙을 충족하려면 적합성의 원칙, 필요성의 원칙, 상당성의 원칙 적어도 하나는 충족해야 위법하지 않다.
③ 경찰비례의 원칙의 위반은 위법한 국가작용이므로 행정소송의 대상이 되며, 국가배상책임도 성립한다.
④ 경찰비례의 원칙 중 상당성의 원칙은 경찰권 발동에 따른 이익보다 사인의 피해가 더 큰 경우 경찰권을 발동해서는 안 된다는 원칙으로서 최소침해 원칙이라고도 한다.

9

경찰상 의무이행확보수단에 대한 설명으로 가장 적절한 것은?

① 경찰상 강제집행은 경찰하명에 따른 경찰의무의 불이행이 있는 경우에 상대방의 신체 또는 재산이나 주거 등에 실력을 행사하여 경찰상 필요한 상태를 실현하는 작용으로 간접적 의무이행확보 수단이다.
② 강제징수란 국민이 국가 또는 공공단체에 대해 부담하고 있는 공법상의 금전급부의무를 이행하지 않는 경우에 행정청이 강제적으로 의무가 이행된 것과 동일한 상태를 실현하는 작용으로 새로운 의무이행확보 수단이다.
③ 이행강제금 부과는 의무이행을 위한 강제집행이라는 점에서 의무위반에 대한 제재인 경찰벌과 구별되며, 경찰벌과 병과해서 행할 수 있고, 의무이행될 때까지 반복적으로 부과하는 것도 가능하다.
④ 해산명령 불이행에 따른 해산조치, 불법영업소의 폐쇄조치, 감염병 환자의 즉각적인 강제격리는 모두 즉시강제에 해당한다.

10

「경찰관 직무집행법」제4조의 '보호조치'에 대한 설명으로 옳은 것은?(다툼이 있는 경우 판례에 의함)

① 경찰관은 수상한 행동이나 그 밖의 주위 사정을 합리적으로 판단해 볼 때 보호조치대상자에 해당하는 것이 명백하고 응급구호가 필요하다고 믿을 만한 상당한 이유가 있는 사람을 발견하였을 때에는 보건의료기관이나 공공구호기관에 긴급구호를 요청하거나 경찰관서에 보호하는 등 적절한 조치를 하여야 한다.
② 정신질환자에 의한 집주인 살인범행에 앞서 그 구체적 위험이 객관적으로 존재하고 있었다고 보기 어려운 경우, 경찰관이 그때그때의 상황에 따라 그 정신질환자를 훈방하거나 일시 정신병원에 입원시키는 등 경찰관직무집행법의 규정에 의한 긴급구호조치를 취한 이상, 긴급구호권 불행사를 이유로 제기한 국가배상청구는 인정되지 않는다.
③ 보호조치를 필요로 하는 피구호자에 해당하는지는 구체적인 상황을 고려하여 일반인을 기준으로 판단하며, '술에 취한 상태'란 구호대상자가 술에 만취하여 정상적인 판단능력이나 의사능력을 상실할 정도에 이른 것을 말한다.
④ 긴급구호조치나 보호조치의 경우 24시간 이내에 가족, 친지 기타의 연고자에게 그 사실을 알려야 하며, 구호대상자의 가족, 친지 기타의 연고자에게 구호대상자를 인계할 수 있다면 특별한 사정이 없는 한 경찰관서에서 구호대상자를 보호하는 것은 허용되지 않는다.

11

「위해성 경찰장비의 사용기준 등에 관한 규정」상 다음 보기를 경찰장구, 무기, 분사기·최루탄 등, 기타장비로 옳게 구분한 것은?

> ㉠ 살수차
> ㉡ 기관총(기관단총포함)
> ㉢ 수갑
> ㉣ 전자충격기
> ㉤ 가스분사기
> ㉥ 석궁
> ㉦ 특수진압차
> ㉧ 경찰봉

① 경찰장구 3개, 무기 2개, 분사기·최루탄 등 2개, 기타장비 1개
② 경찰장구 2개, 무기 1개, 분사기·최루탄 등 2개, 기타장비 3개
③ 경찰장구 3개, 무기 1개, 분사기·최루탄 등 1개, 기타장비 3개
④ 경찰장구 2개, 무기 3개, 분사기·최루탄 등 1개, 기타장비 2개

12

「경찰관 직무집행법」에 관련된 판례이다. 옳은 것은?(다툼이 있으면 판례에 의함)

① 불법행위에 따른 형사책임은 사회의 법질서를 위반한 행위에 대한 책임을 묻는 것으로서 행위자에 대한 공적인 제재(형벌)를 그 내용으로 함에 비하여, 민사책임은 타인의 법익을 침해한 데 대하여 행위자의 개인적 책임을 묻는 것으로서 피해자에게 발생한 손해의 전보를 그 내용으로 하는 것이고, 손해배상제도는 손해의 공평·타당한 부담을 그 지도원리로 하는 것이므로, 형사상 범죄를 구성하지 아니하는 침해행위라면 민사상 불법행위도 구성하지 아니한다.

② 장차 특정 지역에서 구 집회 및 시위에 관한 법률에 의하여 금지되어 그 주최 또는 참가행위가 형사처벌의 대상이 되는 위법한 집회·시위가 개최될 것이 예상된다고 하더라도, 이와 시간적·장소적으로 근접하지 않은 다른 지역에서 그 집회·시위에 참가하기 위하여 출발 또는 이동하는 행위를 함부로 제지하는 것은 경찰관 직무집행법 제6조 제1항에 의한 행정상 즉시강제인 경찰관의 제지의 범위를 명백히 넘어서는 것이어서 허용될 수 없으므로, 이러한 제지 행위는 공무집행방해죄의 보호대상이 되는 공무원의 적법한 직무집행에 포함될 수 없다.

③ 경찰관 직무집행법 제5조는 경찰관은 인명 또는 신체에 위해를 미치거나 재산에 중대한 손해를 끼칠 우려가 있는 위험한 사태가 있을 때에는 그 각 호의 조치를 취할 수 있다고 규정하여 형식상 경찰관에게 재량에 의한 직무수행권한을 부여한 것으로, 경찰관에게 그러한 권한을 부여한 취지와 목적에 비추어 볼 때 구체적인 사정에 따라 경찰

관이 그 권한을 행사하여 필요한 조치를 취하지 아니하는 것은 재량에 불과하여 현저하게 불합리하다고 인정되는 경우라도 그러한 권한의 불행사는 직무상의 의무를 위반한 것으로 보기 어렵다.
④ 불심검문을 하게 된 경위, 불심검문 당시의 현장상황과 검문을 하는 경찰관들의 복장, 불심검문 대상자가 공무원증 제시나 신분 확인을 요구하였는지 여부 등을 종합적으로 고려하여, 검문하는 사람이 경찰관이고 검문하는 이유가 범죄행위에 관한 것임을 불심검문 대상자가 충분히 알고 있었다고 보이는 경우라고 하더라도 신분증을 제시하지 않고서 한 불심검문은 위법한 공무집행에 해당한다.

13
직위분류제에 관한 설명으로 옳지 않은 것은?

① 조직에 있는 직위를 직무의 종류와 수준에 따라 분류해 관리하는 제도이다.
② 동일 직무에 대한 동일 보수를 지급하는 보수 체계의 형평성을 확보할 수 있다.
③ 직무의 특성에 중점을 두고 직무의 종류와 책임, 난이도를 기준으로 공직을 분류한다.
④ 직위분류제는 계급제에 비해 인사관리의 융통성과 신축성 확보가 유리하다.

14
「보안업무규정」에 따른 보호지역 중 보안상 매우 중요한 구역으로서 비인가자의 출입이 금지되는 구역에 해당하는 장소는?

① 경찰청 과학수사분석과 과학수사자료관리계・법과학분석계
② 정보통신실
③ 정보통신관제센터
④ 통합증거물 보관실

15

경찰 통제에 대한 내용이다. 아래 가.부터 마.까지 설명 중 옳고 그름의 표시(O, X)가 바르게 된 것은?

> 가. 훈령권·직무명령권, 경찰청의 감사관, 시·도경찰청의 청문감사인권담당관, 경찰서의 청문감사인권관제도는 내부적통제에 해당한다.
> 나. 「행정절차법」은 청문, 행정상 입법예고·행정예고 등 행정에 대한 사전통제를 규정하고 있다.
> 다. 국회의 국정감사, 감사원의 직무감찰은 사후통제인 동시에 외부통제에 해당한다.
> 라. 감사원은 국회·법원 및 헌법재판소를 포함한 모든 국가기관 및 그에 소속한 공무원의 사무를 감찰하여 비위를 적발하고 시정한다.
> 마. 국회의 입법권·예산심의권, 상급기관의 하급기관에 대한 감사권은 사전통제에 해당한다.

① 가.(O) 나.(X) 다.(O) 라.(X) 마.(O)
② 가.(O) 나.(O) 다.(O) 라.(X) 마.(X)
③ 가.(O) 나.(O) 다.(X) 라.(O) 마.(O)
④ 가.(X) 나.(O) 다.(O) 라.(X) 마.(O)

16

「행정절차법」상 행정청이 처분을 할 때에 당사자에게 그 근거와 이유를 반드시 제시하여야 하는 경우는?

① 신청 내용을 모두 그대로 인정하는 처분인 경우
② 긴급히 처분을 할 필요가 있는 경우
③ 단순·반복적인 처분 또는 경미한 처분으로서 당사자가 그 이유를 명확히 알 수 있는 경우
④ 처분의 성질상 이유의 제시가 현저히 곤란한 경우

17

「경찰 인권보호 규칙」상 인권침해사건 조사절차에 관한 설명으로 가장 적절하지 않은 것은?

① 조사담당자는 사건 조사 과정에서 진정인·피진정인 또는 참고인 등이 임의로 제출한 물건 중 사건 조사에 필요한 물건은 보관할 수 있다.
② 조사담당자는 ①에 따라 제출받은 물건의 목록을 작성하여 제출자에게 내주고 사건기록에 그 물건 등의 번호·명칭 및 내용, 제출자 및 소유자의 성명과 주소를 적고 서명 또는 기명날인하게 하여야 한다.
③ 조사담당자는 제출받은 물건에 사건번호와 표제, 제출자 성명, 물건 번호, 보관자 성명 등을 적은 표지를 붙인 후 봉투에 넣거나 포장하여 안전하게 보관하여야 한다.
④ 진정인이 진정을 취소한 사건에서 진정인이 제출한 물건이 있는 경우에는 진정인이 요구하는 경우에 한하여 반환할 수 있다.

18

다음은 하이덴하이머(A. J. Heidenheimer)의 부정부패 개념 정의 및 분류와 유형에 관한 것이다. 부패에 대한 설명이 가장 적절하게 연결된 것은?

① 관직중심적 정의(public-office-centered) - 부패는 뇌물수수행위와 특히 결부되어 있지만, 반드시 금전적인 형태일 필요가 없는 사적 이익을 고려한 결과로 권위를 남용하는 경우를 포괄하는 용어이다.
② 공익중심적정의(public-interest-centered) - 고객들은 잘 알려진 위험을 감수하고라도 원하는 이익을 받는 것을 확실히 하기 위하여 높은 가격(뇌물)을 지불하는 결과로 부패가 발생한다.
③ 흑색부패 - 사회구성원 가운데 특히 엘리트를 중심으로 일부집단은 처벌을 원하지만, 다른 일부집단은 처벌을 원하지 않는 경우의 부패를 말한다.
④ 백색부패 - 사회 전체에 심각한 해를 끼치는 부패로 구성원 모두가 인정하고 처벌을 원하는 부패를 말한다.

19

코헨(Cohen)과 필드버그(Feldberg)가 제시한 사회계약설로부터 도출되는 경찰활동의 기준을 제시하였다. 다음 각 사례와 가장 관련 깊은 경찰활동의 기준을 연결한 것 중 옳지 않은 것은 모두 몇 개인가?

> 가. A는 노트북 컴퓨터를 도둑맞고 옆집에 사는 B가 의심스러웠으나 직접 물건을 찾지 않고 경찰에 신고하여 범인을 체포하였다. - [공공의 신뢰확보]
> 나. B는 컴퓨터를 잃어버렸고 옆집에 사는 사람이 의심스럽다고 생각하였으나, B 자신이 직접 물건을 찾지 않고 경찰서에 신고하여 범인을 체포하였다. -[공공의 신뢰]
> 다. 김순경은 강도범을 추격하다가 골목길에서 칼을 든 강도와 조우하였다. 김순경은 계속 추격하는 척하다가 강도가 도망가도록 내버려 두었다. - [공정한 접근]
> 라. 탈주범이 자기 관내에 있다는 첩보를 입수한 한순경이 상부에 보고하지 않고 공명심에 단독으로 검거하려다 탈주범 검거에 실패하였다. - [협동]
> 마. 은행강도가 어린이를 인질로 잡고 차량 도주를 하고 있다면 경찰은 주위 시민들의 안전에 대한 위험에도 불구하고 추격(법집행)을 하여야 한다. - [냉정하고 객관적인 자세]

① 0개 ② 1개
③ 2개 ④ 3개

20

「부정청탁 및 금품등 수수의 금지에 관한 법률」 제8조 '금품등의 수수 금지'에 대한 설명으로 가장 적절하지 않은 것은?

① 경찰서장이 소속경찰서 경무계 직원들에게 격려의 목적으로 제공하는 회식비는 '수수를 금지하는 금품등'에 해당하지 아니한다.
② A경위가 휴일날 인근 대형마트 행사에서 추첨권에 당첨되어 수령한 수입차는 '수수를 금지하는 금품등'에 해당하지 아니한다.
③ 공직자등이 8촌 이내의 혈족, 4촌 이내의 인척, 배우자로부터 제공받는 금품등은 '수수를 금지하는 금품등'에 해당하지 아니한다.
④ 공직자등과 관련된 직원상조회·동호인회·동창회·향우회·친목회·종교단체·사회단체 등이 정하는 기준에 따라 구성원에게 제공하는 금품등은 동법 제8조(금품등의 수수 금지)에서 규정하는 수수를 금지하는 금품등에 해당한다.

21

사회적수준의 범죄원인론 중 '사회과정원인'에 해당하지 않는 것은?

① Sutherland의 차별적 접촉이론에 따르면, 범죄는 범죄적 전통을 가진 사회에서 많이 발생하며, 이러한 사회에서 개인은 범죄에 접촉·동조하면서 학습한다.
② Cohen은 하류계층의 청소년들이 목표달성의 어려움을 극복하기 위해 자신들만의 하위문화를 만들고, 범죄는 이러한 하위문화에 의해 저질러진다고 주장하였다.
③ Matza & Sykes에 따르면, 청소년은 비행 과정에서 '책임의 회피', '피해자의 부정', '피해 발생의 부인', '비난자에 대한 비난', '충성심에의 호소' 등 5가지 중화기술을 통해 규범, 가치관 등을 중화시킨다.
④ Hirschi에 따르면, 범죄는 사회적인 유대가 약화되어 통제되지 않기 때문에 발생하고, 사회적 결속은 애착, 참여, 전념, 신념의 4가지 요소에 영향을 받는다.

22

「경범죄 처벌법」에 의한 통고처분을 받은 경우 범칙금 납부기한에 대한 내용으로 옳지 않은 것은?

① 통고처분서를 받은 사람은 통고처분서를 받은 날부터 10일 이내에 경찰청장·해양경찰청장 또는 철도특별사법경찰대장이 지정한 은행, 그 지점이나 대리점, 우체국 또는 제주특별자치도지사가 지정하는 금융기관이나 그 지점에 범칙금을 납부하여야 한다. 다만, 천재지변이나 그 밖의 부득이한 사유로 말미암아 그 기간 내에 범칙금을 납부할 수 없을 때에는 그 부득이한 사유가 없어지게 된 날부터 5일 이내에 납부하여야 한다.
② ①에 따른 납부기간에 범칙금을 납부하지 아니한 사람은 납부기간의 마지막 날의 다음 날부터 20일 이내에 통고받은 범칙금에 그 금액의 100분의 20을 더한 금액을 납부하여야 한다.
③ ① 또는 ②에 따라 범칙금을 납부한 사람은 그 범칙행위에 대하여 다시 처벌받지 아니한다.
④ 즉결심판이 청구된 피고인이 통고받은 범칙금에 그 금액의 100분의 50을 더한 금액을 납부하고 그 증명서류를 즉결심판 선고 전까지 제출하였을 때에는 경찰청장, 해양경찰청장 및 제주특별자치도지사는 그 피고인에 대한 즉결심판 청구를 취소할 수 있다.

23

「청소년 보호법」제2조 제5호의 "청소년유해업소"란 청소년의 출입과 고용이 청소년에게 유해한 것으로 인정되는 청소년출입·고용금지업소와 청소년의 출입은 가능하나 고용이 청소년에게 유해한 것으로 인정되는 청소년고용금지업소를 말한다. 다음 중 옳지 않은 것은? (이 경우 업소의 구분은 그 업소가 영업을 할 때 다른 법령에 따라 요구되는 허가·인가·등록·신고 등의 여부와 관계없이 실제로 이루어지고 있는 영업행위를 기준으로 한다)

	청소년출입·고용금지업소	청소년고용금지업소
①	「게임산업 진흥에 관한 법률」에 따른 '일반게임제공업'	「게임산업 진흥에 관한 법률」에 따른 '청소년게임제공업'
②	「사행행위 등 규제 및 처벌 특례법」에 따른 '사행행위영업'	「게임산업 진흥에 관한 법률」에 따른 '인터넷컴퓨터게임시설제공업'
③	「영화 및 비디오물의 진흥에 관한 법률」에 따른 '비디오물소극장업'	「영화 및 비디오물의 진흥에 관한 법률」에 따른 '비디오감상실업'
④	「체육시설의 설치·이용에 관한 법률」에 따른 '무도학원업'	회비 등을 받거나 유료로 만화를 빌려주는 '만화대여업'

24

수법원지 및 피해통보표에 대한 내용으로 옳은 것은?

① 경찰서장은 수법원지 전산입력 대상범죄에 해당하는 피의자를 검거(불구속 피의자도 재범의 우려가 있다고 인정되는 경우 전산입력 할 수 있다)하였거나 인도받아 조사하여 구속 송치할 때에는 수법원지를 전산입력하여 경찰청장에게 전산송부하여야 하며, 수법원지 전산입력 대상 피의자가 여죄가 있고 그것이 범죄수법 소분류가 각각 상이한 유형의 수법일 때에는 가장 중한 죄의 수법에 대하여만 전산입력한다.
② 수법원지는 피작성자가 사망하였을 때, 피작성자가 70세 이상이 되었을 때, 작성자의 수법분류번호가 동일한 원지가 2건 이상 중복될 때 1건을 제외한 자료는 삭제하여야 한다.
③ 피해통보표는 반드시 당해 사건을 담당하는 수사경찰관이 전산입력해야 하며, 피의자가 검거되었을 때, 피의자가 사망하였을 때, 피해통보표 전산입력 후 10년이 경과되었을 때 삭제하여야 한다.
④ 피해통보표에 전산입력한 피해품은 장물수배로 보며, 범인조회 및 수법조회에 활용한다.

25

수송치서류에 대한 설명으로 가장 적절한 것은?

① 「경찰수사규칙」상 송치서류는 사건송치서, 압수물 총목록, 그 밖의 서류, 송치 결정서, 기록목록 순으로 편철한다.
② 「범죄수사규칙」상 모든 송치서류에는 각 장마다 면수를 기입하여야 한다.
③ 「범죄수사규칙」상 송치 결정서와 그 밖의 서류는 각 장마다 면수를 기입하되, 1장으로 이루어진 때에는 1로 표시하고, 2장 이상으로 이루어진 때에는 1-1, 1-2, 1-3의 방법으로 하여야 한다.
④ 「검찰사건사무규칙」상 불기소 사건기록 및 불기소 결정서를 작성하는 경우에는 피의자는 1, 2, 3의 순으로, 죄명은 가, 나, 다의 순으로 표시하되, 법정형이 중한 순으로 표시한다.

26

「스토킹범죄의 처벌 등에 관한 법률」에 대한 설명으로 가장 적절한 것은?

① 사법경찰관은 긴급응급조치를 하였을 때에는 지체 없이 검사에게 해당 긴급응급조치에 대한 사후승인을 지방법원 판사에게 청구하여 줄 것을 신청하여야 하며, 신청을 받은 검사는 긴급응급조치가 있었던 때부터 48시간 이내에 지방법원 판사에게 해당 긴급응급조치에 대한 사후승인을 청구한다. 이 경우 긴급응급조치결정서를 첨부하여야 한다.
② 긴급응급조치기간은 2개월을 초과할 수 없다.
③ 법원은 스토킹범죄의 원활한 조사ㆍ심리 또는 피해자 보호를 위하여 잠정조치가 필요하다고 인정하는 경우에는 결정으로 스토킹행위자를 국가경찰관서의 유치장 또는 구치소에 1개월을 초과하지 않는 범위에서 유치할 수 있다. 다만, 법원은 피해자의 보호를 위하여 그 기간을 연장할 필요가 있다고 인정하는 경우에는 결정으로 2개월의 범위에서 연장할 수 있다.
④ 흉기 또는 그 밖의 위험한 물건을 휴대하거나 이용하여 스토킹범죄를 저지른 사람은 3년 이하의 징역 또는 3천만원 이하의 벌금에 처한다.

27

행사안전경비(혼잡경비)에 대한 설명으로 가장 적절한 것은?

① 군중정리의 원칙 중 '이동의 일정화'는 군중들을 일정 방향으로 이동시켜 주위의 상황을 파악할 수 있는 여건을 조성하고, 차분한 목소리로 안내방송을 진행함으로써 사전에 혼잡상황을 대비하여 사고를 방지할 수 있다.
② 「공연법」상 공연장운영자는 재해대처계획을 정하여 관할 시ㆍ도경찰청장에게 신고하여야 하며, 이 경우 관할 시ㆍ도경찰청장은 신고 받은 재해대처계획을 관할 소방서장과 관할 경찰서장에게 통보하여야 한다.
③ 시ㆍ도경찰청장 또는 경찰서장은 행사장, 그 밖에 많은 사람이 모이는 시설 또는 장소(이하 "행사장등"이라 한다)에서 혼잡 등으로 인한 위험의 발생을 방지하기 위하여 경비가 필요하다고 인정하는 경우에는 행사의 주최자나 시설 또는 장소의 관리자에게 행사장등에 경비원을 배치하도록 요청할 수 있다.
④ 시ㆍ도경찰청장 또는 경찰서장은 ③에 따른 요청을 할 때 행사의 주최자나 시설 또는 장소의 관리자에게 행사장등에 경비원을 배치할 수 없다고 판단되는 경우에는 행사 개최일 또는 많은 사람이 모이는 날 3일 전까지 그 사실을 통지해 줄 것을 함께 요청할 수 있다.

28

「경찰 비상업무 규칙」에 대한 설명 중 옳지 않은 것은 모두 몇 개인가?

> ㉠ "지휘선상 위치 근무"란 비상연락체계를 유지하며 유사시 2시간 이내에 현장지휘 및 현장근무가 가능한 장소에 위치하는 것을 말한다.
> ㉡ "일반요원"이란 필수요원을 포함한 경찰관등으로 비상소집 시 2시간 이내에 응소해야 할 사람을 말한다.
> ㉢ "정착근무"란 감독순시·현장근무 및 사무실 대기 등 관할구역 내에 위치하는 것을 말한다.
> ㉣ "필수요원"이란 모든 경찰공무원 및 일반직공무원 중 경찰기관의 장이 지정한 사람으로 비상소집 시 1시간 이내에 응소해야 할 사람을 말한다.
> ㉤ "가용경력"이란 총원에서 휴가·출장·교육·파견 등을 포함한 실제 동원될 수 있는 모든 인원을 말한다.

① 2개
② 3개
③ 4개
④ 5개

29

인질사건에서 시간의 경과에 따라 인질범이 인질에 동화되어 인질의 입장을 이해하고 호의를 베푸는 현상으로 가장 적절한 것은?

① 리마 증후군(Lima syndrome)
② 스톡홀름 증후군(Stockholm syndrome)
③ 투사(Projection)
④ 기사도 가설(Chivalry hypothesis)

30

「도로교통법 시행규칙」상 도로의 통행속도에 관한 설명으로 가장 적절하지 않은 것은? (단, 가변형 속도제한표지로 최고 속도를 정한 경우는 고려하지 않는 것으로 함)

① 비가 내려 노면이 젖어있는 경우 최고속도의 100분의 20을 줄인 속도로 운행하여야 한다.
② 눈이 20밀리미터 미만 쌓인 경우 최고속도의 100분의 20을 줄인 속도로 운행하여야 한다.
③ 폭우·폭설·안개 등으로 가시거리가 100미터 이내인 경우 최고 속도의 100분의 50을 줄인 속도로 운행하여야 한다.
④ 편도 2차로 일반국도에서 안개로 인하여 가시거리가 약 60미터인 경우는 안개로 인하여 가시거리가 100미터 이내인 경우에는 단속의 기준은 30km/h 초과이다.

31

'어린이 보호구역 및 어린이통학버스'에 대한 설명으로 옳은 것은?

① 시장 등은 시·도경찰청장 또는 경찰서장과 협의하여 해당 보호구역의 주(主) 출입문을 중심으로 반경 300미터 이내의 도로 중 일정 구간을 보호구역으로 지정한다. 다만, 시장등은 필요한 경우 보호구역 지정 대상시설의 주 출입문을 중심으로 반경 500미터 이내의 도로에 대해서도 보호구역으로 지정할 수 있다.

② 어린이통학버스가 도로에 정차하여 어린이가 타고 내리는 중임을 표시하는 장치를 가동 중인 때에는 어린이통학버스가 정차한 차로와 그 차로의 바로 옆 차로를 통행하는 차의 운전자는 어린이통학버스에 이르기 전에 서행하여 안전을 확인한 후 진행한다.

③ 위 ②의 경우 중앙선이 설치되지 아니한 도로와 편도 1차로인 도로에서는 반대방향에서 진행하는 차의 운전자는 어린이통학버스에 이르기 전에 서행하여 안전을 확인한 후 진행한다.

④ 모든 차의 운전자는 어린이 또는 영유아를 태우고 있다는 표시를 하고 도로를 통행하는 '어린이통학버스'를 앞지르기할 때 과도하게 속도를 올리는 행위를 자제하여야 한다.

32

'음주운전'과 관련된 내용으로 가장 적절한 것은? (다툼이 있는 경우 판례에 의함)

① 특별한 이유 없이 호흡측정기에 의한 측정에 불응하는 운전자에게 경찰공무원이 혈액채취에 의한 측정방법이 있음을 고지하고 그 선택 여부를 물어야 할 의무가 있다.

② 피고인의 음주와 음주운전을 목격한 참고인이 있는 상황에서 경찰관이 음주 및 음주운전 종료로부터 약 5시간 후 집에서 자고 있는 피고인을 연행하여 음주측정을 요구한 데에 대하여 피고인이 불응한 경우, 「도로교통법」상 음주측정불응죄가 성립되지 않는다.

③ 술에 취해 자동차 안에서 잠을 자다가 추위를 느껴 히터를 가동시키기 위하여 시동을 걸었고, 실수로 자동차의 제동장치 등을 건드렸거나 처음 주차할 때 안전조치를 제대로 취하지 아니한 탓으로 원동기의 추진력에 의하여 자동차가 약간 경사진 길을 따라 앞으로 움직여 피해자의 차량 옆면을 충격한 경우, 이를 자동차를 운전한 것으로 본다.

④ 물로 입 안을 헹굴 기회를 달라는 피고인의 요구를 무시한 채 호흡측정기로 측정한 혈중알코올 농도 수치가 0.05%로 나타난 사안에서, 피고인이 당시 혈중알코올 농도 0.05% 이상의 술에 취한 상태에서 운전하였다고 단정할 수 없다.

33

정보의 분류에 관한 설명으로 옳지 않은 것은 모두 몇 개인가?

> ㉠ 정보요소에 의한 분류 – 정치, 경제, 사회, 군사 등
> ㉡ 사용수준에 의한 분류 – 적극정보, 소극(보안)정보
> ㉢ 사용목적에 의한 분류 – 전략정보, 전술정보
> ㉣ 수집활동에 의한 분류 – 인간정보, 기술정보
> ㉤ 분석형태(기능)에 의한 분류 – 기본정보, 현용정보, 판단정보

① 0개
② 1개
③ 2개
④ 3개

34

정보보고서를 작성할 때 판단을 나타내는 용어설명으로 틀린 것은?

① 판단됨 – 어떤 징후가 나타나거나 상황이 전개될 것이 거의 확실시되는 근거가 있는 경우
② 예상됨 – 첩보 등을 분석한 결과 단기적으로 어떤 상황이 전개될 것이 비교적 확실한 경우
③ 전망됨 – 과거의 움직임이나 현재동향, 미래의 계획 등으로 미루어 장기적으로 활동의 윤곽이 어떠하리라는 예측을 할 경우
④ 추정됨 – 구체적인 징후는 없으나 전혀 그 가능성을 배제하기 곤란하여 최소한의 대비가 필요한 때

35

「집회 및 시위에 관한 법률」에 관한 다음 설명 중 가장 적절하지 않은 것은? (다툼이 있는 경우 판례에 의함)

① 타인이 관리하는 건조물에서 옥내집회를 개최하는 경우에도 타인의 법익 침해나 기타 공공의 안녕질서에 대하여 직접적이고 명백한 위험을 초래하는 때에는 해산명령의 대상이 된다.
② 사전 신고를 하지 아니한 옥외집회 참가자들에게 위와 같은 해산명령 불응의 죄책을 묻기 위하여는 관할 경찰관서장 등이 직접 참가자들에 대하여 자진 해산할 것을 요청하고, 이에 따르지 아니하는 경우 세 번 이상 자진 해산할 것을 명령하는 등 「집회 및 시위에 관한 법률 시행령」 제17조에서 정한 적법한 해산명령의 절차와 방식을 준수하였음이 입증되어야 한다.
③ 해산명령은 자진 해산 요청에 따르지 않는 시위 참가자들에게 자진 해산할 의무를 부과하는 것이므로 반드시 '자진 해산을 명령한다'는 용어가 사용되거나 말로 해산명령임을 표시해야 한다.
④ 사전 금지 또는 제한된 집회라 하더라도 실제 이루어진 집회가 당초 신고 내용과 달리 타인의 법익이나 공공의 안녕질서에 직접적이고 명백한 위험을 초래하지 않은 경우, 사전에 금지통고된 집회라는 이유만으로 해산을 명하고 이에 불응하였다고 처벌할 수는 없다.

36

아래 보기 중에 공산주의 경제이론에 해당하는 것은 모두 몇 개인가?

> ㉠ 프롤레타리아 독재론
> ㉡ 변증법
> ㉢ 자본주의 붕괴론
> ㉣ 폭력혁명론
> ㉤ 노동가치설
> ㉥ 국가사멸론

① 1개 ② 2개
③ 3개 ④ 4개

37

남북교류협력 중 북한 방문에 대한 설명으로 옳은 것은?

① 남한 주민이 북한을 방문하고자 하는 경우 방문 10일 전까지 남북교류협력시스템을 통해 '북한 방문승인 신청서'를 제출하여야 한다.
② 방북 시 통일부장관이 발급한 방문증명서를 소지해야 하며, 방문증명서를 발급받지 않고 방북하면 2년 이하의 징역 또는 2천만원 이하의 벌금에 처해진다.
③ 통일부장관은 거짓이나 부정한 방법으로 방문승인을 받은 경우에는 승인을 취소할 수 있다.
④ 「남북교류협력에 관한 법률」상 '재외국민'이 외국에서 북한을 왕래할 때에는 통일부장관이나 재외공관의 장에게 신고하여야 하며, 단순히 신고하지 않고 북한을 왕래한 경우 「국가보안법」이 아닌 「남북교류협력에 관한 법률」의 적용을 받는다.

38

「출입국관리법」상 외국인의 체류에 대한 설명 중 옳지 않은 것은?

① 외국인은 그 체류자격과 체류기간의 범위에서 대한민국에 체류할 수 있다.
② 대한민국에 체류하는 외국인이 그 체류자격에 해당하는 활동과 함께 다른 체류자격에 해당하는 활동을 하려면 대통령령으로 정하는 바에 따라 미리 법무부장관의 체류자격 외 활동허가를 받아야 한다.
③ 법무부장관은 공공의 안녕질서나 대한민국의 중요한 이익을 위하여 필요하다고 인정하면 체류하는 외국인에 대하여 거소(居所) 또는 활동의 범위를 제한하거나 그 밖에 필요한 준수사항을 정할 수 있다.
④ 대한민국에서 출생하여 체류자격을 가지지 못하고 체류하게 되는 외국인은 출생한 날부터 90일 이내에, 대한민국에서 체류 중 대한민국의 국적을 상실하거나 이탈하는 등 그 밖의 사유로 체류자격을 가지지 못하고 체류하게 되는 외국인은 그 사유가 발생한 날부터 30일 이내에 체류자격을 받아야 한다.

39

주한미군지위협정(SOFA)에 대한 내용으로 옳은 것은?

① 현행범체포의 경우 SOFA 규정에 따라, 미정부대표는 출석요구를 받은 때로부터 1시간 내로 출석, 미정부대표가 출석할 때까지 형사소송법상 24시간 이내 유치장 입감이 가능하며, 미정부대표가 참여하지 아니한 경우 피의자 또는 피고인이 한 진술은 유죄의 증거로 채택되지 않는다.
② 수사관 및 미정부대표 서명이 있더라도 피의자가 서명을 거부한 신문조서는 효력이 인정되지 않는다.
③ 사법경찰관은 주한 미합중국 군대의 구성원·외국인군무원 및 그 가족이나 초청계약자의 범죄 관련 사건을 인지하거나 고소·고발 등을 수리한 때에는 14일 이내에 별지 제95호서식의 한미행정협정사건 통보서를 검사에게 통보해야 한다.
④ 사법경찰관은 주한 미합중국 군당국으로부터 공무증명서를 제출받은 경우 지체 없이 공무증명서의 사본을 검사에게 송부해야 한다.

40

경찰청 인터폴계에 근무하는 경찰관 O는 체포영장이 발부된 중요 국외도피사범 C에 대하여 인터폴 사무총국에 적색수배를 요청하고자 한다. 인터폴 적색수배의 요청기준으로 적절하지 않은 것은?

① 마약류 제조, 수출·입, 유통행위(단, 마약류 단순 구매·소지·투약 제외)
② 산업기술 유출 등 지식재산 범죄
③ 범죄금액 10억원 이상 사이버도박 운영
④ 전화금융사기 또는 범죄금액 5억원 이상 경제범죄

제9회 모의고사

1

「국가경찰과 자치경찰의 조직 및 운영에 관한 법률」상 목적, 책무, 경찰의 사무와 관련한 설명 중 옳고 그름의 표시(O, X)가 모두 바르게 된 것은?

> ㉠ 이 법은 경찰의 민주적인 관리·운영과 효율적인 임무수행을 위하여 경찰의 기본조직 및 직무 범위와 그 밖에 필요한 사항을 규정함을 목적으로 한다.
> ㉡ 국가와 공공단체는 국민의 생명·신체 및 재산을 보호하고 공공의 안녕과 질서유지에 필요한 시책을 수립·시행하여야 한다.
> ㉢ 학교폭력 등 소년범죄, 가정폭력, 아동학대 범죄, 「형법」 제245조에 따른 공연음란 및 「성폭력범죄의 처벌 등에 관한 특례법」 제11조에 따른 공중밀집 장소에서의 추행행위에 관한 범죄는 자치경찰사무에 포함된다.
> ㉣ 지역 내 주민의 생활안전 활동에 관한 사무, 지역 내 교통활동에 관한 사무, 지역 내 다중운집 행사 관련 혼잡 교통 및 안전 관리의 자치경찰사무에 관한 구체적인 사항 및 범위 등은 대통령령으로 정하는 기준에 따라 시·도조례로 정한다.

① ㉠ (O) ㉡ (X) ㉢ (X) ㉣ (O)
② ㉠ (O) ㉡ (O) ㉢ (X) ㉣ (O)
③ ㉠ (X) ㉡ (X) ㉢ (O) ㉣ (O)
④ ㉠ (X) ㉡ (O) ㉢ (X) ㉣ (X)

2

다음 자랑스러운 경찰의 표상에 대한 서술에서 그 연결이 바르게 된 것은?

> ㉠ 1998년 5월 강도강간 신고출동 현장에서 피의자로부터 좌측 흉부를 칼로 피습당한 가운데에서도 끝까지 격투를 벌여 범인 검거 후 순직하였다.
> ㉡ 1968년 1.21 무장공비침투사건 당시 종로경찰서 지하검문소에서 무장공비를 온몸으로 막아내고 순국함으로써 청와대를 사수하고 대한민국을 위기에서 건져 올린 호국경찰의 표상이 되었다.
> ㉢ 민주·인권경찰의 표상 1980년 5·18 당시 목포경찰서장으로 재임하면서 당시 전남경찰국장의 지시에 따라 경찰 총기 대부분을 사용할 수 없도록 뭉치를 제거하여 원천적으로 시민들과의 유혈충돌을 방지하였다.
> ㉣ 남부군 사령관 이현상을 사살하는 등 빨치산 토벌의 주역이며, 구례 화엄사 등 문화재를 수호한 인물로 '보관문화훈장'을 수여받은 호국경찰 영웅이자 인권경찰·문화경찰의 표상이 되었다.

① ㉠ 문형순 ㉡ 정종수 ㉢ 이준규 ㉣ 차일혁
② ㉠ 차일혁 ㉡ 최규식 ㉢ 이준규 ㉣ 문형순
③ ㉠ 김학재 ㉡ 최규식 ㉢ 이준규 ㉣ 차일혁
④ ㉠ 김학재 ㉡ 정종수 ㉢ 문형순 ㉣ 최규식

3

국가수사본부장을 외부를 대상으로 모집하여 임용하는 경우 결격사유에 해당하는 것은?

① 「스토킹범죄의 처벌 등에 관한 법률」 제2조 제2호에 따른 스토킹범죄를 범한 사람으로서 300만원 이상의 벌금형을 선고받고 그 형이 확정된 후 2년이 지나지 아니한 사람
② 정당의 당원이거나 당적을 이탈한 다음날부터 3년이 지나지 아니한 사람
③ 선거에 의하여 취임하는 공직에 있거나 그 공직에서 퇴직한 날부터 3년이 지나지 아니한 사람
④ 공무원 또는 판사·검사의 직에서 퇴직한 날로부터 2년이 지나지 아니한 사람

4

「경찰청과 그 소속기관 직제(대통령령)」 및 「경찰청과 그 소속기관 조직 및 정원관리 규칙(경찰청 훈령)」의 내용으로 옳은 것은?

① 경찰청과 그 소속기관 조직 및 정원관리 규칙상 지구대장은 경정 또는 경감, 파출소장은 경정·경감 또는 경위로 하고, 출장소장은 경위 또는 경사로 한다.
② 시·도경찰청장이 지구대 또는 파출소를 설치하고자 할 때에는 별표1 제4호에 준한 서류를 첨부하여 경찰청장에게 보고를 요청하여야 하며, 시·도경찰청장이 지구대 또는 파출소를 폐지하거나 명칭·위치 및 관할구역을 변경하였을 때에는 경찰청장에게 승인하여야 한다.
③ 경찰서장은 자신의 소관사무를 분장하기 위하여 행정안전부령이 정하는 바에 따라 시·도경찰청장의 승인을 얻어 지구대 또는 파출소를 둘 수 있다.
④ 경찰청장의 관장사무를 지원하기 위하여 경찰청장 소속으로 경찰대학·경찰인재개발원·중앙경찰학교 및 국립과학수사연구원을 두며, 「책임운영기관의 설치·운영에 관한 법률」에 따라 경찰청장 소속의 책임운영기관으로 경찰병원을 둔다.

5

다음 중 「경찰공무원 임용령 시행규칙」상 시보경찰공무원의 임용심사위원회에 대한 설명으로 가장 적절한 것은?

① 임용심사위원회는 위원장 1명을 포함한 위원 5명 이상 7명 이하로 구성하며, 위원장은 위원 중에서 호선한다.
② 위원은 소속 경감 이상 경찰공무원 중에서 임용심사위원회가 설치된 기관의 장이 임명하되, 심사대상자보다 상위 계급자로 한다.
③ 위원회는 재적위원 과반수의 출석과 출석위원 과반수 찬성으로 의결한다.
④ 이 규칙에서 정한 사항 외에 위원회의 운영에 필요한 사항은 위원회의 의결을 거쳐 행정안전부령으로 정한다.

6

「경찰공무원 복무규정」에 관한 내용으로 옳은 것은?

① 경찰공무원은 경찰관서의 장의 허가를 받거나 그 명령에 의한 경우를 제외하고는 직무와 관계없는 장소에서 직무수행을 하여서는 아니 된다.
② 경찰공무원은 신규채용·승진·전보·파견·출장·연가·교육훈련기관에의 입교 기타 신분관계 또는 근무관계 또는 근무관계의 변동이 있는 때에는 소속 상관에게 허가를 받아야 한다.
③ 경찰공무원은 휴무일 또는 근무시간외에 2시간 이내에 직무에 복귀하기 어려운 지역으로 여행을 하고자 할 때에는 소속 상관에게 신고를 하여야 한다. 다만, 치안상 특별한 사정이 있어 경찰청장, 해양경찰청장 또는 경찰기관의 장이 지정하는 기간 중에는 소속 상관의 허가를 받아야 한다.
④ 경찰기관의 장은 근무성적이 탁월하거나 다른 경찰공무원의 모범이 될 공적이 있는 경찰공무원에 대하여 1회10일이내의 포상휴가를 허가할 수 있다. 이 경우의 포상휴가기간은 연가일수에 산입하지 아니한다.

7

경찰공무원의 권익보장제도에 대한 설명으로 적절하지 않은 것은?

① 공무원에 대하여 징계처분 등을 할 때나 휴직·직위해제 또는 면직처분을 할 때에는 그 처분권자 또는 처분제청권자는 처분사유를 적은 설명서를 교부할 수 있다. 다만, 본인의 원(願)에 따른 강임·휴직 또는 면직처분은 그러하지 아니한다.

② 처분권자는 피해자가 요청하는 경우 「성폭력범죄의 처벌 등에 관한 특례법」 제2조에 따른 성폭력범죄, 「양성평등기본법」 제3조 제2호에 따른 성희롱, 직장에서의 지위나 관계 등의 우위를 이용하여 업무상 적정범위를 넘어 다른 공무원 등에게 부당한 행위를 하거나 신체적·정신적 고통을 주는 등의 행위로서 대통령령등으로 정하는 행위에 해당하는 사유로 처분사유 설명서를 교부할 때에는 그 징계처분결과를 피해자에게 함께 통보하여야 한다.

③ 공무원이 질병·부상·장해·퇴직·사망 또는 재해를 입으면 본인이나 유족에게 법률로 정하는 바에 따라 적절한 급여를 지급한다.

④ 경찰공무원으로서 전투나 그 밖의 직무 수행 또는 교육훈련 중 사망한 사람(공무상 질병으로 사망한 사람을 포함한다) 및 부상(공무상의 질병을 포함한다)을 입고 퇴직한 사람과 그 유족 또는 가족은 「국가유공자 등 예우 및 지원에 관한 법률」 또는 「보훈보상대상자 지원에 관한 법률」에 따라 예우 또는 지원을 받는다.

8

「행정기본법」에 대한 설명으로 가장 적절한 것은?

① 행정에 관한 나이는 다른 법령등에 특별한 규정이 있는 경우에도 출생일을 산입하지 않고 만(滿) 나이로 계산하고, 연수(年數)로 표시하되, 1세에 이르지 아니한 경우에는 월수(月數)로 표시할 수 있다.

② 처분은 권한이 있는 기관이 취소 또는 철회하거나 기간의 경과 등으로 소멸되기 전까지는 유효한 것으로 통용된다. 다만, 무효인 처분은 처음부터 그 효력이 발생하지 아니한다.

③ 행정청은 법률로 정하는 바에 따라 완전히 자동화된 시스템(인공지능 기술을 적용한 시스템을 제외)으로 처분을 할 수 있으나, 처분에 재량이 있는 경우는 그러하지 아니하다.

④ 이의신청에 대한 결과를 통지받은 후 행정심판 또는 행정소송을 제기하려는 자는 그 결과를 통지받은 날부터 60일 이내에 이의신청 결과 처분이 변경된 경우에는 변경된 처분에 대하여 행정심판 또는 행정소송을 제기할 수 있다.

9

「질서위반행위규제법」에 관한 내용으로 옳은 것은?

① 행정청의 과태료 부과에 불복하는 당사자는 과태료 부과 통지를 받은 날부터 60일 이내에 직근 상급 행정청에 서면으로 이의제기 할 수 있다.
② 심신장애로 인하여 행위의 옳고 그름을 판단할 능력이 없거나 그 판단에 따른 행위를 할 능력이 없는 자의 질서위반행위는 과태료를 감경한다.
③ 2인 이상이 질서위반행위에 가담한 때에는 각자가 질서위반행위를 한 것으로 본다. 또한 신분에 의하여 성립하는 질서위반행위에 신분이 없는 자가 가담한 때에는 신분이 없는 자에 대하여도 질서위반행위가 성립한다.
④ 다른 법률에 특별한 규정이 없는 한 18세가 되지 아니한 자의 질서위반행위는 과태료를 부과하지 아니한다.

10

「경찰관의 정보수집 및 처리 등에 관한 규정」에 대한 설명으로 가장 적절한 것은?

① 공공안녕에 대한 위험의 예방과 대응을 위한 정보의 수집·작성·배포와 이에 수반되는 사실의 확인을 위해 경찰관이 수행하는 활동(이하 "정보활동"이라 한다)은 국가의 존립과 기능을 보호하는 것을 목적으로 해야 하며, 필요 최소한의 범위에 그쳐야 한다.
② 경찰관은 정보를 수집하거나 정보의 수집·작성·배포에 수반되는 사실을 확인하려는 경우에는 상대방에게 자신의 신분을 밝히고 정보 수집 또는 사실 확인의 목적을 설명해야 한다. 이 경우 강제적인 방법을 사용해서는 안 된다.
③ 「경찰관의 정보수집 및 처리 등에 관한 규정」에 따라 수집·작성·배포할 수 있는 정보의 구체적인 범위는 범죄수사에 필요한 정보, 국가중요시설의 안전 및 주요 인사의 보호에 필요한 정보 등이 있다.
④ 누구든지 정보활동과 관련하여 경찰관에게 이 영과 그 밖의 법령에 반하여 지시해서는 안 되며, 경찰관은 명백히 위법한 지시라고 판단되는 경우에는 그 집행을 거부하여야 한다.

11

「경찰관 직무집행법」 및 「경찰관 직무집행법 시행령」상 손실보상에 대한 설명으로 가장 적절한 것은?

① 국가는 경찰관의 적법한 직무집행으로 인하여 손실발생의 원인에 대하여 책임이 있는 자가 자신의 책임에 상응하는 정도를 초과하는 생명·신체 또는 재산상의 손실을 입은 경우 보상을 하지 않을 수 있다.
② 경찰청장, 해양경찰청장, 시·도경찰청장 또는 지방해양경찰청장은 국가경찰위원회 또는 해양경찰위원회의 심의·의결에 따라 보상금을 지급하고, 거짓 또는 부정한 방법으로 보상금을 받은 사람에 대하여는 해당 보상금을 환수하여야 한다.
③ 경찰청장, 해양경찰청장, 시·도경찰청장 또는 지방해양경찰청장은 제4항에 따라 보상금을 반환하여야 할 사람이 대통령령으로 정한 기한까지 그 금액을 납부하지 아니한 때에는 국세강제징수의 예에 따라 징수할 수 있다.
④ 위원회의 위원은 소속 경찰공무원과 판사·검사 또는 변호사로 5년 이상 근무한 사람, 고등교육법 제2조에 따른 학교에서 법학 또는 행정학을 가르치는 정교수 이상으로 5년 이상 재직한 사람, 경찰업무와 손실보상에 관하여 학식과 경험이 풍부한 사람 중에서 경찰청장 등이 위촉하거나 임명한다.

12

다음 중 경찰조직의 편성원리에 대한 설명으로 옳고 그름의 표시(O, X)가 모두 바르게 된 것은?

> ㉠ 계층제의 원리 – 계층이 많아질수록 업무처리 과정이 지연되고 많은 비용을 발생시키고 계층간 갈등이 증가하게 되며, 조직의 경직화를 가져와 환경변화에 대한 조직의 신축적 대응을 어렵게 하고 새로운 지식·기술 등 도입이 곤란하다.
> ㉡ 통솔범위의 원리 – 신설조직보다 기성조직에서, 단순반복 업무보다 전문적 사무를 담당하는 조직에서 상관이 많은 부하직원을 통솔할 수 있다.
> ㉢ 명령통일의 원리 – 상위직에 부여된 권한과 책임을 하위자에게 분담시키는 권한의 위임제도를 적절히 활용하여 명령통일의 한계를 완화할 수 있다.
> ㉣ 조정과 통합의 원리 – 조직의 구조, 보상체계, 인사 등의 제도개선과 조직원의 행태를 합리적으로 개선하는 것은 갈등의 단기적인 대응방안이다.
> ㉤ 분업의 원리 – 전문화와 분업화의 정도가 높아질수록 조정과 통합의 필요성이 높아지므로 양자는 반비례 관계이다.

① ㉠ (O) ㉡ (X) ㉢ (O) ㉣ (X) ㉤ (O)
② ㉠ (O) ㉡ (O) ㉢ (X) ㉣ (O) ㉤ (O)
③ ㉠ (O) ㉡ (X) ㉢ (O) ㉣ (X) ㉤ (X)
④ ㉠ (X) ㉡ (X) ㉢ (O) ㉣ (O) ㉤ (X)

13

직업공무원제도에 관한 설명으로 가장 적절하지 않은 것은?

① 행정의 안정성과 독립성 확보에 용이하며 외부환경 변화에 신속하게 대응한다는 장점이 있다.
② 공무원들의 성실한 직무수행과 장기근속을 유도하기 위한 제도와 원칙들을 토대로 한다.
③ 연령제한이 필수적이나 계급제를 원칙으로 한다는 점에서 실적주의와 공통점이 있다.
④ 공무원의 일체감과 단결심 및 공직에 헌신하려는 정신을 강화하는 데 유리한 제도이다.

14

「경찰장비관리규칙」에 대한 설명 중 가장 적절한 것은?

① 경찰기관의 장은 무기를 휴대한 자 중에서 사의를 표명한 자에게 대여한 무기·탄약을 즉시 회수해야 한다. 다만, 이의신청은 허용되지 않으며, 소속 부서장의 요청에 한하여 심의위원회의 심의를 거칠 수 있다.
② 경찰기관의 장은 무기를 휴대한 자 중에서 경찰공무원 직무적성검사 결과 고위험군에 해당되는 자에게 대여한 무기·탄약을 즉시 회수해야 한다.
③ 경찰기관의 장은 ①~②에 규정한 사유들이 소멸되면 직권 또는 당사자 신청에 따라 즉시 무기 회수의 해제 조치를 할 수 있다.
④ 심의위원회의 회의는 재적위원 과반수의 출석으로 개의하며, 출석위원 과반수의 찬성으로 의결하며 회의는 비공개로 한다.

15

다음 ( ) 안에 들어갈 인물을 바르게 나열한 것은?

- (㉠)은(는) 경찰과 대중매체는 서로 얽혀서 범죄와 정의, 사회질서의 현실을 해석하고 규정짓는 사회기구의 역할을 수행한다고 주장하였다.
- (㉡)은(는) 경찰과 대중매체의 관계를 "단란하고 행복스럽지는 않더라도, 오래 지속되는 결혼생활"에 비유하였다.
- (㉢)은(는) 경찰과 대중매체가 서로를 필요로 하기 때문에 둘 사이에는 공생관계가 발달한다고 주장하였다.

① ㉠ Sir Robert Mark ㉡ Ericson ㉢ Crandon
② ㉠ Ericson ㉡ Crandon ㉢ Sir Robert Mark
③ ㉠ Crandon ㉡ Sir Robert Mark ㉢ Ericson
④ ㉠ Ericson ㉡ Sir Robert Mark ㉢ Crandon

16

「공공기관의 정보공개에 관한 법률」에 관한 설명으로 가장 적절한 것은?

① 모든 국민은 정보의 공개를 청구할 권리를 가지며, 외국인의 정보공개 청구에 관하여는 대통령령으로 정한다.
② 청구인이 정보공개와 관련한 공공기관의 결정에 대하여 불복하는 경우 이의신청 절차를 거치지 않으면 행정심판을 청구할 수 없다.
③ 정보의 공개 및 우송 등에 드는 비용은 실비의 범위에서 행정청이 부담한다.
④ 공공기관은 부득이한 사유로 「공공기관의 정보공개에 관한 법률」 제11조 제1항에 따른 기간 이내에 공개 여부를 결정할 수 없을 때에는 그 기간이 끝난 날부터 기산하여 10일의 범위에서 공개 여부 결정기간을 연장할 수 있다. 이 경우 공공기관은 연장된 사실과 연장 사유를 청구인에게 지체 없이 구두로 통지하여야 한다.

17

「행정심판법」에 대한 설명으로 가장 적절하지 않은 것은?

① "처분"이란 행정청이 행하는 구체적 사실에 관한 법집행으로서의 공권력의 행사 또는 그 거부, 그 밖에 이에 준하는 행정작용을 말한다.
② 행정청의 처분 또는 부작위에 대하여는 다른 법률에 특별한 규정이 있는 경우 외에는 이 법에 따라 행정심판을 청구할 수 있다.
③ 대통령의 처분 또는 부작위에 대하여는 다른 법률에서 행정심판을 청구할 수 있도록 정한 경우 외에는 행정심판을 청구할 수 없다.
④ 시·도경찰청장의 처분 또는 부작위에 대한 행정심판의 청구에 대해서는 경찰청에 두는 행정심판위원회에서 심리·재결한다.

18

'냉소주의'와 '회의주의'에 대한 설명 중 옳고 그름의 표시(O, X)가 바르게 된 것은?

> 가. 니더호퍼(Niederhoffer)는 사회체계에 대한 기존의 신념체제가 붕괴된 후 새로운 신념체제에 의해 급하게 대체될 때 냉소주의가 나타날 수 있다고 하였다.
> 나. 냉소주의와 회의주의는 모두 불신을 바탕으로 한다는 공통점이 있지만, 회의주의는 대상이 특정화되어 있다는 점에서 냉소주의와 차이가 있다.
> 다. 회의주의는 불특정대상에 대하여 합리적인 근거를 바탕으로 의심하고 비판하며 개선의 의지가 있다는 점에서 냉소주의와 차이가 있다.
> 라. 인간관 중 X이론은 인간이 책임감 있고 정직하여 권위적인 관리를 해야 한다는 이론이고, Y이론은 인간을 게으르고 부정직한 것으로 보아 민주적으로 관리해야 한다는 이론으로, Y이론에 의한 관리가 냉소주의를 극복하는 방안이 된다.

① 가.(O) 나.(O) 다.(X) 라.(X)
② 가.(X) 나.(O) 다.(O) 라.(O)
③ 가.(X) 나.(O) 다.(X) 라.(X)
④ 가.(X) 나.(X) 다.(X) 라.(X)

19

「경찰청 공무원 행동강령」에 해당하지 않는 것은?

① 공무원은 자신의 직위를 직접 이용하여 부당한 이익을 얻거나 타인이 부당한 이익을 얻도록 해서는 아니 된다.
② 공무원은 직무의 범위를 벗어나 사적 이익을 위하여 소속기관의 명칭이나 직위를 공표·게시하는 등의 방법으로 이용하거나 이용하게 하여서는 아니 된다.
③ 공무원은 직무의 내외를 불문하고 그 품위가 손상되는 행위를 하여서는 아니 된다.
④ 공무원은 직무를 수행함에 있어 지연·혈연·학연·종교 등을 이유로 특정인에게 특혜를 주어서는 아니 된다.

20

「공직자의 이해충돌 방지법」 제2조에 관한 설명 중 가장 적절한 것은?

① "공공기관"이란 국회, 법원, 헌법재판소, 선거관리위원회, 감사원, 고위공직자범죄수사처, 국가인권위원회, 중앙행정기관(대통령 소속 기관과 국무총리 소속 기관을 제외)과 그 소속 기관을 말한다.
② "공직자"란 「초·중등교육법」, 「고등교육법」 또는 그 밖의 다른 법령에 따라 설치된 각급 국립·공립 학교의 장과 교직원 및 「사립학교법」에 따른 학교법인 학교의 장과 교직원을 말한다.
③ "이해충돌"이란 공직자가 직무를 수행할 때에 자신의 사적 이해관계가 관련되어 공정하고 청렴한 직무수행이 저해되거나 저해될 우려가 있는 상황을 말한다.
④ "사적이해관계자"란 공직자로 채용·임용되기 전 3년 이내에 공직자 자신이 대리하거나 고문·자문 등을 제공하였던 개인이나 법인 또는 단체에 해당하는 자를 말한다.

21

「112치안종합상황실 운영 및 신고처리 규칙」에 관한 설명으로 가장 적절하지 않은 것은?

① 경찰관서 방문 등 112신고 외의 방법으로 범죄나 각종 사건·사고 등 위급한 상황이 발생하였거나 발생할 것이 예상된다는 신고를 접수한 경찰관은 소속 경찰관서의 112시스템에 신고내용을 입력해야 한다.
② 경찰청장은 강력범죄 현행범인 등 신고 대응을 위해 실시간 전파가 필요한 경우에는 112신고 대응 코드(code) 중 코드 1 신고로 분류한다.
③ 출동 경찰관은 소관 업무나 관할 등을 이유로 출동을 거부하거나 지연 출동해서는 안 된다.
④ 112신고 접수·처리자료 중 112시스템 입력자료는 112신고 대응 코드 0·코드 1·코드 2로 분류한 자료는 3년간, 코드 3·코드 4로 분류한 자료는 1년간 보존하고, 녹음·녹화자료는 3개월간 보존한다.

22

「총포·도검·화약류 등의 안전관리에 관한 법률」 및 「총포·도검·화약류 등의 안전관리에 관한 법률 시행령」상의 용어 정의가 옳은 것은?

① "총포"란 권총, 소총, 기관총, 포, 엽총, 금속성 탄알이나 가스 등을 쏠 수 있는 장약총포 및 공기총(가스를 이용하는 것을 포함한다)을 말하고, 총포신·기관부 등 그 부품은 제외한다.
② "화약류"란 화약과 폭약을 말하고, 화공품(火工品 : 화약 및 폭약을 써서 만든 공작물을 말한다)은 제외한다.
③ "전자충격기"란 사람의 활동을 일시적으로 곤란하게 하거나 인명(人命)에 위해를 주는 전류를 방류할 수 있는 기기를 말하며, 산업용 및 의료용 전자충격기를 포함한다.
④ "도검"이란 칼날의 길이가 15센티미터 이상인 칼·검·창·치도(雉刀)·비수 등으로서 성질상 흉기로 쓰이는 것과 칼날의 길이가 15센티미터 미만이라 할지라도 흉기로 사용될 위험성이 뚜렷한 것 중에서 대통령령으로 정하는 것을 말한다.

23

「청소년 보호법」상 청소년유해행위에 해당하는 것은 모두 몇 개인가?

> ⊙ 청소년에게 구걸을 시키거나 청소년을 이용하여 구걸하는 행위
> ⓒ 영리를 목적으로 청소년으로 하여금 거리에서 손님을 유인하는 행위를 하게 하는 행위
> ⓒ 다(茶)류를 판매하는 곳에서 근무 묵인 행위
> ⓔ 청소년을 남녀 혼숙하게 하는 등 풍기를 문란하게 하는 영업행위를 하거나 이를 목적으로 장소를 제공하는 행위
> ⓜ 영리를 목적으로 청소년으로 하여금 손님과 함께 술을 마시거나 노래 또는 춤 등으로 손님의 유흥을 돋우는 접객 행위를 하게 하거나 이러한 행위를 알선·매개하는 행위

① 1개 ② 2개
③ 3개 ④ 4개

24

경찰관은 검거한 지명수배자에 대하여 지명수배가 여러 건인 경우 검거된 지명수배자를 우선적으로 인계받아 조사하여야 하는 수배관서의 순서가 옳은 것은?

> ㉠ 법정형이 중한 죄명으로 지명수배한 수배관서
> ㉡ 검거관서와 거리 또는 교통상 가장 인접한 수배관서
> ㉢ 검거관서와 동일한 지방검찰청 또는 지청의 관할구역에 있는 수배관서
> ㉣ 공소시효 만료 3개월 이내이거나 공범에 대한 수사 또는 재판이 진행 중인 수배관서

① ㉠ - ㉣ - ㉢ - ㉡
② ㉣ - ㉠ - ㉢ - ㉡
③ ㉣ - ㉠ - ㉡ - ㉢
④ ㉣ - ㉡ - ㉢ - ㉠

25

「아동학대범죄의 처벌 등에 관한 특례법」에 대한 설명으로 가장 적절하지 않은 것은?

① 아동학대범죄 신고를 접수한 사법경찰관리나 아동학대전담공무원이 동행하여 현장 출동하지 아니한 경우, 수사기관의 장이나 시·도지사 또는 시장·군수·구청장은 현장출동에 따른 조사 등의 결과를 서로에게 통지할 수 있다.

② 아동학대범죄 신고를 접수한 사법경찰관리나 아동학대전담공무원은 지체 없이 아동학대범죄의 현장에 출동하여야 한다. 이 경우 수사기관의 장이나 시·도지사 또는 시장·군수·구청장은 서로 동행하여 줄 것을 요청할 수 있다.

③ 피해아동등을 아동학대 관련 보호시설로 인도하는 경우, 72시간을 넘을 수 없다. 다만, 공휴일이나 토요일이 포함되는 경우로서 피해아동등의 보호를 위하여 필요하다고 인정되는 경우에는 48시간의 범위에서 그 기간을 연장할 수 있다.

④ '피해아동등을 연고자 등에게 인도'를 하는 때에는 피해아동등의 이익을 최우선으로 고려하여야 하며, 피해아동등을 보호하여야 할 필요가 있는 등 특별한 사정이 있는 경우를 제외하고는 피해아동등의 의사를 존중하여야 한다.

26

경비경찰에 대한 설명으로 옳지 않은 것은?

① 대테러활동, 자연적 돌발사태로 인하여 발생하는 재산상의 피해도 경비경찰의 대상이다.
② 경비경찰의 대상은 크게 개인적·단체적불법행위와 자연적·인위적 재난으로 나뉘며, 자연적·인위적 재난은 혼잡경비와 재난경비로 구성된다.
③ 즉시적 활동이란 경비사태가 발생한 후의 진압뿐만 아니라 특정한 사태가 발생하기 전의 경계·예방의 역할을 수행하는 것을 말한다.
④ 조직적 부대활동이란 경비경찰은 개인적인 활동으로 이루어지기보다는 항상 부대활동으로 훈련을 하고 근무를 하며, 경비사태 발생시 조직적이고 집단적이며 물리적인 힘으로 대처하는 것이다.

27

선거경비에 대한 설명으로 옳은 것은?

① 선거관리위원회위원장이나 위원은 개표소의 질서가 심히 문란하여 공정한 개표가 진행될 수 없다고 인정하는 때에는 개표소의 질서유지를 위하여 정복을 한 경찰공무원 또는 경찰관서장에게 원조를 요구할 수 있고, 개표소 안에 들어간 경찰공무원은 경찰관서장의 지시를 받아야 하며, 질서가 회복되거나 위원장의 요구가 있는 때에는 즉시 개표소에서 퇴거하여야 한다.
② ①에 따라 원조요구를 받은 경찰관은 무기 등을 휴대할 수 없다.
③ 대통령선거 후보자는 을호경호 대상으로, 후보자등록 때부터 당선확정 때까지 신변보호를 실시한다.
④ 투표관리관 또는 투표사무원은 투표소의 질서가 심히 문란하여 공정한 투표가 실시될 수 없다고 인정하는 때에는 투표소의 질서를 유지하기 위하여 정복을 한 경찰공무원 또는 경찰관서장에게 원조를 요구할 수 있으며, 원조요구를 받은 경찰공무원 또는 경찰관서장은 즉시 이에 따를 수 있다.

28

「국민보호와 공공안전을 위한 테러방지법」에 대한 설명으로 가장 적절한 것은?

① '외국인테러전투원'이란 테러단체의 조직원이거나 테러단체 선전, 테러자금 모금·기부, 그 밖에 테러 예비·음모·선전·선동을 하였거나 하였다고 의심할 상당한 이유가 있는 사람을 말한다.
② 관계기관의 장은 외국인테러전투원으로 출국하려 한다고 의심할 만한 상당한 이유가 있는 내국인·외국인에 대하여 일시 출국금지를 법무부장관에게 요청할 수 있다. 일시 출국금지 기간은 60일로 한다.
③ 경찰청장은 대테러활동에 필요한 정보나 자료를 수집하기 위하여 테러위험인물에 대한 추적을 할 경우 국가정보원장에게 사전 또는 사후에 보고하여야 한다.
④ 테러로 인하여 신체 또는 재산의 피해를 입은 국민은 관계기관에 즉시 신고하여야 한다. 다만, 인질 등 부득이한 사유로 신고할 수 없을 때에는 법률관계 또는 계약관계에 의하여 보호의무가 있는 사람이 이를 알게 된 때에 즉시 신고하여야 한다.

29

「청원경찰법」에 관한 내용으로 옳은 것은?

① 청원경찰을 배치받으려는 자는 대통령령으로 정하는 바에 따라 관할 경찰서장에게 청원경찰 배치를 신청하여야 한다.
② 청원경찰이 직무상의 의무 등을 위반하는 경우에는 청원주 및 관할 감독 경찰서장은 대통령령이 정하는 징계절차를 거쳐 징계처분을 하여야 한다.
③ 청원경찰의 '근무 중 제복 착용 의무'가 법률에 명시적으로 규정되어 있지는 않다.
④ 「국가공무원법」상 결격사유에 해당하는 사람은 청원경찰로 임용될 수 없다.

30

다음 사례에서 A와 B에 대한 처분으로 옳은 것은?

A와 B는 친구 사이로 동시에 1종 보통운전면허 시험에 합격하여 면허를 발급받았다. 둘은 축하하기 위하여 알코올을 섭취 후 A는 도로교통법에서 정의하는 개인형 이동장치인 전동킥보드를, B는 전동기를 장착하지 않은 일반 자전거를 타고 도로교통법상 도로에 해당하는 골목길을 운전하여 주행하던 중 교통경찰관에게 단속되었다. 음주측정 결과 A는 혈중알코올 농도 0.09%, B는 혈중알코올 농도 0.1%로 각각 측정되었다. (단, A와 B에 대한 다른 교통법규 위반은 고려하지 않는 것으로 함)

	A	B
①	운전면허 취소와 범칙금 10만 원	범칙금 3만 원
②	운전면허 취소와 범칙금 10만 원	운전면허 취소와 범칙금 3만 원
③	운전면허 취소와 범칙금 13만 원	운전면허 취소와 범칙금 10만 원
④	운전면허 정지와 범칙금 10만 원	범칙금 없음

31

「도로교통법」상 음주운전 방지장치에 대한 설명으로 가장 적절하지 않은 것은?

① 음주운전 방지장치 부착 조건부 운전면허를 받은 사람이 자동차등을 운전하려는 경우 음주운전 방지장치를 설치하고, 시·도경찰청장에게 등록하여야 한다. 등록하지 아니하고 운전한 경우 운전면허의 취소 사유이다.

② 음주운전 방지장치 부착 조건부 운전면허를 받은 사람은 음주운전 방지장치가 설치되지 아니하거나 설치기준에 적합하지 아니한 음주운전 방지장치가 설치된 자동차등을 운전하여서는 아니 된다.

③ 음주운전 방지장치의 설치 사항을 시·도경찰청장에게 등록한 자는 연 2회 이상 음주운전 방지장치 부착 자동차등의 운행기록을 경찰서장에게 제출하여야 하며, 음주운전 방지장치의 정상 작동여부 등을 점검하는 검사를 받아야 한다.

④ 음주운전 방지장치 설치 기준·방법 및 등록 기준·등록 절차, 제6항에 따른 운행기록 제출 및 검사의 시기·방법, 그 밖에 필요한 사항은 행정안전부령으로 정한다.

32

다음 설명 중 옳은 설명은? (판례에 의함)

① 객관적으로 음주운전을 인정할 만한 상당한 이유가 있는 상태에서 빨대를 입에 물고 숨을 부는 시늉만 하였을 뿐 제대로 측정하지 아니한 경우 측정거부에 해당하지 아니한다.
② 음주로 인한 특정범죄가중처벌등에관한법률위반(위험운전치사상)죄와 도로교통법위반(음주운전)죄는 상상적 경합관계에 있다.
③ 연속된 교통사고로 피해자가 사망한 경우 후행 교통사고 운전자에게 책임을 물으려면 후행 교통사고를 일으킨 사람이 주의의무를 게을리하지 않았다면 피해자가 사망에 이르지 않았을 것이라는 사실이 증명되어야 한다.
④ 횡단보도 보행신호등의 녹색등화가 점멸할 때에는 보행자의 횡단을 금지하고 있으므로 보행자가 녹색등화의 점멸신호 이후에 횡단을 시작하였다면 설사 녹색등화가 점멸 중이더라도 횡단보도에서의 보행자 보호의무의 대상으로 보기 어렵다.

33

다음 중 정보의 효용에 관한 설명으로 옳지 않은 것은?

① 보고서 1면주의와 가장 관련성이 높은 정보의 효용은 시간효용이다.
② "필요한 사람에게 필요한 만큼", "차단의 법칙"이라는 말과 가정 관련이 높은 정보의 효용은 통제효용이다.
③ 경찰청 정보기록실의 운영과 가장 관련성이 높은 정보의 효용은 접근효용이다.
④ "정보는 국력이다"라는 말은 정보의 소유효용과 관련성이 높다.

34

정보의 순환과정에 대한 다음 설명 중 틀린 것은 모두 몇 개인가?

㉠ 정보의 순환과정은 첩보의 수집 → 정보의 요구 → 정보의 생산 → 정보의 배포 순이다.
㉡ 각 단계는 각각 소순환과정을 거치며 전체 순환에 연결되고, 정보의 순환은 연속적 또는 동시에 이루어질 수도 있다.
㉢ 정보는 먼저 생산되었다고 우선적으로 배포하는 것이 아니라 정보의 배포 순위는 정보의 중요성과 긴급성에 따라 결정된다. 정보사용자가 해당 정보를 필요로 하는지, 필요로 하는 시기는 언제인지 등을 고려하여 중요하고 긴급한 정보를 우선적으로 배포하여야 한다.
㉣ 첩보수집단계의 소순환과정은 첩보의 기본요소 결정 → 첩보수집계획서의 작성 → 명령·하달 → 수집활동에 대한 조정·감독 순이다.
㉤ 정보의 순환과정 중 가장 중요하고도 어려운 단계는 정보의 생산단계이다.
㉥ 정보배포단계의 소순환과정은 선택 → 기록 → 평가 → 분석 → 종합 → 해석이다.

① 1개   ② 2개
③ 3개   ④ 4개

35

「집회 및 시위에 관한 법률」에 관한 다음 설명 중 가장 적절한 것은?

① 주최자가 질서유지인을 두고 부득이 새벽 1시에 집회를 하겠다고 미리 신고한 경우에는 집회의 성격상 부득이하다면 관할 경찰관서장은 질서유지를 위한 조건을 붙여 옥외집회를 허용할 수 있다.
② 대통령 관저, 대법원장 공관, 헌법재판소장 공관에 해당하는 청사 또는 저택의 경계 지점으로부터 100미터 이내의 장소에서는 옥외집회 또는 시위를 하여서는 아니 된다.
③ 관할경찰관서장은 신고서의 기재 사항에 미비한 점을 발견하면 접수증을 교부한 때부터 12시간 이내에 주최자에게 24시간을 기한으로 그 기재 사항을 보완할 것을 통고할 수 있다. 보완 통고는 보완할 사항을 분명히 밝혀 서면으로 주최자 또는 연락책임자에게 송달할 수 있다.
④ 중복된 2개 이상의 집회·시위 신고의 경우 제8조 제4항에 해당하는 먼저 신고된 옥외집회 또는 시위의 주체자가 정당한 사유 없이 집회일시 24시간 전에 철회사유서를 제출하지 않은 경우 100만원 이하의 과태료를 부과한다.

36

태업에 대한 설명으로 가장 적절하지 않는 것은?

① 태업이란 헌법에 의해 설치된 국가기관을 강압에 의하여 변혁시키거나 기능을 저하시키는 실력행위를 말한다.
② 물리적 태업으로는 방화태업·폭파태업·기계태업 등이 있고, 심리적 태업으로는 선전태업·경제태업·정치태업 등이 있다.
③ 유언비어 유포, 반국가적 여론 조성 등으로 사회불안을 야기함으로써 국민의 사기저하를 유도하는 형태는 선전태업이다.
④ 태업의 대상으로 전략·전술적 가치가 있고, 태업에 필요한 기구를 용이하게 입수할 수 있으며, 일단 파괴되면 수리하거나 대체하기 어렵고 많은 시간이 소요되는 것을 선정해야 한다.

37

「북한이탈주민의 보호 및 정착지원에 관한 법률」에 대한 내용으로 가장 적절한 것은?

① '북한이탈주민'이란 군사분계선 이북지역에 주소, 직계가족, 배우자, 직장 등을 두고 있는 사람으로서 북한을 벗어난 후 외국 국적을 취득한 사람을 말한다.
② 북한이탈주민으로서 항공기 납치, 마약거래, 테러, 집단살해 등 국제형사범죄자, 살인 등 중대한 비정치적 범죄자, 위장탈출 혐의자, 국내 입국 후 3년이 지나서 보호신청한 사람, 그 밖에 보호대상자로 정하는 것이 부적당하다고 대통령으로 정하는 사람은 보호대상자로 결정하지 아니할 수 있다.
③ 국방부장관이나 경찰청장은 보호대상자가 거주지로 전입한 후 그의 신변안전을 위하여 통일부장관에게 협조를 요청할 수 있으며, 협조요청을 받은 통일부장관은 이에 협조한다.
④ 통일부장관은 '북한이탈주민 대책협의회'의 심의를 거쳐 북한이탈주민의 보호 여부를 결정한다. 단, 국가안보에 현저한 영향을 끼칠 우려가 있는 자의 경우 국방부장관이 보호 여부를 결정한다.

38

다음 중 외교부장관이 여권의 발급 또는 재발급을 거부할 수 있는 사유로 옳지 않은 것은?

① 「여권법」제24조부터 제26조까지에 규정된 죄 외의 죄를 범하여 금고 이상의 형을 선고받고 그 집행이 종료되지 아니한 사람
② 장기 2년 이상의 형에 해당하는 죄로 인하여 기소중지 또는 수사중지(피의자중지로 한정한다)되거나 체포영장·구속영장이 발부된 사람 중 국외에 있는 사람
③ 국외에서 대한민국의 안전보장·질서유지나 통일·외교정책에 중대한 침해를 일으킬 우려가 있는 경우로서 출국할 경우 테러 등으로 생명이나 신체의 안전이 침해될 위험이 큰 사람
④ 장기 2년 이상의 형에 해당하는 죄로 인하여 기소되어 있는 사람

39

「출입국관리법」에 대한 설명으로 가장 적절하지 않은 것은?

① 출입국관리공무원은 강제퇴거 대상자에 해당한다고 의심되는 외국인에 대하여는 그 사실을 조사할 수 있다.
② 출입국관리공무원은 강제퇴거 대상자에 해당한다고 의심할 만한 상당한 사유가 있고, 도주하거나 도주할 염려가 있으면 보호 명령서를 발급받아 그 외국인을 보호할 수 있다.
③ 지방출입국·외국인관서의 장은 강제퇴거명령을 받은 사람이 여권을 소지하지 아니하였거나 교통편이 확보되지 아니하는 등의 사유로 그 사람을 즉시 대한민국 밖으로 송환할 수 없는 경우에는 3개월의 범위에서 그 사람을 송환할 수 있을 때까지 보호시설에 보호할 수 있다.
④ 강제퇴거명령서는 출입국관리 공무원이 집행하며 지방출입국·외국인관서의 장은 사법경찰관리에게 강제퇴거명령서의 집행을 의뢰할 수 있다.

40

인터폴에서 사무총국에서 발부하는 수배서 중 요건에 해당하는 것은?

> ⊙ 유죄판결을 받은 자, 수배자, 피의자, 참고인 등 범죄 관련자일 것
> ⓒ 소재확인을 위한 범죄사실 특정 등 충분한 자료가 제공될 것

① 적색수배서(Red Notice)
② 녹색수배서(Green Notice)
③ 황색수배서(Yellow Notice)
④ 청색수배서(Blue Notice)

1

「국회법」상 국회내 경찰권에 대한 설명으로 가장 적절한 것은?

① 경찰청장은 회기 중 국회의 질서를 유지하기 위하여 국회 안에서 경호권을 행사한다.
② 경위나 경찰공무원은 국회 안에 현행범인이 있을 때에는 체포한 후 의장의 지시를 받아야 한다. 다만, 회의장 안에서는 의장의 명령 없이 의원을 체포할 수 없다.
③ 국회의 경호업무는 국회의장의 지휘를 받아 수행하되, 경위는 회의장 건물 밖에서, 경찰공무원은 회의장 건물 안에서 경호한다.
④ 의원이 본회의 또는 위원회의 회의장에서 회의장의 질서를 어지럽혔을 지라도 의장이나 위원장은 경고나 제지는 할 수 없다.

2

일제 강점기 경찰제도는 3·1운동 이후 보통경찰제도로 변화하였다. 이와 관련된 설명으로 옳은 것은?

① 총독부 직속의 경무총감부가 폐지되고, 경무국이 경찰사무와 위생사무를 감독하였다.
② 일본에서 제정된 정치범처벌법이 우리나라에 적용되었다.
③ 경찰의 사무 중 집달리 사무, 민사쟁송조정 사무 등이 제외되는 등 경찰의 활동영역에 많은 변화가 있었다.
④ 일제강점기에는 총독·경무총장에게 주어진 제령권과 경무부장에게 주어진 명령권 등을 통해 각종 전제주의적·제국주의적 경찰권 행사가 가능하였다는 특징이 있다.

3

「국가경찰과 자치경찰의 조직 및 운영에 관한 법률」상 경찰기관에 대한 설명으로 가장 적절한 것은?

① 국회의 탄핵 소추 의결의 대상자로는 경찰청장과 국가수사본부장이 규정되어 있다.
② 시·도지사가 시·도자치경찰위원회의 의결에 대해 재의를 요구하려면 해당 의결이 법령에 위반되거나 공익을 현저히 해친다고 판단되어야 한다.
③ 시·도경찰청장은 시·도지사가 시·도자치경찰위원회와 협의하여 추천한 사람 중에서 행정안전부장관의 제청으로 국무총리를 거쳐 대통령이 임용한다.
④ 시·도경찰청장은 수사에 관한 사무에 대해서는 경찰청장의 지휘·감독을 받아 관할 구역의 소관 사무를 관장하고 소속 공무원 및 소속 경찰기관의 장을 지휘·감독한다.

4

경과에 대한 설명으로 옳은 것은?

① 「경찰공무원 임용령」상 경정 이하 경찰공무원에게만 부여하는 경과는 항공경과, 정보통신경과, 수사경과, 안보수사경과이다.
② 「경찰공무원 임용령」상 임용권자(위임을 받은 자 포함) 또는 임용제청권자는 경찰공무원을 신규채용할 때 경과를 부여할 수 있다.
③ 「경찰공무원 임용령 시행규칙」상 전과는 일반경과에서 수사경과·안보수사경과 또는 특수경과로의 전과만 인정한다. 다만, 정원감축 등 경찰청장이 정하는 사유가 있는 경우 수사경과·안보수사경과 또는 특수경과에서 일반경과로의 전과를 인정할 수 있다.
④ 「경찰공무원 임용령 시행규칙」상 전과의 대상자에 해당하는 경우에도 현재 경과를 부여받고 1년이 지나지 아니한 사람, 특정한 직무분야에 근무할 것을 조건으로 채용된 경찰공무원으로서 채용 후 5년이 지나지 아니한 사람은 전과를 할 수 없다.

5

「경찰공무원법」상 경찰공무원의 임용결격사유 내용으로 옳은 것을 모두 고르시오

> ㉠ 공무원으로 재직기간 중 직무와 관련하여 「형법」 제355조 및 제356조(횡령과 배임)에 규정된 죄를 범한 자로서 300만원 이상의 벌금형을 선고받고 그 형이 확정된 후 2년이 지나지 아니한 사람은 경찰공무원으로 임용될 수 없다.
> ㉡ 자격정지 이상의 형의 선고유예를 선고받고 그 유예기간이 지난 사람은 경찰공무원으로 임용될 수 없다.
> ㉢ 「스토킹범죄의 처벌 등에 관한 법률」 제2조 제2호에 따른 스토킹범죄를 범한 사람으로서 100만원 이상의 벌금형을 선고받고 그 형이 확정된 후 3년이 지나지 아니한 사람은 경찰공무원으로 임용될 수 없다.
> ㉣ 징계로 파면처분을 받은 사람은 경찰공무원으로는 임용될 수 없으나, 징계로 파면처분을 받은 때부터 5년이 지난 자는 일반공무원에 임용될 수 있다.
> ㉤ 피성년후견인 또는 피한정후견인은 경찰공무원으로 임용될 수 있다.

① 1개　　② 2개
③ 3개　　④ 4개

6

다음 중 경찰공무원의 징계에 대한 설명으로 가장 옳은 것은?

① 경찰기관의 장은 그 소속이 아닌 경찰공무원에게 징계사유가 있다고 인정될 때에는 해당 경찰기관의 장에게 그 사실을 증명할 만한 충분한 사유를 명확히 밝혀 통지하여야 하고, 징계사유를 통보받은 경찰기관의 장은 타당한 이유가 없으면 통지를 받은 날부터 30일 이내에 관할 징계위원회에 징계 의결을 요구하거나 신청하여야 한다.
② 징계 사유가 금전, 물품, 부동산, 향응을 취득하거나 제공한 경우에는 해당 징계 외에 취득하거나 제공한 금전 또는 재산상 이득의 3배 내의 징계부가금 부과 의결을 징계 위원회에 요구하여야 한다.
③ 금품 및 향응수수, 공금의 횡령·유용 등의 경우에는 10년, 「성폭력범죄의 처벌 등에 관한 특례법」 제2조에 따른 성폭력범죄등의 경우에는 5년, 그 밖의 징계 등 사유에 해당하는 경우에는 3년이 지나면 하지 못한다.
④ 정직은 1개월 이상 3개월 이하의 기간으로 하고, 정직 처분을 받은 자는 그 기간 중 공무원의 신분은 보유하나 직무에 종사하지 못하며 보수의 전액을 감한다.

7

다음은 「공무원고충처리규정」상 고충심사에 관한 설명이다. 옳고 그름의 표시가 바르게 된 것은?

㉠ 「경찰공무원법」 제31조 제1항에 따른 경찰공무원 고충심사위원회(이하 "경찰공무원고충심사위원회"라 함)는 위원장 1명을 포함하여 7명 이상 15명 이내의 공무원위원과 민간위원으로 구성한다. 이 경우 민간위원의 수는 위원장을 제외한 위원 수의 2분의 1 이상이어야 한다.
㉡ 경찰공무원고충심사위원회의 공무원위원은 청구인보다 상위 계급 또는 이에 상당하는 소속 공무원 중에서 설치기관의 장이 임명한다.
㉢ 경찰공무원고충심사위원회 민간위원의 임기는 3년으로 하며, 한 번만 연임할 수 있다.
㉣ 경찰공무원고충심사위원회의 회의는 위원장과 위원장이 회의마다 지정하는 3명 이상 7명 이내의 위원으로 성별을 고려하여 구성한다. 이 경우 민간위원이 3분의 1 이상 포함되어야 한다.

	㉠	㉡	㉢	㉣
①	(X)	(X)	(O)	(X)
②	(O)	(O)	(X)	(X)
③	(X)	(X)	(X)	(X)
④	(O)	(O)	(X)	(O)

8

「행정기본법」상 제재처분의 제척기간인 5년이 지나면 제재처분을 할 수 없는 경우는?

① 제재처분을 하지 아니하면 국민의 안전·생명 또는 환경을 심각하게 해치거나 해칠 우려가 있는 경우
② 거짓이나 그 밖의 부정한 방법으로 인허가를 받거나 신고를 한 경우
③ 정당한 사유 없이 행정청의 조사·출입·검사를 기피·방해·거부하여 제척기간이 지난 경우
④ 당사자가 인허가나 신고의 위법성을 경과실로 알지 못한 경우

9

「경찰관 직무집행법」에 대한 설명으로 적절하지 않은 것은? (다툼이 있으면 판례에 의함)

① 이 법은 국민의 자유와 권리 및 모든 개인이 가지는 불가침의 기본적 인권을 보호하고 사회공공의 질서를 유지하기 위한 경찰관(경찰공무원만 해당한다)의 직무 수행에 필요한 사항을 규정함을 목적으로 한다.
② 「경찰관 직무집행법」 제1조 제2항은 '경찰관의 직권은 그 직무수행에 필요한 최소한도에서 행사되어야 하며, 이를 남용해서는 안된다'는 경찰비례원칙이 명시적으로 규정되어 있다.
③ 경찰관이 불심검문 대상자 해당 여부를 판단할 때에는 불심검문 당시의 구체적 상황은 물론 사전에 얻은 정보나 전문적 지식 등에 기초하여 불심검문 대상자인지를 객관적·합리적인 기준에 따라 판단하여야 하며, 반드시 불심검문 대상자에게 형사소송법상 체포나 구속에 이를 정도의 혐의가 있을 것을 요한다.
④ 경찰관은 수상한 행동이나 그 밖의 주위 사정을 합리적으로 판단하여 볼 때 어떠한 죄를 범하였거나 범하려 하고 있다고 의심할 만한 상당한 이유가 있는 사람에게 질문을 할 때에 그 사람이 흉기를 가지고 있는지를 조사할 수 있다.

10

「경찰관 직무집행법」에 규정된 경찰장비의 사용에 대한 내용으로 가장 적절한 것은?

① '경찰장구'란 경찰관이 휴대하여 범인 검거와 범죄 진압 등의 직무 수행에 사용하는 수갑, 포승, 경찰봉, 방패, 도검 등을 말한다.
② '권총'의 사용은 사형·무기 또는 장기 3년 이상의 징역이나 금고에 해당하는 죄를 범하거나 범하였다고 의심할 만한 충분한 이유가 있는 사람이 경찰관의 직무집행에 항거하거나 도주하려고 할 때에 그 행위를 방지하거나 그 행위자를 체포하기 위하여 무기를 사용하지 아니하고는 다른 수단이 없다고 인정되는 상당한 이유가 있을 경우 사용할 수 있다.
③ '분사기'는 법률에 정해진 직무 수행을 위해 부득이한 경우에 필요한 최소한의 범위에서 사용할 수 있으나, 최루탄은 사용이 금지되어 있다.
④ '경찰착용기록장치'는 사람의 생명·신체에 위해를 끼치거나 재산에 중대한 손해를 끼칠 우려가 없는 경우에도 직무 수행을 위하여 사용할 수 있다.

11

「경찰관 직무집행법 시행령」상 손실보상에 대한 설명으로 가장 적절한 것은?

① 손실보상심의위원회는 위원장 1명을 포함한 5명 이상 7명 이하의 위원으로 구성하며, 위원장이 부득이한 사유로 직무를 수행할 수 없는 때에는 상임위원, 위원 중 연장자 순으로 위원장의 직무를 대행한다.
② 보상금을 지급하기로 결정한 경우 경찰청장, 해양경찰청장, 시·도경찰청장 또는 지방해양경찰청장은 결정일 다음 날부터 10일 이내에 보상금 지급 청구 승인 통지서에 결정 내용을 적어서 청구인에게 통지해야 한다.
③ 소속 경찰관의 직무집행으로 인하여 발생한 손실보상 청구 사건을 심의하기 위하여 경찰청, 시·도경찰청 및 경찰서에 손실보상심의위원회를 설치한다.
④ 위원회의 회의는 재적위원 과반수의 출석으로 개의하고, 출석위원 과반수의 찬성으로 의결한다.

12

경찰조직의 편성원리에 대한 설명으로 가장 적절하지 않은 것은?

① 계층제의 원리 – 지휘계통을 확립하고 조직의 업무수행 활동에 질서와 통일을 기할 수 있는 장점이 있으며, 계층이 많아질수록 의사소통과 업무처리시간에 효율을 기할 수 있다.
② 분업의 원리 – 가급적 한 사람에게 동일한 업무를 분담시킴으로써 특정 분야에 대한 업무의 전문화 확보를 가능하게 한다.
③ 명령통일의 원리 – 업무수행의 혼선을 방지하여 신속한 의사결정을 하도록 한다.
④ 통솔범위의 원리 – 업무의 종류가 단순할수록 통솔범위는 넓어지며 계층의 수가 많을수록 통솔범위는 좁아진다.

13

다음은 경찰 예산의 과정을 순서 없이 나열한 것이다. 과정의 순서를 가장 바르게 나열한 것은?

> ㉠ 경찰청장은 다음 연도의 세입세출예산·계속비·명시이월비 및 국고채무부담행위 요구서를 작성하여 기획재정부장관에게 제출하여야 한다.
> ㉡ 기획재정부장관은 대통령의 승인을 받은 국가결산보고서를 감사원에 제출하여야 한다.
> ㉢ 정부는 국가결산보고서를 국회에 제출하여야 한다.
> ㉣ 경찰청장은 예산배정 요구서를 기획재정부장관에게 제출하여야 한다.
> ㉤ 기획재정부장관은 국무회의 심의를 거쳐 대통령의 승인을 얻은 다음 연도의 예산편성지침을 경찰청장에게 통보한다.

① ㉤-㉠-㉣-㉢-㉡
② ㉠-㉤-㉣-㉢-㉡
③ ㉤-㉠-㉣-㉡-㉢
④ ㉣-㉤-㉠-㉡-㉢

14

「보안업무규정」에 대한 설명으로 옳은 것은?

① 암호자재를 사용하는 기관의 장은 사용기간이 끝난 암호자재를 지체 없이 국가정보원장에게 반납하여야 한다
② 비밀은 보관하고 있는 시설 밖으로 반출해서는 아니 된다. 다만, 공무상 반출이 필요할 때에는 중앙행정기관의 장의 승인을 받아야 한다.
③ 비밀취급 인가를 받지 아니한 사람에게 비밀을 열람하거나 취급하게 할 때에는 국가정보원장이 정하는 바에 따라 소속 기관의 장(비밀이 군사와 관련된 사항인 경우에는 국방부장관)이 미리 열람자의 인적사항과 열람하려는 비밀의 내용 등을 확인하고 열람 시 비밀 보호에 필요한 자체 보안대책을 마련하는 등의 보안조치를 하여야 한다. 다만, Ⅰ급비밀의 보안조치에 관하여는 국가정보원장과 미리 협의하여야 한다.
④ 외국 정부나 국제기구로부터 접수한 비밀은 그 접수기관이 필요로 하는 정도로 보호할 수 있도록 분류하여야 한다.

15

「언론중재 및 피해구제 등에 관한 법률」상 언론중재위원회에 대한 설명 중 가장 적절한 것은?

① 중재위원회는 40명 이상 90명 이내의 중재위원으로 구성하며, 중재위원은 언론중재위원장이 위촉한다.
② 언론중재위원회의 회의는 재적위원 1/4의 출석과 출석위원 과반수의 찬성으로 의결한다.
③ 중재위원회에 위원장 1명과 2명 이내의 부위원장 및 2명 이내의 감사를 두며, 각각 중재위원 중에서 호선한다.
④ 위원장·부위원장·감사 및 중재위원의 임기는 각각 2년으로 하며, 한 차례만 연임할 수 있다.

16

「경찰 감찰 규칙」에 대한 설명으로 가장 적절하지 않은 것은?

① 감찰관은 심야(자정부터 오전 6시까지를 말한다)에 조사를 하여서는 아니 된다.
② ①에도 불구하고 감찰관은 조사대상자 또는 그 변호인의 심야조사 요청이 있는 경우에는 예외적으로 심야조사를 할 수 있다. 이 경우 심야조사의 사유를 조서에 명확히 기재하여야 한다.
③ 감찰관은 조사대상자가 동료공무원의 동석을 신청할 경우 동석시킬 수 있다.
④ 감찰관은 감찰활동 결과 소속공무원의 의무위반행위, 불합리한 제도·관행, 선행·수범직원 등을 발견한 경우 이를 소속 경찰기관의 장에게 보고하여야 한다.

17

「경찰 인권보호 규칙」상 제37조에 규정된 진정의 기각사유에 해당하는 것은?

① 진정 내용이 명백히 사실이 아니거나 이유가 없다고 인정되는 경우
② 진정의 원인이 된 사실이 공소시효, 징계시효 및 민사상 시효 등이 모두 완성된 경우
③ 진정이 익명이나 가명으로 제출된 경우
④ 진정 내용은 사실이나 인권침해에 해당하지 아니하는 경우

18

다음에서 설명하는 경찰문화를 극복하기 위한 방안으로 가장 적절하지 않은 것은?

> 경찰서에서 최근 업무 효율화를 위한 새로운 방침을 도입하겠다고 발표하자, B경위는 "이번에도 보여주기식으로 끝나겠지. 내가 나설 이유가 없잖아."라며 냉소적인 태도를 보였다. 그는 일상적으로 조직에 대한 신뢰가 낮으며, 변화를 시도할 의욕이 부족한 인물이다.

① 현장 경찰관들이 주요 의사결정에 참여할 수 있는 기회를 확대한다.
② 업무 성과에 대한 보상 체계를 강화하고, 관리층이 일정 수준의 권한을 부여받아 책임감을 가질 수 있도록 지원한다.
③ 상사와 부하 간 신뢰 형성을 위해 다양한 프로그램을 운영한다.
④ 상급자의 지시 방식에 변화를 주어 명령만 내리는 방식을 줄이고, 하위 직원들의 의견을 반영할 수 있는 소통 방식을 구축한다.

19

「부정청탁 및 금품 등 수수의 금지에 관한 법률(시행령 포함)」에 대한 설명으로 가장 적절하지 않은 것은?

① 음식물, 선물은 5만원까지 허용되지만 예외적으로 선물의 경우 농수산물 및 농수산가공품과 농수산물·농수산가공품 상품권은 15만원까지 가능하다. (대통령령으로 정하는 설날·추석을 포함한 기간에 한정하여 그 가액 범위를 두배로 한다.)
② ①의 "대통령령으로 정하는 설날·추석을 포함한 기간"이란 설날·추석 전 24일부터 설날·추석 후 5일까지(그 기간 중에 우편 등을 통해 발송하여 그 기간 후에 수수한 경우에는 그 수수한 날까지)를 말한다.
③ 경조사로 축의금과 화환·조화를 같이 보낼 경우 합산하여 10만원까지 가능하므로, 축의금 3만원과 화환 7만원짜리를 같이 보낼 경우 10만원 범위 내이므로 범위반이 아니다.
④ 물품상품권·용역상품권·온누리상품권·지역사랑상품권·문화상품권 등 일정한 금액이 기재되어 소지자가 해당 금액에 상응하는 물품 또는 용역을 제공받을 수 있는 증표인 금액상품권은 가액에 상관 없이 선물할 수 없다.

20

다음은 「경찰청 적극행정 면책제도 운영규정」상 "면책"에 관한 정의이다. 밑줄 친 '다음 각 목의 어느 하나'에 관한 설명으로 가장 적절하지 않은 것은?

> 「경찰청 적극행정 면책제도 운영규정」 제2조 (정의)
> 2. "면책"이란, 적극행정 과정에서 발생한 부분적인 절차상 하자 또는 비효율, 손실 등과 관련하여 그 업무를 처리한 경찰청 소속 공무원 등에 대하여 다음 각 목의 어느 하나에 해당하는 책임을 묻지 않거나 감면하는 것을 말한다.

① '징계 또는 문책 요구'가 포함된다.
② '통보'가 포함된다.
③ '권고'가 포함된다.
④ '경고·주의 요구'가 포함된다.

21

「경비업법」에 관한 설명으로 가장 적절한 것은?

① 경비업을 영위하고자 하는 법인은 도급받아 행하고자 하는 경비업무를 특정하여 그 법인의 주사무소의 소재지를 관할하는 경찰서장의 허가를 받아야 한다. 도급받아 행하고자 하는 경비업무를 변경하는 경우에도 또한 같다.
② 특수경비업무의 허가를 받은 법인이 특수경비업무를 개시하거나 종료한 때에는 관할 경찰서장에게 신고하여야 한다.
③ 시설경비업무는 공항(항공기를 포함) 등 대통령령이 정하는 국가중요시설의 경비 및 도난·화재 그 밖의 위험발생을 방지하는 업무이다.
④ 경비업의 종류 중 기계경비업무는 경비대상시설에 설치한 기기에 의하여 감지·송신된 정보를 그 경비대상시설 외의 장소에 설치한 관제시설의 기기로 수신하여 도난·화재 등 위험발생을 방지하는 업무를 뜻한다.

22

「게임산업진흥에 관한 법률」의 내용으로 가장 옳지 않은 것은?

① 게임물관련 사업자는 어떤 경우에도 경품을 제공하여서는 안 된다.
② 게임물관련 사업자는 게임물을 이용하여 도박 그 밖의 사행행위를 하게 하거나 이를 하도록 내버려 두어서는 안 된다.
③ 게임물관련 사업자는 일반게임제공업 또는 복합유통게임제공업(「청소년 보호법」에 따라 청소년 출입을 허용하는 경우는 제외한다)을 영위하는 자는 게임장에 청소년을 출입시켜서는 안 된다.
④ 게임물관련 사업자는 게임물 및 컴퓨터 설비 등에 음란물 및 사행성게임물 차단 프로그램 또는 장치를 설치하여야 한다.

23

범죄첩보에 대한 설명으로 옳은 것은?

① 범죄첩보의 특징 중 시한성은 범죄첩보의 가치는 시간이 경과함에 따라 증가한다.
② 수집된 수사첩보는 수집관서에서 처리하는 것을 원칙으로 한다. 다만, 평가 책임자는 수사첩보에 대해 범죄지, 피조사자의 주소·거소 또는 현재지 중 어느 1개의 관할권도 없는 경우 이송할 수 있으며, 이송을 하는 수사첩보의 평가 및 처리는 첩보를 수집한 관서의 평가 책임자가 담당한다.
③ 수사첩보에 의해 사건해결 또는 중요범인을 검거하였을 경우 수사첩보 제출자를 사건을 해결한 자 또는 검거자와 동등하게 특별승진 또는 포상할 수 있다.
④ 평가 책임자는 제출된 첩보의 정확한 평가를 위하여 제출자에게 사실 확인을 요구할 수 있으며, 제출된 수사첩보의 내용이 부실하여 보충할 필요성이 있는 경우 제출자에게 반려할 수 있다.

24

「범죄수사규칙」상 지명수배에 대한 설명으로 옳지 않은 것은?

① 검거된 지명수배자를 인수한 수배관서의 경찰관은 24시간 내에 체포 또는 구속의 통지를 하여야 한다. 다만, 지명수배자를 수배관서가 위치하는 특별시, 광역시, 도 이외의 지역에서 지명수배자를 검거한 경우에는 지명수배자를 검거한 경찰관서에서 통지를 하여야 한다.
② 검거한 지명수배자에 대하여 '검거관서와 거리가 가장 인접하나 타 지방검찰청의 관할구역에 있는 A수배관서'와 '비교적 멀리 떨어져 있으나 동일한 지방검찰청의 관할구역에 있는 B수배관서'가 경합하는 경우, 동일한 지방검찰청의 관할구역에 있는 B수배관서가 우선적으로 지명수배자를 인수하게 된다(단, 두 건의 지명수배는 공소시효 잔기, 공범에 대한 수사·재판 진행 여부, 법정형의 경중에 있어 각 차이가 없다).
③ 시·도경찰청장은 지명수배를 한 후, 6월이 경과하여도 검거하지 못한 사람들 중 중요지명피의자를 매년 5월과 11월 연 2회 선정하여 경찰청장에게 중요지명피의자 종합 공개수배 보고서에 따라 보고하여야 한다.
④ 언론매체·정보통신망 등을 이용한 공개수배는 공개수배 위원회의 심의를 거쳐야 하며, 국가수사본부 공개수배 위원회 회의는 위원 5명 이상의 출석과 출석위원 과반수 찬성으로 의결한다.

25

「가정폭력범죄의 처벌 등에 관한 특례법」에 대한 설명으로 옳은 것은?

① "가정폭력"이란 가정구성원 사이의 신체적, 정신적 피해를 수반하는 행위를 말하며, 재산상 피해는 이에 해당하지 않는다.
② 피해자에게 고소할 법정대리인이나 친족이 없는 경우에 이해관계인이 신청하면 검사는 10일 이내에 고소할 수 있는 사람을 지정할 수 있다.
③ 진행 중인 가정폭력범죄에 대하여 신고를 받은 사법경찰관리는 피해자의 동의가 있는 경우에만 피해자를 가정폭력 관련 상담소 또는 보호시설로 인도하는 조치를 할 수 있다.
④ 사법경찰관이 긴급임시조치를 한 때에는 지체없이 검사에게 임시조치를 신청하고, 신청 받은 검사는 법원에 임시조치를 긴급임시조치를 한 때부터 24시간 이내에 청구하여야 하며, 긴급임시조치 결정서를 첨부하여야 한다.

26

다음 「마약류관리에 관한 법률」에서 규제하는 마약류에 대한 설명 중 가장 옳지 않은 것은?

① GHB는 무색, 무취의 짠맛이 나는 액체로 소다수등의 음료에 타서 복용하며 특히 미국, 유럽 등지에서 성범죄용으로 악용되어 '데이트 강간 약물'이라고도 불린다.
② 향정신성의약품의 분류에서 메트암페타민, 암페타민류는 각성제에 해당한다.
③ 덱스트로메트로판(일명 러미라)은 강한 중추신경 억제성 진해작용이 있으나 의존성과 독성은 없어 코데인 대용으로 널리 시판된다.
④ 한외마약이란 일반약품에 마약성분을 미세하게 혼합한 약물로 신체적·정신적 의존성을 일으킬 염려가 없어 감기약 등으로 판매되는 합법의약품으로서 코데잘, 코데솔, 코데날, 코데인 등이 있다.

27

경비경찰의 특징에 대한 설명으로 가장 적절하지 않은 것은?

① 복합기능적 활동 – 경비사태가 발생한 후의 진압뿐만 아니라 특정한 사태가 발생하기 전의 경계·예방의 역할을 수행한다.
② 현상유지적 활동 – 경비활동은 기본적으로 현재의 질서상태를 보존하는 것에 가치를 둔다고 할 수 있다. 따라서 동태적·적극적 질서유지가 아닌 새로운 변화와 발전을 보장하기 위한 정태적·소극적 의미의 유지작용이다.
③ 사회전반적 안녕목적의 활동 – 경비경찰의 활동대상은 공공의 안녕과 질서를 유지하는 것을 목적으로 하므로 결과적으로 사회전체의 질서를 파괴하는 범죄를 대상으로 작용한다는 점에서 경비경찰의 임무는 국가목적적 치안의 수행이라고 한다.
④ 하향적 명령에 의한 활동 – 경비활동은 주로 계선조직의 지휘관이 내리는 지시나 명령에 의하여 움직이므로 활동의 결과에 대해서도 지휘관이 지휘책임을 지는 것이 일반적이다.

28

「재난 및 안전관리 기본법」상 재난관리 체계에 대한 설명으로 옳지 않은 것은?

① 특별재난지역 선포는 복구 단계에서의 활동이다.
② 재난분야 위기관리 매뉴얼 작성은 대비 단계에서의 활동이다.
③ 재난관리체계 등의 평가는 예방 단계에서의 활동이다.
④ 정부합동안전 점검은 복구 단계에서의 활동이다.

29

경호경비 중 행사장 경호에 대한 설명으로 가장 적절한 것은?

① 제1선을 제외한 행사장 중심으로 소총유효사거리 내외의 취약개소는 절대안전확보구역으로 경호실이 경호책임을 진다.
② 주경비지역은 통상 경찰이 경호책임을 지고 바리케이트 등 장애물을 설치하고, 감시조를 운영한다.
③ 제3선 경계구역에서는 도보 등 원거리 기동순찰조를 운영한다.
④ 출입자 통제관리, MD 설치운용, 비표확인은 경비구역에서 실시한다.

30

「도로교통법」상 자전거등의 이용에 대한 내용으로 옳지 않은 것은?

① 자전거등의 운전자는 자전거도로가 설치되지 아니한 곳에서는 도로 좌측 가장자리에 붙어서 통행하여야 한다.
② 자전거등의 운전자는 길가장자리구역(안전표지로 자전거등의 통행을 금지한 구간은 제외)을 통행할 수 있다. 이 경우 자전거등의 운전자는 보행자의 통행에 방해가 될 때에는 서행하거나 일시정지하여야 한다.
③ 자전거등의 운전자는 안전표지로 통행이 허용된 경우를 제외하고는 2대 이상이 나란히 차도를 통행하여서는 아니 된다.
④ 자전거등의 운전자는 안전표지로 자전거등의 통행이 허용된 경우 보도를 통행할 수 있다. 이 경우 자전거등의 운전자는 보도 중앙으로부터 차도 쪽 또는 안전표지로 지정된 곳으로 서행하여야 하며, 보행자의 통행에 방해가 될 때에는 일시정지하여야 한다.

31

'어린이통학버스'에 대한 범칙금 내용이다. 다음 ( ) 안에 들어갈 숫자를 모두 더한 값은?

> 가. 어린이통학버스 운전자의 의무위반(좌석안전띠를 매도록 하지 않은 경우는 제외)에 해당하는 경우 승합자동차의 기준 ( )만 원의 범칙금이 부과된다.
> 나. 어린이통학버스 특별보호위반의 경우 승합자동차 기준 ( )만 원의 범칙금이 부과된다.
> 다. 어린이통학버스 특별보호위반의 경우 승용자동차 기준 ( )만 원의 범칙금이 부과된다.
> 라. 어린이통학버스와 비슷한 도색·표지 금지 위반에 해당하는 경우 승합자동차 기준 ( )만 원의 범칙금이 부과된다.

① 33
② 35
③ 37
④ 39

32

다음 설명 중 옳은 것은? (다툼이 있으면 판례에 의함)

① 교차로에 교통섬이 설치되고 그 오른쪽으로 직진 차로에서 분리된 우회전 차로가 설치된 경우, 우회전 차로가 아닌 직진 차로를 따라 우회전 하는 행위를 교차로 통행방법을 위반한 것이라 볼 수 없다.

② 교차로 직전의 횡단보도에 따로 차량 보조등이 설치되어 있지 아니한 경우, 교차로 차량 신호등이 적색이고 횡단보도 보행등이 녹색인 상태에서 횡단보도를 지나 우회전하다가 사람을 다치게 하였다면 「교통사고처리 특례법」상 특례조항인 신호위반에 해당하지 않는다.

③ 모든 차의 운전자는 보행자보다 먼저 횡단보행자용 신호기가 설치되지 않은 횡단보도에 진입한 경우에도, 보행자의 횡단을 방해하지 않거나 통행에 위험을 초래하지 않을 상황이 아니고서는, 차를 일시정지하는 등으로 보행자의 통행이 방해되지 않도록 할 의무가 있다.

④ 황색실선이나 황색점선으로 된 중앙선이 설치된 도로의 어느 구역에서 좌회전이나 유턴이 허용되어 중앙선이 백색 점선으로 표시되어 있는 경우, 그 지점에서 안전표지에 따라 좌회전이나 유턴을 하기 위하여 중앙선을 넘어 운행하다가 반대편 차로를 운행하는 차량과 충돌하는 교통사고를 낸 것은 교통사고처리 특례법에서 규정한 중앙선침범에 해당한다.

33

다음은 정보가치에 대한 평가기준을 설명한 것이다. ㉠ ~ ㉣에 해당하는 정보의 질적 요건을 순서대로 옳게 나열한 것은?

> ㉠ 정보는 정보사용자의 사용목적과 관련된 것이어야 한다.
> ㉡ 정보는 가능한 주제와 관련된 사항을 모두 망라하여 작성되어야 하며, 부분적 단편적인 정보는 사용자가 의사결정을 하는 데 도움을 주지 못한다.
> ㉢ 정보가 생산자나 사용자의 의도에 따라 주관적으로 왜곡되면 선호정책의 합리화 도구로 전락될 수 있다.
> ㉣ 정보는 사용자가 필요한 때에 사용할 수 있도록 제공되어야 한다.

① 적시성 - 완전성 - 객관성 - 정확성
② 완전성 - 적시성 - 객관성 - 적실성
③ 적실성 - 완전성 - 객관성 - 적시성
④ 적실성 - 완전성 - 정확성 - 적시성

34

「집회 및 시위에 관한 법률」상 용어의 정의에 관한 내용으로 옳은 것은?

① "옥외집회"란 천장이 없고 사방이 폐쇄되지 아니한 장소에서 여는 집회를 말한다.
② 집회는 특정 또는 불특정 다수인이 공동목적을 가지고 일정한 장소에 모이는 것으로 군 관할 구역에서의 옥외집회는 신고대상이지만, 차량시위, 해상시위, 공중시위는 신고대상에 해당하지 않는다.
③ "시위"란 여러 사람이 공동의 목적을 가지고 도로, 광장, 공원 등 특정인이 자유로이 통행할 수 있는 장소를 행진하거나 위력(威力) 또는 기세(氣勢)를 보여, 불특정한 여러 사람의 의견에 영향을 주거나 제압(制壓)을 가하는 행위를 말한다.
④ "주관자"란 자기 이름으로 자기 책임 아래 집회나 시위를 여는 사람이나 단체를 말한다. 주관자는 주최자를 따로 두어 집회 또는 시위의 실행을 맡아 관리하도록 위임할 수 있다. 이 경우 주최자는 그 위임의 범위 안에서 주관자로 본다.

35

「집회등 채증활동규칙」에 대한 설명으로 옳은 것은?

① "채증자료"란 범죄수사를 목적으로 범죄혐의자의 인적사항 확인을 위하여 채증자료를 입력, 열람, 판독하기 위한 전산 프로그램을 말한다.
② "주관부서"란 채증요원을 관리·운용하는 수사 부서를 말한다.
③ 채증은 범죄혐의에 대한 증거자료를 확보할 필요성이 있는 경우에 한하며, 상당한 방법에 따라 필요한 최소한도에 그쳐야 한다.
④ 집회등 현장에서 채증을 할 때에는 사전에 채증 대상자에게 범죄사실의 요지, 채증요원의 소속, 채증 개시사실을 직접 고지하거나 방송 등으로 알려야 하며, 30분 이상 채증을 계속하는 경우에는 30분이 경과할 때마다 채증 중임을 고지하거나 알려야 한다.

36

다음은 대남전략과 전술에 대한 설명이다. 이 중 적절하지 않은 것은?

① 전략전술이란 공산주의 혁명을 성공적으로 이끌기 위한 공산당 세력의 제반 책략체계를 가리키는 실천적인 행동지침으로 공산주의 이론의 핵심이다.
② 전략은 역사적 단계에 따라 행동하는 정치노선이다.
③ 전술적 요구 때문에 전략 목표를 수정할 수 있다.
④ 전략은 혁명이 성사될 때까지 거시적이며 장기간에 걸쳐 지속적으로 진행되는(목표달성시까지 불변) 반면, 전술은 미시적이며 단기간의 행동노선으로 상황에 따라 변화무쌍하다는 점에서 서로 비교된다.

37

「국가보안법」에 대한 설명으로 적절하지 않은 것은?

① 「국가보안법」 제8조 제1항 회합·통신죄에서 '회합·통신 기타의 방법으로 연락'이라고 함은 반국가단체의 구성원 또는 그 지령을 받은 자를 직접 상대방으로 하는 경우는 물론이고 제3자를 이용하여 통신 기타의 방법으로 연락하는 것을 말한다.
② 「국가보안법」 제10조의 불고지죄는 반국가단체구성죄, 목적수행죄, 자진지원죄 등의 죄를 범한 자라는 정을 알면서 수사기관 또는 정보기관에 고지하지 아니하는 경우에 성립하는 것으로, 5년 이하의 징역 또는 200만원 이하의 벌금에 처한다. 다만, 본범과 친족관계가 있는 때에는 그 형을 감경 또는 면제한다.
③ 불고지죄의 대상이 되는 범죄는 반국가단체구성죄(제3조), 목적수행죄(제4조), 자진지원죄(제5조 제1항), 편의제공죄(제9조)가 있다.
④ 불고지죄의 입법취지는 중요 국가보안법 위반범인에 대한 불가비호성(不可庇護性)에 있다.

38

「국적법」상 일반귀화의 요건에 관한 내용이다. ㉠~㉤의 내용 중 옳고 그름의 표시(O, X)가 모두 바르게 된 것은?

> ㉠ 10년 이상 계속하여 대한민국에 주소가 있을 것
> ㉡ 대한민국에서 영주할 수 있는 체류자격을 가지고 있을 것
> ㉢ 대한민국의 「민법」상 성년일 것
> ㉣ 법령을 준수하는 등 대통령령으로 정하는 품행 단정의 요건을 갖출 것
> ㉤ 귀화를 허가하는 것이 국가안전보장·질서유지 또는 공공복리를 해치지 아니한다고 외교부장관이 인정할 것

① ㉠(X) ㉡(O) ㉢(O) ㉣(X) ㉤(O)
② ㉠(O) ㉡(X) ㉢(O) ㉣(O) ㉤(X)
③ ㉠(O) ㉡(O) ㉢(X) ㉣(X) ㉤(O)
④ ㉠(X) ㉡(O) ㉢(O) ㉣(X) ㉤(X)

39

주한미군지위협정(SOFA) 규정 상 미군 A가 공무수행 중 범죄를 저질렀을 경우 재판권에 대한 설명으로 옳지 않은 것은?

① SOFA규정에 의하여 미군 군속도 주한미군지위협정의 대상자이다.
② A는 공무수행 중이므로 미군이 1차적 재판권을 갖는다.
③ 공무수행에 부수한 행위는 공무의 개념에서 제외된다.
④ 주한미군이 주한미군을 대상으로 신체나 재산에 대한 범죄를 저질렀을 경우에는 미국이 1차적 재판권을 갖는다.

40

「범죄인 인도법」에 대한 설명으로 가장 적절하지 않은 것은?

① 법무부장관은 외교부장관으로부터 제11조에 따른 인도청구서 등을 받았을 때에는 이를 서울고등검찰청 검사장에게 송부하고 그 소속 검사로 하여금 서울고등법원에 범죄인의 인도허가 여부에 관한 심사를 청구하도록 명하여야 한다. 다만, 인도조약 또는 이 법에 따라 범죄인을 인도할 수 없거나 인도하지 아니하는 것이 타당하다고 인정되는 경우에는 그러하지 아니하다.
② 검사는 법무부장관의 인도심사청구명령이 있을 때에는 인도구속영장에 의하여 범죄인을 구속하여야 한다. 다만, 범죄인이 주거가 일정하고 도망할 염려가 없다고 인정되는 경우에는 그러하지 아니하다.
③ 법원은 타당한 이유가 있을 때에는 인도구속영장에 의하여 구속된 범죄인을 친족, 보호단체 또는 그 밖의 적당한 자에게 맡기거나 범죄인의 주거를 제한하여 구속의 집행을 정지할 수 있다.
④ 인도구속영장에 의하여 구속된 범죄인 또는 그 변호인, 법정대리인, 배우자, 직계친족, 형제자매, 가족이나 동거인 또는 고용주는 법원에 구속의 적부심사를 청구할 수 있다.

2026

실무종합 최종 마무리 모의고사

정답·해설

제1회 모의고사 해설

1	2	3	4	5	6	7	8	9	10
②	③	②	①	②	①	②	③	④	②
11	12	13	14	15	16	17	18	19	20
②	④	③	④	③	④	②	①	②	③
21	22	23	24	25	26	27	28	29	30
③	①	④	④	③	②	③	④	③	②
31	32	33	34	35	36	37	38	39	40
②	③	③	④	①	②	④	③	①	②

1

② (X) 경찰활동의 **능률성과 기동성**을 확보할 수 있는 것은 **국가경찰**이며, 지역 실정을 반영한 **경찰조직의 운영과 관리가 가능한 것은 자치경찰**이다(권한과 책임소재에 따른 분류).

④ (O) 질서경찰과 봉사경찰(보통경찰)은 경찰 활동 시 **질과 내용(강제력의 사용유무)**로 구분된다.

> **[최신기출] 2024년 8월 17일 채용 출제포인트**
> **질서경찰**은 보통경찰기관이 사회공공의 안녕과 질서를 유지하기 위하여 강제력을 수단으로 즉시강제, 「경범죄 처벌법」 또는 「도로교통법」 위반자에 대한 통고처분 등 법집행을 행하는 경찰활동을 말한다.
> **비교)** 교통·지리정보의 제공은 **봉사경찰**의 영역에 해당한다.
> **[최신기출] 2024년 1월 13일 승진 출제포인트**
> **봉사경찰**은 비권력적 작용이므로 권력적 작용을 중심으로 하는 실질적 의미의 경찰작용으로 볼 수 없고, **형식적 의미의 경찰**에 속한다.

2

③의 연결이 옳다.

3

② (X) 국가경찰사무·자치경찰사무의 협력·조정과 관련하여 **경찰청장(시·도경찰청장 X)**과 협의(동법 제24조 제1항 제15호)

4

① (O) 경찰공무원법 제7조 제1항

② (X) 총경의 전보, 휴직, 직위해제, 강등, 정직 및 복직은 **경찰청장(행정안전부장관 또는 해양수산부장관 X)**이 한다(동법 제7조 제1항 단서).

③ (X) 경정 이하의 경찰공무원은 경찰청장 또는 해양경찰청장이 임용한다. 다만, 경정으로의 신규채용, 승진임용 및 면직은 경찰청장 또는 해양경찰청장의 **제청(추천 X)**으로 국무총리를 거쳐 대통령이 한다(동법 제7조 제2항).

④ (X) 경찰청장은 대통령령으로 정하는 바에 따라 경찰공무원의 임용에 관한 권한의 일부를 특별시장·광역시장·도지사·특별자치시장 또는 특별자치도지사, 국가수사본부장, 소속 기관의 장, 시·도경찰청장에게 **위임할 수 있다(위임한다 X)**(동법 제7조 제3항).

5

가. (O) 경찰공무원법 제8조 제2항 제2호

나. (O) 동법 제27조

다. (X) 「형법」 제129조부터 제132조까지, 성폭력범죄의 처벌 등에 관한 특례법」 제2조, 「정보통신망 이용촉진 및 정보보호 등에 관한 법률」 제74조 제1항 제2호·제3호, 「스토킹범죄의 처벌 등에 관한 법률」 제2조 제2호, 「아동·청소년의 성보호에 관한 법률」 제2조 제2호 및 직무와 관련하여 「형법」 제355조(횡령, 배임) **또는 제356조(업무상의 횡령과 배임)에 규정된 죄를 범한 사람으로서 자격정지 이상의 형의 선고유예를 받은 경우만 해당한다. 「형법」 제357조에 규정된 배임수증죄를 범한 사람은 당연퇴직 사유에 해당되지 않는다.**

라. (O) 동법 제8조 제2항 제9호

6

① (X) 징계위원회는 징계등 의결을 하였을 때에는 지체 없이 징계등 의결을 요구한 자에게 의결서 **정본(正本)**을 보내어 통지하여야 한다(경찰공무원 징계령 제17조).

② (O) 징계등 의결을 요구한 자는 **경징계(= 감봉 또는 견책)**의 징계등 의결을 통지받았을 때에는 통지받은 날부터 **15일 이내(30일 이내 X)**에 징계등을 집행하여야 한다(동징계령 제18조 제1항).

③ (O) 대판 99두6101

④ (O) 동징계령 제19조 제1항

7

① (X) 진술 기회를 주지 아니한 결정은 무효로 한다(동법 제13조 제1항, 제2항).

② (O) 동법 제14조 제1항

> **[최신기출] 2025년 1월 18일 해경 승진(경장) 출제포인트**
> 소청 사건의 결정은 재적 위원 ㉠ **(3분의 2)** 이상의 출석과 출석 위원 ㉡ **(과반수)**의 합의에 따르되, 의견이 나뉘어 출석 위원 과반수의 합의에 이르지 못하였을 때에는 과반수에 이를 때까지 소청인에게 가장 ㉢ **(불리한)** 의견에 차례로 ㉣**(유리한)** 의견을 더하여 그 중 가장 ㉤ **(유리한)** 의견을 합의된 의견으로 본다(국가공무원법 제14조 제1항).

③ (X) ②에도 불구하고 파면·해임·강등 또는 정직에 해당하는 징계처분을 취소 또는 변경하려는 경우와 효력 유무 또는 존재 여부에 대한 확인을 하려는 경우에는 **재적위원 3분의 2 이상의 출석과 출석 위원 3분의 2 이상의 합의**가 있어야 한다(동법 제14조 제2항).

④ (X) 원징계처분보다 무거운 징계 또는 원징계부가금 부과처분보다 무거운 징계부가금을 부과하는 **결정을 하지 못한다**(동법 제14조 제8항).

8

① (O) 행정기본법 제2조 제4호

② (O) 동법 제2조 제5호

③ (X) 처분은 권한이 있는 기관이 취소 또는 철회하거나 기간의 경과 등으로 소멸되기 전까지는 유효한 것으로 통용된다. 다만, **무효인** 처분은 처음부터 그 효력이 발생하지 아니한다(동법 제15조).

④ (O) 동법 제18조 제1항

9

① (O) **행정지도란** 행정기관이 그 소관 사무의 범위에서 일정한 행정목적을 실현하기 위하여 특정인에게 일정한 행위를 하거나 하지 아니하도록 지도, 권고, 조언 등을 하는 **행정작용(국민에게 임의적인 협력을 요청하는 비권력적 사실행위 O, 권력적 사실행위 X)**을 말한다(행정절차법 제2조 제3호).

② (O) 행정지도는 **그 목적 달성에 필요한 최소한도(비례의 원칙(과잉금지의 원칙))**에 그쳐야 하며, 행정지도의 상대방의 의사에 반하여 부당하게 강요하여서는 아니 된다(행정절차법 제48조 제1항).

③ (O) 동법 제48조 제2항

④ (X) 행정지도가 말로 이루어지는 경우에 상대방이 행정지도의 취지, 내용, 신분 사항을 적은 서면의 교부를 요구하면 그 행정지도를 하는 자는 직무 수행에 특별한 지장이 없으면 이를 **교부하여야 한다(할 수 있다 X)**(동법 제49조 제1항, 제2항).

10

경찰관은 사람의 생명 또는 신체에 위해를 끼치거나 재산에 중대한 손해를 끼칠 우려가 있는 천재(天災), 사변(事變), 인공구조물의 파손이나 붕괴, 교통사고, 위험물의 폭발, 위험한 동물 등의 출현, 극도의 혼잡, 그 밖의 위험한 사태가 있을 때에는 다음 각 호의 조치를 할 수 있다.

1. 그 장소에 모인 사람, 사물(事物)의 관리자, 그 밖의 관계인에게 필요한 **경고**를 하는 것
2. 긴급한 경우에는 위해를 입을 우려가 있는 사람을 필요한 한도에서 **이동을 제한하거나 대피**시키는 것
3. 위험한 상황의 원인을 제공한 사람을 그 장소에서 퇴거시키거나 그 장소에의 **접근을 금지**시키는 것
4. 그 장소에 있는 사람, 사물의 관리자, 그 밖의 관계인에게 위해를 방지하기 위하여 필요하다고 인정되는 조치를 하게 하거나 **직접 그 조치**를 하는 것

11

① (X) 고위험 물리력이란 '**치명적 공격**' 상태의 대상자로 인해 경찰관 또는 제3자의 생명·신체에 급박하고 중대한 위해가 초래될 가능성이 있는 경우 최후의 수단으로 사용할 수 있는 물리력 수준으로서, 대상자의 사망 또는 심각한 부상을 초래할 수 있는 물리력을 말한다.
② (O) 옳은 설명이다.
③ (X) **협조적 통제**에 대한 설명이다.
④ (X) **접촉 통제**에 대한 설명이다.

12

① (O) 경찰관 직무집행법 제11조의3 제1항 제2호
② (O) 동법 제11조의3 제2항
③ (O) 동법 제11조의3 제4항
④ (X) 장기 10년 미만의 징역 또는 금고에 해당하는 범죄에 대한 보상금 지급기준 금액은 **300만원 이하**이고, 장기 5년 미만의 징역 또는 금고, 장기 10년 이상의 자격정지 또는 벌금형에 대한 보상금 지급 기준 금액은 **100만원 이하**로 그 합은 **400만원 이하**이다(범인검거 등 공로자 보상에 관한 규정 제6조 제1항 제2호·제3호).

13

① (X) 국민의 지지에 따라서 정부가 구성되므로 정책 추진이 용이하며 의회와 행정부 간의 조정이 활성화되는 것은 **엽관주의에 관한 내용**이다.
② (X) **엽관주의는** 미국의 민주정치 발전과정에서 도입된 인사제도이다.
④ (X) 양 제도는 상호 보완적으로 이해하여 조화를 이루도록 하는 것이 바람직하며 **우리나라는 실적주의를 기반으로 엽관주의적 요소를 보충적으로 가미하였다.**

14

④ (O) **나**(중기사업계획서 제출) → **가**(예산안편성 지침 통보) → **다**(예산요구서 작성 및 제출) → **라**(예산안 편성(국무회의 심의 및 대통령 승인)) → **마**(예산안 국회제출)

15

㉡㉢ **제한구역**에 해당한다.
㉠㉣㉤ (X) **통제구역**에 해당한다.

16

① (X) 정보통신망을 이용한 송달은 송달받을 자가 동의하는 경우에만 한다. 이 경우 **송달받을 자는 송달받을 전자우편주소(행정청이 송달받을 주소 X)** 등을 지정하여야 한다(행정절차법 제14조 제3항).

② (X) **송달은 우편, 교부 또는 정보통신망 이용 등의** 방법으로 하되, 송달받을 자(대표자 또는 대리인을 포함한다)의 주소·거소(居所)·영업소·사무소 또는 전자우편주소(이하 "주소등"이라 한다)로 한다. 다만, 송달받을 자가 동의하는 경우에는 그를 만나는 장소에서 송달할 수 있다(동법 제14조 제1항).

③ (O) 동법 제14조 제4항 제1호

④ (X) 다른 법령등에 특별한 규정이 있는 경우를 제외하고는 공고일부터 **14일**이 지난 때에 그 효력이 발생한다(동법 제15조 제3항).

17

① (X) 경찰청장은 국민의 인권보호와 증진을 위하여 경찰 인권정책 기본계획을 **5년(3년 X)**마다 수립해야 한다(경찰 인권보호 규칙 제18조 제1항).

② (O) 동규칙 제25조 제3호

③ (X) **경찰청장**은 경찰관등(경찰공무원으로 신규 임용될 사람을 포함한다)이 근무하는 동안 지속적·체계적으로 교육을 받을 수 있도록 **3년 단위(매년 단위 X)**로 경찰 인권교육의 기본방향과 추진목표 등을 포함한 인권교육종합계획을 수립하여 시행해야 한다(동규칙 제18조의2 제1항).

④ (X) 경찰청(인권보호담당관), 시·도경찰청(인권업무 담당 계장)의 간사는 반기 1회 이상 인권영향평가의 이행 여부를 점검하고, 이를 **소속 위원회(국가경찰위원회 X)**에 제출해야 한다(동규칙 제24조).

18

② (X) **협동과 팀워크 위반** 사례

③④ (X) **공공의 신뢰위반** 사례

19

① (X) 공무원은 「범죄수사규칙」 제30조에 따른 경찰관서 내 수사 지휘에 대한 이의제기와 관련하여 행동강령책임관에게 상담을 **요청할 수 있다(하여야 한다 X)**(경찰청 공무원 행동강령 제4조의2 제1항).

② (X) 행동강령책임관과 **상담하여야 한다**(동강령 제8조 제1항).

③ (O) 동강령 제15조 제2항

④ (X) 공무원이 대가를 받고 수행하는 외부강의 등은 월 3회를 초과할 수 없다. 국가나 지방자치단체에서 요청하거나 겸직 허가를 받고 수행하는 외부강의등은 그 횟수에 **포함하지 아니한다**(동강령 제15조 제4항).

20

③ (X) 공직자의 직무수행과 관련하여 일정한 행위나 조치를 요구하는 개인이나 법인 또는 단체는 **"직무관련자"**에 대한 설명이다(공직자의 이해충돌 방지법 제2조 제5호 가목).

21

③ (X) 위 사례는 청소년을 형사입건하지 않고 선도프로그램을 통해 문제를 해결하려는 방식으로, 낙인의 부작용을 방지하고 지역사회 통합을 목표로 하는 접근이다. 반면, **깨진 유리창 이론은 경미한 범죄나 무질서 행위조차 적극적으로 단속하고 처벌해야 한다는 무관용 원칙**을 기반으로 하기 때문에 위 사례는 깨진 유리창 이론과 부합하지 않는다.

22

① (O) 실종아동등 및 가출인 업무처리 규칙 제2조 제5호
② (X) "국가경찰 수사 범죄"란 「자치경찰사무와 시·도자치경찰위원회의 조직 및 운영 등에 관한 규정」 제3조 제1호부터 제5호까지 또는 제6호 나목의 **범죄가 아닌 범죄**를 말한다(동규칙 제2조 제9호).
③ (X) "보호실종아동등"이란 보호자가 **확인되지 않아** 경찰관이 보호하고 있는 실종아동등을 말한다(동규칙 제2조 제4호).
④ (X) **발견지**에 대한 설명이다(동규칙 제2조 제8호).

23

① (O) 아동·청소년의 성보호에 관한 법률 제25조의3
② (O) 동법 제25조의4 제1항
③ (O) 동법 제25조의4 제2항
④ (X) 사법경찰관리가 ①에 따라 수집한 증거 및 자료 등은 신분비공개수사 또는 신분위장수사의 목적이 된 디지털 성범죄나 이와 관련되는 범죄로 인한 **징계절차에 사용하는 경우는 사용할 수 있다**(동법 제25의6 제2호).

24

① (X) 사법경찰관은 검시를 하는 경우에는 **의사를 참여시켜야 하며**, 그 의사로 하여금 검안서를 작성하게 해야 한다. 이 경우 사법경찰관은 **검시 조사관을 참여시킬 수 있다**(경찰수사규칙 제27조 제1항).
② (X) 사법경찰관리는 검시에 특별한 지장이 없다고 인정하면 변사자의 가족·친족, 이웃사람·친구, 시·군·구·읍·면·동의 공무원이나 그 밖에 필요하다고 인정하는 사람을 검시에 **참여시켜야 한다(참여시킬 수 있다 X)**(경찰수사규칙 제30조).
③ (X) 경찰관은 변사자 또는 변사로 의심되는 시체를 발견하거나 시체가 있다는 신고를 받았을 때에는 즉시 소속 경찰관서장에게 보고하여야 하며, 경찰관은 검시를 한 경우에 범죄로 인한 사망이라 인식한 때에는 신속하게 수사를 개시하고 **소속 경찰관서장(검사 X)**에게 보고하여야 한다(범죄수사규칙 제56조, 제57조).
④ (O) 범죄수사규칙 제59조 제2항

25

㉠ (X) 동시에 3명 이상의 피의자를 입감시킬 때에는 **경위 이상**의 경찰관이 입회하여 순차적으로 입감시켜야 한다(피의자 유치 및 호송 규칙 제7조 제1항).
㉡ (O) 동규칙 제53조 제1호
㉢ (O) 동규칙 제8조 제4항
㉣ (X) 호송관은 반드시 호송주무관의 지휘에 따라 **포박하기 전**에 피호송자에 대하여 안전호송에 필요한 신체검색을 실시하여야 한다(동규칙 제49조 제1항).
㉤ (X) 호송관은 수갑 또는 수갑·포승을 사용하는 피호송자가 2인 이상일 때에는 호송수단에 따라 **2인내지 5인을 1조**로 하여 상호 연결시켜 포승으로 포박한다(동규칙 제50조 제4항).

26

① (O) 동법 제2조 제1호
② (X) 피해아동등 또는 가정구성원의 주거로부터 퇴거 등 격리 등의 조치는 응급조치가 아닌 **임시조치에 해당한다.**
③ (O) 동법 제13조 제1항
④ (O) 동법 제19조 제1항 제7호

27

③ (X) 군중은 현재의 자기 위치와 갈 곳을 몰라 불안감과 초조감을 갖게 되므로 **일정한 방향(여러 방향 X)**으로 이동시켜 주위의 상황을 파악할 수 있는 여건을 조성하여야 한다.

28

① (X) 국가중요시설의 관리자(소유자 포함)는 경비·보안 및 방호책임을 지며, 통합방위사태에 대비하여 자체방호계획을 수립하여야 한다. 이 경우 국가중요시설의 관리자는 자체방호계획을 수립하기 위하여 시·도경찰청장 또는 지역군사령관에게 협조를 요청**할 수 있다(하여야 한다 X)**(통합방위법 제21조 제1항).
② (X) **시·도경찰청장(통합방위본부장 X) 또는 지역군사령관**은 통합방위사태에 대비하여 국가중요시설에 대한 방호지원계획을 수립·시행하여야 한다(동법 제21조 제2항).
③ (O) 동법 제21조 제3항
④ (X) 국가중요시설은 **국방부장관**이 관계 행정기관의 장 및 **국가정보원장과 협의**하여 지정한다(동법 제21조 제4항).

29

① (O) 청원경찰법 제10조의5 제2항
② (O) **청원주(시·도경찰청장 X)**가 청원경찰을 면직시켰을 때에는 그 사실을 관할 경찰서장을 거쳐 시·도경찰청장**(청원주 X)**에게 보고하여야 한다(동법 제10조의4 제2항).
③ (X) **청원주(시·도경찰청장 X)**는 항상 소속 청원경찰의 근무 상황을 감독하고, 근무 수행에 필요한 교육을 하여야 한다. 시·도경찰청장은 청원경찰의 효율적인 운영을 위하여 청원주를 지도하며 감독상 필요한 명령을 할 수 있다(동법 제9조의3 제2항).
④ (O) **청원주**는 청원경찰을 대체할 목적으로 「경비업법」에 따른 특수경비원을 배치하는 경우에는 청원경찰의 배치를 폐지하거나 배치인원을 **감축할 수 없다**(동법 제10조의5 제1항 제1호).

30

② (X) 개인형 이동장치(PM)는 **음주운전에 해당하는 경우 범칙금 10만원, 측정거부의 경우 범칙금 13만원**이 부과된다.

31

㉠ (O) 2회 위반시의 처벌기준이다.
㉡ (X) 1회 위반시의 처벌기준이다.
㉢ (O)
㉣ (X) 1회 위반시에 대한 처벌기준이고, **2회 위반시는 2년 이상 6년 이하의 징역이나 1천만원 이상 3천만원 이하의 벌금**에 처한다.

32

① (X) '처벌특례 항목'에 해당하지 않는다(교통사고처리 특례법 제3조 제2항 단서).

33

① (O) 대판 2005도7125
② (O) 대판 2005도7034
③ (X) 어떤 사람이 자동차를 움직이게 할 의도 없이 다른 목적을 위하여 자동차의 원동기(모터)의 시동을 걸었는데, 실수로 기어 등 자동차의 발진에 필요한 장치를 건드려 원동기의 추진력에 의하여 자동차가 움직이거나 또는 불안전한 주차상태나 도로여건 등으로 인하여 자동차가 움직이게 된 경우는 **자동차의 운전에 해당하지 아니한다**(대판 2004도1109).
④ (O) 대판 2002도4220

34

③ (X) 정보는 먼저 생산되었다고 우선적으로 배포하는 것이 아니라 정보의 배포 순위는 정보의 중요성과 긴급성에 따라 결정된다. 정보사용자가 해당 정보를 필요로 하는지, 필요로 하는 시기는 언제인지 등을 고려하여 **중요하고 긴급한 정보를 우선적으로 배포하여야 한다. 적시성의 원칙**은 정보사용자가 사용하고자 하는 시간에 맞추어 배포되어야 한다.

35

① (O) 동법 제14조 제2항
② (X) 「집회 및 시위에 관한 법률 시행령」 별표2에 따른 등가소음도는 10분간(소음 발생 시간이 10분 이내인 경우에는 그 발생 시간 동안) 측정한다. **다만, 주거지역, 학교, 종합병원, 공공도서관(그 밖의 지역 X)**의 경우에는 등가소음도를 5분간(소음 발생 시간이 **5분** 이내인 경우에는 그 발생 시간 동안) 측정한다(동법 시행령 제14조 별표2 비고 5).
③ (X) 중앙행정기관이 개최하는 국경일 행사의 경우 행사 개최시간에 한정하여 행사 진행에 영향을 미치는 소음에 대해서는, 「집회 및 시위에 관한 법률 시행령」 별표2에 따른 확성기등의 소음기준을 **'주거지역'**의 소음기준으로 적용한다(동법 시행령 제14조 별표2 비고 7).
④ (X) 「집회 및 시위에 관한 법률 시행령」 별표2에 따른 확성기등의 소음기준에서 주거지역의 야간(해진 후~24:00)시간대 등가소음도(Leq)는 **50dB** 이하이다(동법 시행령 제14조 별표2).

36

② (X) 한국 사회를 미국의 간접통치를 받고 있는 신식민지이며, 미국의 하청 경제체제로서 **정상적인 자본주의에 진입하지 못한 '半자본주의체제'**에 머물고 있는 것으로 본다.

37

② (X) **회색선전(출처위장 X, 출처 밝히지 않음 O)**에 관한 설명이다. 흑색선전이란 출처를 위장하여 행하는 선전으로, 적국 내에서도 수행할 수 있고 즉각적이고 집중적인 효과를 거둘 수 있다는 장점이 있으나 노출의 위험 때문에 지나친 주의가 요구된다.

38

① (X) 방첩기관 간 또는 방첩기관과 관계기관 간 방첩 관련 정보의 원활한 공유와 제3조에 따른 방첩업무의 효율적인 수행을 위하여 **국가정보원장 소속(법무부장관 소속 X)**으로 방첩정보공유센터를 둔다(방첩업무 규정 제4조의2 제1항).

② (X) **국가정보원장**은 국가의 방첩업무를 효율적으로 수행하기 위하여 국가방첩업무 기본지침을 수립하여 **방첩기관등의 장**에게 송부하여야 한다(동규정 제6조).

③ (O) 동규정 제9조

④ (X) 국가정보원장은 필요한 경우 방첩기관의 장과 협의하여 특별시·광역시·특별자치시·도 또는 특별자치도별로 방첩업무를 협의하기 위한 지역방첩협의회를 구성·운영**할 수 있다(해야 한다 X)**(동규정 제12조 제1항).

39

④의 연결이 옳다(출입국관리법 시행령 제12조 [별표 1의2]).

40

①③④ (O) 범죄인 인도법 제7조
② (X) **임의적 인도거절 사유이다**(동법 제9조 제3호).

제2회 모의고사

1	2	3	4	5	6	7	8	9	10
④	④	①	②	③	①	②	①	④	②
11	12	13	14	15	16	17	18	19	20
①	②	③	②	③	①	③	②	③	①
21	22	23	24	25	26	27	28	29	30
③	①	③	②	②	②	④	③	③	④
31	32	33	34	35	36	37	38	39	40
③	④	③	③	③	③	③	②	③	④

1

① (X) **법질서(법규범)의 불가침성이 공공의 안녕의 제1요소**로서, 민주적 정당성을 가진 입법자가 창조하고 형성한 법질서는 그 전체로서 보호되어야 한다.

② (X) 공공의 안녕의 요소 중 법질서의 불가침성은 공법(公法)규범을 대상으로 한다. **사법(私法)규범의 경우에도 예외적으로 보충성의 원칙이 적용되는 경우에 대상이 된다.**

③ (X) 공공의 안녕에는 개인의 권리와 법익이 포함되며, 개인의 권리에는 재산권이 포함되어 사유재산적 가치 또는 지적재산권과 같은 무형의 권리도 보호되어야 한다.

2

① (X) 비경찰화 작용의 일환으로 위생사무를 미군정청에 위생국으로 이관하였고, **경제경찰과 고등경찰을 폐지하였다. 정보업무를 담당할 정보경찰은 신설**되었다.

② (X) 1945년에 **정치범처벌법·치안유지법·예비검속법이 폐지**되었고, 1948년에 **마지막으로 보안법을 폐지**하였다.

③ (X) 1947년 **6인**으로 구성된 중앙경찰위원회가 법령 제157호로 설치되었으며, 중요한 경무정책의 수립·경찰관리의 소환·심문·임면·이동 등에 관한 사항을 심의하였다.

3

가. (X) 국가경찰위원회는 경찰의 민주주의와 정치적 중립성을 보장하기 위하여 **행정안전부**에 설치한 독립적 심의·의결 기구이다(국가경찰과 자치경찰의 조직 및 운영에 관한 법률 제7조 제1항).

나. (X) 국가경찰위원회는 위원장 1명을 포함한 7명의 위원으로 구성하되, **위원장 및 5명의 위원은 비상임**으로 하고, 1명의 위원은 상임(**정무직**)으로 한다(동법 제7조 제2항).

다. (X) 위원의 임기는 3년으로 하며, **연임할 수 없다(있다 X)**. 이 경우 보궐위원의 임기는 전임자 임기의 남은 기간으로 한다(동법 제9조 제1항).

라. (X) 국가경찰위원회의 사무는 **경찰청**에서 수행한다(동법 제11조 제1항).

마. (X) 국가경찰위원회의 회의는 재적위원 과반수의 출석과 **출석위원(재적위원 X)** 과반수의 찬성으로 의결한다(동법 제11조 제2항).

4

① (X) "임용"이란 신규채용·승진·전보·파견·휴직·직위해제·정직·강등·복직·면직·해임 및 파면(**강임 X, 전직 X**)을 말한다(경찰공무원법 제2조 제1호).

② (O) 동법 제2조 제2호

③ (X) 사망으로 인한 면직은 **사망한 다음 날(사망한 날 X)**에 면직된 것으로 본다(동임용령 제5조 제2항).

④ (X) 임용권자가 임용결격사유의 발생 사실을 알지 못하고 직위해제되어 있던 중 임용결격사유가 발생하여 당연퇴직된 자에게 복직처분을 하였다고 하더라도 이 때문에 그 자가 공무원의 신분을 **회복하는 것은 아니다**(대법원 1997. 7. 8. 선고 96누4275 판결).

5

③ (X) 파면·해임·강등·정직에 해당하는 징계의결이 요구 중인 자가 직위해제 대상이다. **감봉은 포함되지 않는다**(동법 제73조의3 제1항 제3호).

6

가. (O) **경찰공무원법** 제23조
나. (X) 국가공무원법 제64조
다. (X) 국가공무원법 제63조
라. (X) 국가공무원법 제56조
마. (O) **경찰공무원법** 제25조
바. (X) 국가공무원법 제66조
사. (X) 국가공무원법 제60조
아. (O) **경찰공무원법** 제24조

7

② (X) **조리는 불문법원**이다.

8

② (X) 비례의 원칙의 세부3원칙은 적합성의 원칙, 최소침해 원칙, 협의의 비례원칙으로 세부3원칙 중 **어느 하나만 위배해도 비례원칙 위반이다.**

③ (X) '경찰은 대포로 참새를 쏘아서는 안 된다'는 법언은 **상당성의 원칙**을 잘 표현한 것이다.

④ (X) **필요성의 원칙(최소침해의 원칙)**이란 목적달성을 위해 필요한 한도 이상으로 행해져선 안 된다는 원칙으로, 국민에게 가장 피해가 적은 수단을 선택하여야 한다.

9

① (X) 행정기관은 법령등에서 **행정조사를 규정하고 있는 경우에 한하여 행정조사를 실시할 수 있다.** 다만, 조사대상자의 **자발적인 협조를 얻어 실시하는 행정조사의 경우에는 그러하지 아니하다**(행정조사기본법 제5조).

② (X) 자발적인 협조에 따라 실시하는 행정조사에 대하여 조사대상자가 조사에 응할 것인지에 대한 응답을 하지 아니하는 경우에는 법령등에 특별한 규정이 없는 한 그 조사를 **거부한 것으로 본다**(동법 제20조 제2항).

③ (X) 행정기관의 장은 행정조사의 연기요청을 받은 때에는 연기요청을 받은 날부터 **7일 이내**에 조사의 연기 여부를 결정하여 조사대상자에게 통지하여야 한다(동법 제18조 제3항).

④ (O) 동법 제4조 제3항

10

① (X) 경찰관이 응급의 구호를 요하는 자를 보건의료기관에게 긴급구호요청을 하고, 보건의료기관이 이에 따라 치료행위를 하였다고 하더라도 국가와 보건의료기관 사이에 국가가 그 치료행위를 보건의료기관에 위탁하고 보건의료기관이 이를 승낙하는 내용의 **치료위임계약이 체결된 것으로는 볼 수 없다**(대법원 1994. 2. 22. 선고 93다4472 판결).

② (O) 동법 제4조 제7항

③ (X) 경찰관은 보호조치를 하는 경우에 구호대상자가 휴대하고 있는 무기·흉기 등 위험을 일으킬 수 있는 것으로 인정되는 물건을 **경찰관서(공공보건의료기관이나 공공구호기관 X)**에 임시로 영치하여 놓을 수 있다(동법 제4조 제3항).

④ (X) 긴급구호요청을 받은 응급의료종사자가 정당한 이유 없이 긴급구호요청을 거절할 경우, 「**응급의료에 관한 법률」(「경찰관 직무집행법」 X)** 제60조 제3항에 따라 3년 이하의 징역 또는 3천만원 이하의 벌금에 처한다.

11

① (O) 경찰관 직무집행법 제10조의4

② (X) **모든 경찰장비가 아니라 위해성 경찰장비의** 경우에만 필요한 최소한도에서 사용하여야 한다(동법 제10조 제3항, 제4항).

③ (X) 경찰청장은 위해성 경찰장비를 새로 도입하려는 경우에는 대통령령으로 정하는 바에 따라 **안전성 검사(안전 교육 X)**를 실시하여 그 **안전성 검사(안전 교육 X)**의 결과보고서를 국회 소관 상임위원회에 제출하여야 한다. 이 경우 **안전성 검사(안전 교육 X)**에는 외부 전문가를 **참여시켜야 한다(시킬 수 있다 X)**(동법 제10조 제5항).

④ (X) 경찰관은 14세 미만의 자 또는 **임산부(65세 고령자 X)**에 대하여 전자충격기 또는 전자방패를 사용하여서는 아니된다(위해성 경찰장비의 사용기준 등에 관한 규정 제8조 제1항).

12

③ (O) **피터의 원리(Peter's Principle)**란 조직구성원들은 자신의 무능력 수준까지 승진한다. 즉, 무능력자가 승진하는 경우가 생기는 것을 지적한 원리이다.

13

② (X) 성과주의 예산제도(Performance Budgeting)는 '단위원가×업무량 = 예산액'으로 표시하여 편성하는 예산제도로서 사업의 성과보다는 산출물에 초점을 두며, 예산을 들여 사업과 활동별로 무엇을 하는지에 대한 **정보를 알기 쉽다.**

14

① (O) 보안업무규정 제29조
② (O) 경찰청 보안업무규정 시행세칙 제14조 제2항 제5호
③ (X) ②에도 불구하고 신원특이자에 대해서는 Ⅱ급 비밀취급 인가 여부의 적절성에 관하여 사전에 **위원회(각 기관장 X)**의 심의를 거쳐야 한다. 다만, 신원특이자 소속기관의 자체 심의기구에서 신원특이자의 Ⅱ급 비밀취급 인가 여부를 심의한 경우에는 위원회의 심의를 거치지 않는다(동규정 시행세칙 제14조 제3항).
④ (O) 동규정 시행세칙 제14조 제4항

15

① (X) 사실적 주장에 관한 언론보도등이 진실하지 아니함으로 인하여 피해를 입은 자(이하 "피해자"라 한다)는 해당 언론보도등이 있음을 안 날부터 **3개월** 이내에 언론사, 인터넷뉴스서비스사업자 및 인터넷 멀티미디어 방송사업자(이하 "언론사등"이라 한다)에게 그 언론보도등의 내용에 관한 정정보도를 청구할 수 있다. 다만, 해당 언론보도등이 있은 후 6개월이 지났을 때에는 그러하지 아니하다(언론중재 및 피해구제 등에 관한 법률 제14조 제1항).
② (X) 정정보도 청구에는 언론사등의 고의·과실이나 위법성을 **필요로 하지 아니한다**(동법 제14조 제2항).

> [최신기출] 2024년 해경승진 출제포인트
> 언론중재 및 피해구제 등에 관한 법률 제14조 (정정보도)
> ③ 국가·지방자치단체, 기관 또는 단체의 장은 해당 업무에 대하여 그 기관 또는 단체를 대표하여 정정보도를 청구할 수 있다.
> ④ 「민사소송법」상 당사자능력이 없는 기관 또는 단체라도 하나의 생활단위를 구성하고 보도 내용과 **직접적인(간접적인 X)** 이해관계가 있을 때에는 그 대표자가 정정보도를 청구할 수 있다.

③ (O) 동법 제17조 제1항
④ (X) 언론사등은 청구된 정정보도의 내용이 국가·지방자치단체 또는 공공단체의 **공개회의**와 법원의 **공개재판절차**의 사실보도에 관한 것인 경우 정정보도 청구를 거부할 수 있다(동법 제15조 제4항 제5호).

16

① (X) 「개인정보보호법」 제2조 제1호에 따른 개인정보로서 공개될 경우 사생활의 비밀 또는 자유를 침해할 우려가 있다고 인정되는 정보는 공개하지 않을 수 있는데, **직무를 수행한 공무원의 성명·직위는 제외된다**(공공기관의 정보공개에 관한 법률 제9조 제1항 제6호 라목).
② (O) 동법 제22조 제1호
③ (O) 동법 제23조 제1항
④ (O) 동법 제20조 제1항

17

③ (X) 델라트르는 일부 경찰이 이 이론에 따라 큰 부패로 이어진다고 하더라도 결코 **이를 무시하거나 간과할 수 없다**는 점에서 작은 호의를 금지해야 한다고 주장한다.

18

① (X) **선출직(임명직 X) 공직자**, 정당, 시민단체 등이 공익적인 목적으로 제3자의 고충민원을 전달하거나 법령·기준의 제정·개정·폐지 또는 정책·사업·제도 및 그 운영 등의 개선에 관하여 제안·건의하는 행위에는 이 법을 적용하지 아니한다(부정청탁 및 금품등 수수의 금지에 관한 법률 제5조 제2항 제3호).

② (O) 동법 제13조의2 제1항

③ (X) 공직자등과 관련된 직원상조회·동호인회·동창회·향우회·친목회·종교단체·사회단체 등이 정하는 기준에 따라 구성원에게 제공하는 금품등은 수수를 금지하는 금품등에 **해당하지 아니한다(해당한다 X)**(동법 제8조 제3항 제5호).

④ (X) 공직자등이 제3자를 위하여 다른 공직자등(제11조에 따라 준용되는 공무수행사인을 포함한다)에게 수사·재판·심판·결정·조정·중재·화해 또는 이에 준하는 업무를 법령을 위반하여 처리하도록 부정청탁한 경우 **3천만원 이하의 과태료**를 부과한다(동법법 제23조 제1항).

19

① (X) 공무원은 자신의 직무권한을 행사하거나 지위·직책 등에서 유래되는 사실상 영향력을 행사하여 직무관련자 또는 직무관련공무원으로부터 사적 노무를 제공받거나 요구 또는 약속해서는 아니 된다. **다만, 다른 법령 또는 사회상규에 따라 허용되는 경우에는 그러하지 아니하다**(경찰청 공무원 행동강령 제13조의2).

② (X) 인가·허가 등을 담당하는 공무원이 **그 신청인에게 불이익(이익 X)을 주거나 제3자에게 이익 또는 불이익**을 주기 위하여 부당하게 그 신청의 접수를 지연하거나 거부하는 행위를 해서는 안 된다(동강령 제13조의3 제1호).

③ (O) 동강령 제8조의2 제1호(경찰유관단체원의 부정행위에 대한 처리)

④ (X) 초과하는 사례금을 받은 경우에는 그 사실을 안 날로부터 2일 이내에 소속기관의 장에게 신고하여야 하며, **제공자**에게 그 초과금액을 지체 없이 반환하여야 한다(동강령 제15조의2 제1항).

20

① (X) "적극행정"이란 **공무원이 불합리한 규제를 개선하는 등 공공의 이익을 위해 창의성과 전문성을 바탕으로 적극적으로 업무를 처리하는 행위**를 말한다(적극행정 운영규정 제2조).

② (O) 적극행정 운영규정 제17조 제1항

③ (O) 경찰청 적극행정 면책제도 운영규정 제2조 제1호

④ (O) 경찰청 적극행정 면책제도 운영규정 제2조 제2호

21

① (X) **자연적 접근 통제**에 대한 설명이다. **울타리 및 표지판의 설치는 영역성의 강화**에 대한 예시이다.

② (X) **활동의 활성화**에 대한 설명이다.

③ (O)

④ (X) **자연적 감시**에 대한 설명이다.

22

① (O) 경범죄 처벌법 제3조 제3항 제2호

> [최신기출] 2024년 8월 17일 채용시험 출제 포인트
> 암표매매는 흥행장, 경기장, 역, 나루터, 정류장, 그 밖에 정하여진 요금을 받고 입장시키거나 승차 또는 승선시키는 곳에서 웃돈을 받고 입장권·승차권 또는 승선권을 다른 사람에게 되판 사람을 처벌 대상으로 한다(경범죄 처벌법 제3조 제2항 제4호). 그러므로 인터넷 중고거래 사이트를 통해 **비대면**으로 웃돈을 받고 유명 가수의 콘서트 티켓을 되판 사람은 이 법상 암표매매로 **처벌 되지 않는다(된다 X)**.

② (X) **거짓 광고**는 20만원 이하의 벌금, 구류 또는 과료의 형으로 처벌한다(동법 제3조 제2항 제2호).

③ (X) 범칙행위를 상습적으로 하는 사람은 **경범죄 처벌의 특례를 규정한 장에서 범칙자에 해당하지 않는다**(동법 제6조 제2항 제1호). 통고처분 제외자는 주거 또는 신원이 확실하지 아니한 사람, 통고처분 받기를 거부한 사람, 그 밖에 통고처분하기 어려운 사람이다.

④ (X) **경찰서장, 해양경찰서장**, 제주특별자치도지사 또는 철도특별사법경찰대장은 범칙자로 인정되는 사람에 대하여 그 이유를 명백히 나타낸 서면으로 범칙금을 부과하고 이를 납부할 것을 통고할 수 있다(동법 제7조 제1항).

23

ⓒ (X) **수사자료 감식·검토의 원칙**에 대한 설명이다.

ⓒ (X) 검증적 수사의 원칙 : **수사사항의 결정 → 수사방법의 결정** → 수사실행 순서로 검토해야 한다.

ⓔ (X) **적절한 추리의 원칙**에 대한 설명이다.

24

① (X) 기피 신청을 하려는 사람은 별지 제1호서식의 기피신청서를 작성하여 기피 신청 대상 경찰관이 소속된 경찰관서 내 **감사부서의 장(수사부서의 장 X)**에게 제출하여야 한다(범죄수사규칙 제10조 제1항).

② (O) 수사준칙 제11조

③ (X) 다수의 사건관계인 조사, 관련 자료 추가확보·분석, 외부 전문기관 감정의 장기화, 범인 미검거 등으로 계속하여 수사가 필요한 경우에는 해당 사법경찰관리가 소속된 **바로 위 상급 경찰관서 수사 부서의 장의 승인**을 받아 연장할 수 있다(경찰수사규칙 제95조 제1항).

④ (X) 경찰관은 신고·고소·고발·진정·탄원에 따라 수사를 개시한 날 또는 같은 수사를 개시한 날부터 **3개월(매 1개월 X)**이 지난 날로부터 7일 이내에 고소인·고발인·피해자 또는 그 법정대리인(피해자가 사망한 경우 그 배우자·직계친족·형제자매를 포함)에게 **수사 진행상황을 통지해야 한다**(경찰수사규칙 제11조 제1항).

25

② (X) **유류지문**에 대한 설명이다.

26

① (O) 스토킹범죄의 처벌 등에 관한 법률 제2조 제1호

② (O) 동법 제5조 제1항, 제2항

③ (O) 동법 제4조 제1항

④ (X) 스토킹행위의 상대방등이나 그 법정대리인은 **제4조 제1항 제1호(스토킹행위의 상대방등이나 그 주거등으로부터 100미터 이내의 접근 금지)**의 긴급응급조치가 있은 후 스토킹행위의 상대방등이 주거등을 옮긴 경우에는 사법경찰관에게 긴급응급조치의 **변경(취소 X)**을 신청할 수 있으며, 긴급응급조치가 필요하지 아니한 경우에는 사법경찰관에게 해당 긴급응급조치의 **취소(변경 X)**를 신청할 수 있다(동법 제7조 제2항, 제3항).

27

㉠ (X) **GHB(물뽕)**에 대한 설명이다.
㉢ (X) **덱스트로메트로판**에 대한 설명이다.

28

① (X) '테러단체'란 **국제연합(UN)이** 지정한 테러단체를 말한다(국민보호와 공공안전을 위한 테러방지법 제2조 제2호).
② (X) 대테러활동에 관한 정책의 중요사항을 심의·의결하기 위하여 국가테러대책위원회를 두고, 위원장은 **국무총리(법무부장관 X)**로 한다(동법 제5조 제1항, 제2항).
③ (O) 동법 제7조 제1항
④ (X) 관계기관의 장은 테러의 계획 또는 실행에 관한 사실을 관계기관에 신고하여 테러를 사전에 예방할 수 있게 하였거나, 테러에 가담 또는 지원한 사람을 신고하거나 체포한 사람에 대하여 대통령령으로 정하는 바에 따라 포상금을 **지급할 수 있다**(동법 제14조 제2항).

29

④ (X) 경호공무원(처장의 제청으로 서울중앙지방검찰청 검사장이 지명한 경호공무원을 말한다)은 경호처의 경호대상에 대한 경호업무 수행 중 인지한 그 소관에 속하는 범죄에 대하여 직무상 또는 수사상 긴급을 요하는 한도 내에서 **사법경찰관리의 직무를 수행할 수 있다**(대통령 등의 경호에 관한 법률 제17조 제1항).

30

①②③ 도로교통법 제33조 제2호
④ (X) **주·정차 금지구역**이다(동법 제32조 제8호).

31

① (X) 긴급자동차는 긴급하고 부득이한 경우에는 도로의 중앙이나 **좌측** 부분을 통행할 수 있다.
② (X) 긴급 우편물 운송차량은 끼어들기 금지, 앞지르기 **금지** 등 규정사항을 적용하지 않는다. 앞지르기 **방법 등은 적용한다.**
③ (O) 도로교통법 제30조
④ (X) 긴급자동차(제2조 제22호가목부터 다목까지의 자동차와 대통령령으로 정하는 경찰용 자동차만 해당한다)의 운전자가 교통사고를 일으킨 경우에는 그 긴급활동의 시급성과 불가피성 등 정상을 참작하여 「도로교통법」 제151조, 「교통사고처리 특례법」 제3조 제1항 또는 「특정범죄 가중처벌 등에 관한 법률」 제5조의13에 따른 형을 감경하거나 면제**할 수 있다.**

32

④ (X) **처벌특례 예외사항에 해당하지 않는다**(교통사고처리 특례법 제3조 제2항 단서).

33

㉠ 모든 사상(事象)의 동태를 **현재**의 시점에서 객관적으로 기술한 정보의 **현용정보**에 속한다.
㉡ **판단정보**는 확정된 사실에 관한 정보가 아니라 기본정보와 현용정보를 기초로 **미래**에 있을 어떤 상태에 대해서 추측, 판단한 정보이다.

34

① (X) 옥외집회나 시위를 주최하려는 자는 신고서를 옥외집회나 시위를 시작하기 720시간 전부터 48시간 전에 관할 경찰서장에게 제출하여야 한다. 다만, 옥외집회 또는 시위 장소가 두 곳 이상의 경찰서의 관할에 속하는 경우에는 관할 시·도경찰청장에게 제출하여야 하고, 두 곳 이상의 시·도경찰청 관할에 속하는 경우에는 **주최지를 관할하는 시·도경찰청장**에게 제출하여야 한다(집회 및 시위에 관한 법률 제6조 제1항).
② (X) 관할 경찰서장 또는 시·도경찰청장은 신고서를 접수하면 신고자에게 접수 일시를 적은 접수증을 즉시 내주어야 하며, 신고서의 기재 사항에 미비한 점을 발견하면 접수증을 교부한 때부터 12시간 이내에 주최자에게 24시간을 기한으로 그 기재 사항을 보완할 것을 통고**할 수 있다**(동법 제6조, 제7조).
③ (O) 동법 제8조
④ (X) 집회 또는 시위의 주최자는 제8조에 따른 금지 통고를 받은 날부터 10일 이내에 해당 경찰서의 **바로 위의 상급경찰관서의 장에게** 이의를 신청할 수 있다(동법 제9조).

35

① (O) 대판 2010도11381
② (X) 차도의 통행방법으로 신고하지 아니한 '삼보일배 행진'을 하여 차량의 통행을 방해한 사안에서, 그 시위 방법이 장소, 태양, 내용, 방법과 결과 등에 비추어 사회통념상 용인될 수 있는 다소의 피해를 발생시킨 경우, 신고제도의 목적 달성을 심히 곤란하게 하는 정도에 이른다고 볼 수 없어 **사회상규에 위배되지 않는 정당행위에 해당한다**(대판 2009도840).
③ (O) 헌재 2009헌마406
④ (O) 대판 2011도6294

36

① (X) 모든 것은 정권 장악 후에 정당화될 수 있으므로 혁명과정에 필요한 것이라면 합법적이든 비합법적이든, 전술 간 상호모순이 있어도 상관하지 않는다(**다양성의 원칙**).
② (X) 상호 상반되거나 배타적인 두 개 이상 전술을 동시에 구사하여 상대방의 상황판단을 혼란스럽게 만들어야 한다(**배합의 원칙**).
③ (O) **일시적 후퇴와 양보의 원칙**으로 옳은 설명이다.
④ (X) 기존의 전술도 정세 변화에 따라 얼마든지 다시 사용될 수도 있으므로 포기해서는 안 된다(**불포기의 원칙**).

37

① (X) 이 법의 죄를 범한 자를 수사기관 또는 정보기관에 통보하거나 체포한 자에게는 대통령령이 정하는 바에 따라 상금을 **지급한다**(**지급할 수 있다 X**)(국가보안법 제21조 제1항).
② (X) 「형법」에서는 정범에 종속되어 처벌되지만, 「국가보안법」에서는 범인에게 무기·금품·재산상 이익 등 각종 편의를 제공한 자는 **종범이 아닌 편의제공죄로 처벌(정범)**된다(동법 제9조).
③ (O) 동법 제13조
④ (X) 찬양·고무 등(제7조), 불고지죄(제10조), 특수직무유기죄(제11조), 무고날조죄(제12조)를 제외한 「국가보안법」 위반사범에 대하여만 **구속기간 연장규정이 적용**되며, 이 경우 구속기간은 사법경찰관(1차 연장) 20일, 검사(2차 연장) 30일 **최대 50일**이다(동법 제19조).

38

② (X) '강제퇴거명령을 받고 출국한 후 5년이 **지나지 아니한 사람**'이라고 해야 옳다(출입국관리법 제11조 제1항 제6호).

39

㉠, ㉡, ㉢, ㉤은 주한미군지위협정(SOFA) 적용대상자가 아니다.

40

① (X) 범죄인의 인도심사 및 그 청구와 관련된 사건은 **서울고등법원과 서울고등검찰청**의 전속관할로 한다(범죄인 인도법 제3조).
② (X) 범죄인 인도에 관하여 인도조약에 이 법과 다른 규정이 있는 경우에는 **그 규정에 따른다**(동법 제3조의2).
③ (X) **외교부장관**은 청구국으로부터 범죄인의 긴급인도구속을 청구받았을 때에는 긴급인도구속 청구서와 관련 자료를 **법무부장관**에게 송부하여야 한다(동법 제24조).
④ (O) 동법 제14조 제2항

제3회 모의고사

1	2	3	4	5	6	7	8	9	10
①	③	④	③	②	④	④	②	③	②
11	12	13	14	15	16	17	18	19	20
③	②	④	②	④	③	④	③	①	①
21	22	23	24	25	26	27	28	29	30
④	③	③	④	①	②	②	②	④	④
31	32	33	34	35	36	37	38	39	40
①	④	②	③	④	①	④	②	②	①

1

① (X) 사법경찰은 주로 **과거의 상황**에 대하여 발동되는 반면, 행정경찰은 주로 **현재 또는 장래의 상황**에 대하여 발동하게 된다.

2

③ (X) 1881년 일본 육군은 프랑스군의 헌병군 제도를 모방하여 '헌병조례'를 제정하면서, 헌병경찰에게는 군사경찰 이외에도 행정경찰, **사법경찰권을 인정**하였다.

3

① (X) 경찰청장은 국가경찰위원회의 동의를 받아 행정안전부장관의 **제청(추천 X)**으로 국무총리를 거쳐 대통령이 임명한다. 이 경우 국회의 인사청문을 거쳐야 한다(국가경찰과 자치경찰의 조직 및 운영에 관한 법률 제14조 제2항).

② (X) 경찰청장의 임기는 2년이 보장되나(중임할 수 없음), 직무 수행 중 헌법이나 **법률(법령 X)**을 위배하였을 때에는 국회는 탄핵 소추를 의결할 수 있다(동법 제14조 제4항, 제5항).

③ (X) 경찰청장은 **전시·사변, 천재지변, 그 밖에 이에 준하는 국가 비상사태, 대규모의 테러 또는 소요사태가 발생하였거나 발생할 우려가 있어 전국적인 치안유지를 위하여 긴급한 조치가 필요**하다고 인정할 만한 충분한 사유가 있는 경우에는 제2항에 따라 자치경찰사무를 담당하는 경찰공무원을 직접 지휘·명령할 수 있다(동법 제32조 제1항).

④ (O) 동법 제32조 제2항

4

① (X) 경찰청장은 시·도지사에게 시·도의 자치경찰사무를 담당하는 경찰공무원 중 경정의 전보·파견·휴직·직위해제 및 복직에 관한 권한과 경감 이하의 임용권(신규채용 및 면직에 관한 권한은 제외(포함 X)한다)을 **위임한다(위임할 수 있다 X)**(경찰공무원 임용령 제4조 제1항).

② (X) 자치경찰사무를 담당하는 동작경찰서 소속 경사 乙의 경위으로의 승진임용은 **시·도지사**가 하고, 경감 乙에 대한 휴직은 **시·도자치경찰위원회**가 한다(경찰공무원 임용령 제4조 제4항: 임용권을 위임받은 시·도지사는 법 제7조 제3항 후단에 따라 **경감 또는 경위로의 승진임용에 관한 권한을 제외**한 임용권을 **시·도자치경찰위원회**에 다시 **위임한다**).

③ (O) 국가경찰사무를 담당하는 동작경찰서 소속 경사 丙의 감봉처분(경징계)은 **동작경찰서장**이 행하고, 징계처분에 대한 행정소송 피고는 **시·도경찰청장**이다(경찰공무원 임용령 제4조 제4항: 경찰대학·경찰인재개발원·중앙경찰학교·경찰수사연수원·경찰병원 및 **시·도경찰청**(이하 "소속기관등"이라 한다)의 장에게 그 소속 경찰공무원 중 경정의 전보·파견·휴직·직위해제 및 복직에 관한 권한과 **경감 이하의 임용권을 위임한다.**)

④ (X) 임용권을 위임받은 시·도자치경찰위원회는 시·도지사와 **시·도경찰청장(경찰청장 X)의 의견을 들어** 그 권한의 일부를 시·도경찰청장에게 다시 **위임할 수 있다**(동임용령 제4조 제5항).

5

㉠ (O) 경찰공무원 임용령 제19조 제1항 제2호
㉡ (O) 동임용령 제19조 제1항 제3호
㉢ (X) 채용후보자로서 **교육훈련 중 질병, 병역 복무 또는 그 밖에 교육훈련을 계속할 수 없는 불가피한 사정 외의 사유**로 퇴교처분을 받은 경우(동임용령 제19조 제1항 제4호).
㉣ (O) 동임용령 제19조 제1항 제5호
㉤ (X) 법 또는 법에 따른 명령을 위반하여 「경찰공무원 징계령」 제2조 제2호에 따른 **경징계(중징계 X) 사유**에 해당하는 비위를 **2회 이상** 저지른 경우(동임용령 제19조 제1항 제7호).

6

① (X) 「**경찰공무원법**」 제23조 제1항에 규정되어 있는 사항이다.
② (X) 「**국가공무원법**」 제65조 제2항 제5호에 규정되어 있는 사항이다.
③ (X) 「**경찰공무원법**」상 '경찰공무원의 정치관여 금지의무'를 위반한 경우 **5년 이하의 징역과 5년 이하의 자격정지**에 처하고, 「**국가공무원법**」상 '정치운동의 금지의무'를 위반한 경우 **3년 이하의 징역과 3년 이하의 자격정지**에 처한다(경찰공무원법 제37조, 국가공무원법 제84조 제1항).
④ (O) 경찰공무원법 제37조

7

① (O) 경찰공무원 징계령 세부규칙 제4조 제1호
② (O) 동규칙 제4조 제7호
③ (O) 동규칙 제4조 제6호
④ (X) **감독자 정상참작사유**에 해당한다(동규칙 제5조 제5호).

8

① (X) 지방자치단체는 **법령**의 범위에서 그 사무에 관하여 조례를 제정할 수 있다. 다만, 주민의 권리 제한 또는 의무 부과에 관한 사항이나 벌칙을 정하는 때에는 **법률**의 위임이 있어야 한다(지방자치법 제28조 제1항).
② (O) 동법 제29조
③ (X) 지방자치단체는 조례를 위반한 행위에 대하여 조례로써 1천만원 이하의 **과태료(벌금 X)**를 정할 수 있으며, 이에 따른 과태료는 해당 지방자치단체의 장이나 그 관할 구역의 지방자치단체의 장이 부과·징수한다(동법 제34조).
④ (X) 법령에서 조례로 정하도록 위임한 사항은 그 법령의 하위 법령에서 그 위임의 내용과 범위를 제한하거나 직접 규정할 수 **없다**(동법 제28조 제2항).

9

③ (X) 부관은 해당 처분의 목적에 위배되지 아니하고, 실질적 관련이 **있을 것(없을 것 X)**을 요건으로 한다(동법 제17조 제4항).

10

① (X) 질서위반행위의 성립과 과태료 처분은 **행위 시**의 법률에 따른다(질서위반행위규제법 제3조 제1항).
② (O) 동법 제3조 제3항
③ (X) 이 법은 대한민국 영역 밖에서 질서위반행위를 한 대한민국의 국민에게 적용하고, 대한민국 영역 밖에 있는 대한민국의 선박 또는 항공기 안에서 질서위반행위를 한 외국인에게도 **적용한다(적용하지 아니한다 X)**(동법 제4조 제1항, 제3항).
④ (X) 고의 또는 과실이 없는 질서위반행위는 과태료를 **부과하지 아니한다**(동법 제7조).

11

① (X) 경찰관은 이미 행하여진 범죄나 행하여지려고 하는 범죄행위에 관한 사실을 안다고 인정되는 사람을 정지시켜 **질문할 수 있다**(경찰관 직무집행법 제3조 제1항 제2호).
② (X) 경찰관은 불심검문시 정지시킨 장소에서 질문을 하는 것이 그 사람에게 불리하거나 교통에 방해가 된다고 인정될 때에는 질문을 하기 위하여 가까운 경찰서·지구대·파출소 또는 출장소(지방해양경찰관서 포함하며, 이하 "경찰관서"라 함)로 동행할 것을 요구할 수 있다. 이 경우 동행을 요구받은 사람은 그 요구를 **거절할 수 있다**(동법 제3조 제2항).
③ (O) 동법 제3조 제6항, 제7항
④ (X) 경찰관은 불심검문 대상자에게 질문을 할 때에 그 사람이 흉기를 가지고 있는지를 조사할 수 있다(동법 제3조 제3항). 경찰관 직무집행법은 흉기 이외의 **일반소지품 조사 규정을 두고 있지 않다.**

12

⓵ (X) 「형법」 제2편 제32장 강간과 추행의 죄 중 **강간**에 관한 범죄
ⓒ (X) 「형법」 제2편 제38장 절도와 강도의 죄 중 **강도**에 관한 범죄

13

①③④는 **내용이론**, ②는 **과정이론**에 해당한다.

14

① (X) 간이무기고는 근무자가 24시간 상주하는 지구대, 파출소, 상황실 및 112타격대(이하 "지구대 및 상황실 등"이라 한다) 등 경찰기관의 장이 필요하다고 인정하는 상당한 이유가 있는 장소에 **설치할 수 있다**(경찰장비관리규칙 제115조 제7항).
② (X) 집중무기·탄약고의 열쇠보관은 **일과시간에는 무기 관리부서의 장이**, **일과시간 후에는 당직 업무(청사방호) 책임자**가 한다(동규칙 제117조 제2항 제1호).
③ (X) 경찰기관의 장은 무기를 휴대한 자가 술자리 또는 연회장소에 출입할 경우에는 대여한 무기·탄약을 **무기고에 보관하도록 해야 한다**(동규칙 제120조 제4항 제1호).
④ (O) 동규칙 제123조 제3항

15

③ (X) 경찰조직의 **정책과오에 대해서 둔감한 반면, 경찰공무원 개인의 비위문제에 대해서는 민감하게 반응하는 경향**이 있다.

16

① (O) 국가배상법 제4조
② (O) 대판 99다11120
③ (O) 동법 제5조 제1항
④ (X) 군인·군무원·경찰공무원 또는 예비군대원이 전투·훈련 등 직무 집행과 관련하여 전사·순직하거나 공상을 입은 경우, 유족이 다른 법령에 따라 재해보상금·유족연금·상이연금 등의 보상을 지급받을 수 있을 때에는 「국가배상법」 및 「민법」에 따른 손해배상을 청구할 수 없으나, **위자료는 청구할 수 있다**(동법 제2조 제1항, 제3항).

17

① (X) 당연직 위원은 경찰청은 **감사관**, 시·도경찰청은 **청문감사인권담당관**으로 한다(경찰 인권 보호규칙 제5조 제3항).

② (X) 위원회는 위원장 1명을 포함하여 **7명 이상 13명 이하(7명 이상 15명 이하 X)**의 위원으로 구성한다. 이때, 특정 성별이 전체위원 수의 10분의 6을 초과하지 아니해야 한다. 위원장은 위원회에서 호선(互選)하며, 위원은 당연직 위원과 위촉 위원으로 구분한다(동규칙 제5조 제1항, 제2항).

③ (O) 동규칙 제21조 제1항

④ (X) **경찰청장**은 ③의 사안이 확정되기 이전에 인권영향평가를 실시해야 한다(동규칙 제23조 제1항 제2호).

18

① (X) **내부고발(whistle blowing = Deep Throat)**은 동료나 상사의 부정에 대하여 감찰이나 외부의 언론매체를 통하여 공표하는 것을 말한다.

② (X) 내부고발자는 특별한 경우를 제외하고 **공표를 하기 전**에 자신의 이견(異見)을 표시하기 위한 모든 내부적 채널을 다 사용해야 한다.

④ (X) 경찰시험을 준비하는 甲은 언론에서 경찰공무원의 부정부패 기사를 보고 '나는 경찰이 되면 저런 행위를 하지 않겠다'는 생각을 가졌다. 이런 현상을 **예기적 사회화 과정**이라 한다.

19

㉠ (X) 미끄러지기 쉬운 경사로 이론은 **부패에 해당하지 않는(사소한 부패 X)** 작은 호의가 습관화될 경우 미끄러운 경사로를 타고 내려오듯이 점점 더 큰 부패와 범죄로 빠진다는 가설이다.

㉡ (X) 존 클라이니히(J. Kleinig)의 내부고발의 윤리적 정당화 요건으로 적절한 도덕적 동기에 의해 내부고발이 이루어져야 하며, **어느 정도(높은 정도 X) 성공 가능성**이 있어야 한다.

㉢ (X) 회의주의와 비교할 때, 냉소주의는 **대상이 특정되어 있지 않고, 아무런 근거없이 신뢰하지 않는 것**과 관련이 있다. 조직 내 특정한 대상을 합리적 의심을 통해 신뢰하지 않는 것과 관련이 있는 것은 회의주의이다.

㉣ (X) 사회계약설을 토대로 코헨(Cohen)과 펠드버그(Feldberg)가 제시하는 경찰활동의 기준에 따르면, 경찰입직 전 집에 도둑을 맞은 경험이 있었던 김순경은 경찰에 임용되어 절도범을 검거하자, 과거의 도둑맞은 경험이 생각나 피의자에게 욕설과 가혹행위를 한 경우는 **'냉정하고 객관적인 자세'**에 위배된다.

20

① (O) 부동산을 **직접적(간접적 X)**으로 취급하는 대통령령으로 정하는 공공기관의 공직자는 공직자 자신, 배우자, 공직자와 생계를 같이하는 직계존속·비속이 소속 공공기관의 업무와 관련된 부동산을 보유하고 있거나 매수하는 경우 소속기관장에게 그 사실을 **서면(구두 또는 말 X)**으로 신고하여야 한다(공직자의 이해충돌방지법 제6조 제1항).

② (X) 「부정청탁 및 금품등 수수의 금지에 관한 법률」상 '공직자등'이 부정청탁을 받았을 때에는 부정청탁을 한 자에게 부정청탁임을 알리고 이를 거절하는 의사를 명확히 표시하여야 하며, 이러한 조치를 하였음에도 불구하고 동일한 부정청탁을 다시 받은 경우에는 이를 소속기관장에게 **서면(구두 X)(전자서면을 포함)**으로 신고하여야 한다(부정청탁 및 금품등 수수의 금지에 관한 법률 제7조 제1항, 제2항).

③ (X) 공직자등은 제1항에 따른 금액을 초과하는 사례금을 받은 경우에는 대통령령으로 정하는 바에 따라 소속기관장에게 신고하고, **제공자에게(소속기관장 X)** 그 초과금액을 지체 없이 반환하여야 한다(동법 제10조 제5항).

④ (X) 「부정청탁 및 금품등 수수의 금지에 관한 법률」상 「국가공무원법」 또는 「지방공무원법」에 따른 공무원과 그 밖에 다른 법률에 따라 그 자격·임용·교육훈련·복무·보수·신분보장 등에 있어서 공무원으로 인정된 사람은 **'공직자등' 개념에 포함된다**(동법 제2조 제2호 가목).

21

① (O) 지역경찰의 조직 및 운영에 관한 규칙 제22조, 제25조, 제26조
② (O) 동규칙 제23조
③ (O) 동규칙 제8조 제1항
④ (X) **'지역경찰관서의 시설·예산·장비의 관리'**는 **지역경찰관서장의 직무**이다(동규칙 제5조 제3항).

22

③ (X) 풍속영업의 규제에 관한 법률 제3조

> **제3조(준수 사항)** 풍속영업을 하는 자(허가나 인가를 받지 아니하거나 등록이나 신고를 하지 아니하고 풍속영업을 하는 자를 포함한다. 이하 "풍속영업자"라 한다) 및 대통령령으로 정하는 종사자는 풍속영업을 하는 장소(이하 "풍속영업소"라 한다)에서 다음 각 호의 행위를 하여서는 아니 된다.
> 1. 「성매매알선 등 행위의 처벌에 관한 법률」 제2조 제1항 제2호에 따른 성매매알선등행위
> 2. 음란행위를 하게 하거나 이를 알선 또는 제공하는 행위
> 3. 음란한 문서·도화(圖畵)·영화·음반·비디오물, 그 밖의 음란한 물건에 대한 다음 각 목의 행위
>   가. **반포(頒布)·판매·대여(제작 X)**하거나 이를 하게 하는 행위
>   나. 관람·열람하게 하는 행위
>   다. 반포·판매·대여·관람·열람의 목적으로 진열하거나 보관하는 행위
> 4. 도박이나 그 밖의 사행(射倖)행위를 하게 하는 행위

23

① (X) "아동·청소년"이란 **19세 미만의 사람**을 말한다(아동·청소년의 성보호에 관한 법률 제2조 제1호).
② (X) 음주 또는 약물로 인한 심신장애 상태에서 아동·청소년대상 성폭력 범죄를 범한 때에는 「형법」제10조 제1항·제2항 및 제11조(청각 및 언어 장애인)를 **적용하지 아니할 수 있다**(아동·청소년의 성보호에 관한 법률 제19조).
③ (O) 동법 제20조 제4항
④ (X) 아동·청소년대상 성범죄의 피해자, 그 법정대리인 또는 경찰은 피해자가 공판기일에 출석하여 증언하는 것에 현저히 곤란한 사정이 있을 때에는 **그 사유를 소명하여** 제26조에 따라 촬영된 영상물 또는 그 밖의 다른 증거물에 대하여 해당 성범죄를 수사하는 검사에게 증거보전의 청구를 할 것을 요청할 수 있다(동법 제27조 제1항).

24

① (X) **"전자정보"**란 전기적 또는 자기적 방법으로 저장되거나 네트워크 및 유·무선 통신 등을 통해 전송되는 정보를 말한다(디지털 증거의 처리 등에 관한 규칙 제2조 제1호).
② (X) "복제본"이란 정보저장매체등에 저장된 전자정보 **전부(일부 X)**를 하드카피 또는 이미징 등의 기술적 방법으로 별도의 다른 정보저장매체에 저장한 것을 말한다(동규칙 제2조 제6호).
③ (X) 경찰관은 압수·수색·검증영장을 신청하는 때에는 전자정보와 정보저장매체등을 **구분하여 판단하여야 한다**(동규칙 제12조).
④ (O) 동규칙 제15조

25

① (O)
② (X) 각막은 사후 12시간 전후부터 흐려지기 시작하여, **24시간 경과하면 현저하게 흐려지고, 48시간 경과하면 완전히 불투명**하게 된다.
③ (X) **미라화**에 대한 설명이다. 백골화란 부패가 진행되어 시체가 뼈만 남은 상태를 말한다. 일반적으로 소아는 사후 4~5년, 성인은 사후 7~10년이 지나면 완전히 백골화가 된다.
④ (X) **자가용해**는 미생물의 관여 없이도 세포 가운데의 자가효소에 의해 분해가 일어나 세포 구성성분은 분해되어 변성되고 세포 간 결합의 붕괴로 조직이 연화되는 현상이다.

26

가. (X) **잠정조치**에 해당한다(스토킹범죄의 처벌 등에 관한 법률 제9조 제1호).
나. (O) **응급조치**에 해당한다(동법 제3조 제4호).
다. (X) **잠정조치**에 해당한다(동법 제9조 제2호).
라. (X) **잠정조치**에 해당한다(동법 제9조 제3의2호).
마. (O) **응급조치**에 해당한다(동법 제3조 제1호).

27

① (X) 제지행위는 강제처분행위로서 무기의 사용은 **허용될 수 있다.** 다만 무기를 사용할 때에는 무기사용 요건에 해당하여야 하며 합리성의 원칙, 필요성의 원칙, 상당성의 원칙, 보충성의 원칙 등이 엄격히 적용되어야 한다.
② (O) 옳은 설명이다.
③ (X) '경고'와 '제지'는 「경찰관 직무집행법」제5조·제6조, '체포'는 「형사소송법」제212조에 근거한다.
④ (X) **실력행사에는 정해진 순서가 없으며** 주어진 경비상황이 경비수단의 행사요건에 해당하는지 여부에 따라 적절히 행사하면 된다.

28

㉠ (X) 경비비상 **갑호** - 국제행사·기념일 등을 전후하여 치안수요의 **급증(증가 X)**으로 경력을 동원할 필요가 있는 경우(동규칙 제4조 제3항 별표1) **주의)** 증가는 **경비비상 을호와 병호**에 해당한다.
㉡ (X) **안보비상 갑호**의 내용이다(동규칙 제4조 제3항 별표1).
㉣ (X) **교통비상 갑호**에 해당하는 내용이다(동규칙 제4조 제3항 별표1).

29

① (X) 피경호자의 생명과 신체를 보호하기 위해 특정한 지역을 경계·순찰·방비하는 행위는 **경비에 대한 설명이다.**
② (X) **하나의 통제된 지점을 통한 접근의 원칙**에 대한 내용이다.
③ (X) 비표확인이나 MD(금속탐지기) 설치 운영 등은 **제1선 안전구역에서의 활동**이다.
④ (O) 옳은 설명이다.

30

① (X) "보도"란 **연석선**, 안전표지나 그와 비슷한 인공구조물로 경계를 표시하여 **보행자**(유모차, 보행보조용 의자차, 노약자용 보행기 등 행정안전부령으로 정하는 기구·장치를 이용하여 통행하는 사람 및 제21호의3에 따른 실외이동로봇을 **포함(제외 X)**한다.)가 통행할 수 있도록 한 도로의 부분을 말한다(도로교통법 제2조 제10호).
② (X) ~~다만, 제14조 제1항 후단에 따라 가변차로가 설치된 경우에는 신호기가 지시하는 진행방향의 가장 왼쪽에 있는 황색 **점선(실선 X)**을 말한다(동법 제2조 제5호).
③ (X) "차"란 자동차·건설기계·원동기장치자전거·자전거, 사람 또는 가축의 힘이나 그 밖의 동력으로 도로에서 운전되는 것. **다만, 철길이나 가설된 선을 이용하여 운전되는 것, 유모차, 보행보조용 의자차, 노약자용 보행기 등 행정안전부령으로 정하는 기구·장치는 제외**한다.
④ (O) 동법 제2조 제34호

31

가. 15, 나. 12, 다. 이하, 라. 3.5(도로교통법 시행규칙 제53조, [별표18])

32

④ (X) **가속스커프(Acceleration Scuffs)**에 대한 설명이다.

33

① (O) 대판 2014도3360
② (X) 음주운전과 관련한 도로교통법 위반죄의 범죄수사를 위하여 미성년자인 피의자의 혈액채취가 필요한 경우에도 피의자에게 의사능력이 있다면 피의자 본인만이 혈액채취에 관한 유효한 동의를 할 수 있고, 피의자에게 의사능력이 없는 경우에도 명문의 규정이 없는 이상 법정대리인이 피의자를 **대리하여 동의할 수는 없다**(대판 2013도1228).
③ (O) 대판 2011도4328
④ (O) 대판 2002도6632

34

①② (O) 집회 및 시위에 관한 법률 제3조
③ (X) 주최자의 보호요청을 관할 경찰관서장이 정당한 이유 없이 거절한 경우, 「집회 및 시위에 관한 법률」에 **처벌규정은 없으나**, 사안에 따라 「형법」상 직무유기죄의 죄책을 물을 수 있을 것이므로 보호요청을 받은 경찰관서장은 제반 상황을 신중히 검토하여 적절한 조치를 취하여야 한다.
④ (O) 동법 제22조(벌칙) 제1항

35

① (X) 다만, 주된 건물의 경비 등을 위하여 사용되는 부속 건물, 광장·공원이나 도로상의 영업시설물, 공원의 관리사무소 등은 소음 측정 장소에서 **제외(해당 X)**한다(동법 시행령 제14조 [별표 2]).

② (X) 이 경우 배경소음도가 위 표의 등가소음도 기준보다 큰 경우에는 배경소음도의 소수점 첫째 자리에서 올림한 값을 등가소음도 기준으로 하고, 등가소음도 기준에서 **20dB**을 더한 값을 최고소음도 기준으로 한다(동법 시행령 제14조 [별표 2]).

③ (X) 중앙행정기관이 개최하는 국경일 행사의 경우 행사 개최시간에 한정하여 행사 진행에 영향을 미치는 소음에 대해서는, 「집회 및 시위에 관한 법률 시행령」 별표2에 따른 확성기 등의 소음기준을 '**주거지역(그 밖의 지역 X)**'의 소음 기준으로 적용한다(동법 시행령 제14조 별표2 비고 7).

④ (O) 동법 시행령 제14조 [별표 2]

36

① (X) 혁명기지전략(혁명적 민주기지론)은 **북한 지역을 먼저 혁명의 근거지로 구축한 다음 그 역량을 바탕으로 전 한반도의 사회주의 혁명을 완수한다는 전략**을 말한다.

37

① (O) 보안관찰법 제14조 제1항

② (O) 동법 제5조

③ (O) 동법 제17조 제3항

④ (X) '보안관찰처분대상자'라 함은 보안관찰해당 범죄 또는 이와 경합된 범죄로 **금고** 이상의 형의 선고를 받고 그 형기 합계가 3년 이상인 자로서 형의 전부 또는 일부의 집행을 받은 사실이 있는 자를 말한다(동법 제3조).

38

② (X) **대통령령(법무부령 X)**으로 정하는 사람은 제외된다(동법 제12조의2 제1항 제1호, 제3호).

39

① (X) 경찰관은 외국인 등 관련 범죄 중 중요한 범죄에 관하여는 미리 **국가수사본부장(경찰청장 X)**에게 보고하여 그 지시를 받아 수사에 착수하여야 한다. 다만, 급속을 요하는 경우에는 필요한 처분을 한 후 신속히 **국가수사본부장(경찰청장 X)**의 지시를 받아야 한다(범죄수사규칙 제208조).

② (O) 동규칙 제210조, 제211조

③ (X) 경찰관은 임명국의 국적을 가진 대한민국 주재의 총영사, 영사 또는 부영사에 대한 사건에 관하여 구속 또는 조사할 필요가 있다고 인정될 때에는 미리 **국가수사본부장**에게 보고하여 그 지시를 받아야 한다(동규칙 제213조 제1항).

④ (X) 경찰관은 대한민국의 영해에 있는 외국 선박내에서 발생한 범죄로서 대한민국 육상이나 항내의 안전을 해할 때, 승무원 이외의 사람이나 대한민국의 국민에 관계가 있을 때, 중대한 범죄가 행하여졌을 때에는 수사를 **하여야 한다**(동규칙 제214조).

40

① (O) 옳은 설명이다.

② (X) **인터폴 사무총국**은 국제범죄 예방과 진압을 위해 각 회원국 등과 긴밀한 협조관계를 유지하는 총본부이자 추진체이며, 국제수배서를 발행한다.

③ (X) **인터폴 사무총국**은 회원국 정부가 자국 내에 국제경찰협력 상설 경찰부서를 지정하도록 하고 있는데 이것을 국가중앙사무국(NCB)이라 한다.

④ (X) 모든 회원국은 **재정 분담금**의 규모와 관계 없이 동일한 혜택과 지원을 받을 수 있다는 것은 **평등성(보편성 X)**이다.

제4회 모의고사

1	2	3	4	5	6	7	8	9	10
④	②	②	①	②	②	④	④	③	③
11	12	13	14	15	16	17	18	19	20
④	②	④	④	③	②	①	③	①	①
21	22	23	24	25	26	27	28	29	30
③	①	②	④	①	③	④	②	①	④
31	32	33	34	35	36	37	38	39	40
②	③	④	③	④	①	①	②	④	④

1

① (X) 인권과 민주성이 보장되어 주민들의 지지를 받기 쉬운 경우는 **자치경찰의 장점**이다.
② (X) **자치경찰**은 **국가경찰**과 비교하여 지역주민에 대한 경찰의 책임의식이 높다.
③ (X) **국가경찰**은 **자치경찰**과 비교하여 조직이 비대화되고 관료화 될 우려가 있다.
④ (O)

2

① (O) 「외교관계에 관한 비엔나협약」에 따르면 외교공관과 외교관의 개인주택은 **불가침의 대상**이다.
② (X) **영사신서사(영사관원 X)**는 신체의 불가침을 향유하며 또한 **어떠한 형태로도** 체포 또는 구속되지 아니한다. **영사관원**은 중대한 범죄의 경우에 권한있는 사법당국에 의한 결정에 따르는 것을 제외(**체포구속가능**)하고, 재판에 회부되기 전에 체포되거나 또는 구속되지 아니한다(영사관계에 관한 비엔나협약 제35조, 제41조).
③ (O) 외교관의 신체는 불가침이다. 외교관은 어떠한 형태의 체포 또는 구금도 당하지 아니한다(동협약 제29조).

3

② (X) 김홍집 내각은 경찰을 **법무아문 아래**에 창설하였으나, **곧 내무아문 소속으로 변경**하였다.

4

① (X) **시·도자치경찰위원회**에 대한 설명이다.

> [비교] 국가경찰위원회
> 국가경찰행정에 관하여 제10조 제1항 각 호의 사항을 **심의·의결**하기 위하여 **행정안전부**에 국가경찰위원회를 둔다.

5

① (X) 경무관 이하 계급으로의 승진은 **승진심사**에 의하여 한다. 다만, 경정 이하 계급으로의 승진은 대통령령으로 정하는 비율에 따라 승진시험과 승진심사를 병행할 수 있다(경찰공무원법 제15조 제2항).
② (O) 경찰공무원법 제15조 제3항
③ (X) 경력 평정은 기본경력과 초과경력으로 구분하여 실시하되, **총경·경정·경감의 경우** 기본경력에 포함되는 기간은 평정기준일부터 최근 **3년간**으로 한다(동규정정 제9조 제3항 제2호).
④ (X) 임용권자는 경감으로의 근속승진임용을 위한 심사를 할 때에는 연도별로 합산하여 해당 기관의 근속승진 대상자의 **100분의 50**에 해당하는 인원수(소수점 이하가 있는 경우에는 1명을 가산한다)를 초과하여 근속승진임용할 수 없다(동규정 제26조 제4항).

6

② ⓒⓐ은 징계위원회의 동의를 필요로 하는 사유에 해당한다(경찰공무원법 제28조 제2항).

7

① (O) 동징계령 제12조 제2항
② (O) 동징계령 제13조 제2항
③ (O) 동징계령 제13조 제4항
④ (X) 징계등 심의 대상자의 소재가 분명하지 아니할 때에는 출석통지를 관보에 게재하고, 그 **게재일부터(게재일 다음날부터 X)** 10일이 지나면 출석통지가 송달된 것으로 보며, 징계등 의결을 할 때에는 관보 게재의 사유와 그 사실을 기록에 분명히 적어야 한다.

8

① (O) 헌법 제53조 제1항
② (O) 동법 제53조 제7항
③ (O) 법령 등 공포에 관한 법률 제13조

> [최신기출] 2024년 8월 17일 채용시험 오답 포인트
> [비교]「법령 등 공포에 관한 법률」상 **대통령령, 총리령 및 부령(법률 X)**은 특별한 규정이 없으면 공포한 날부터 **20일**이 경과함으로써 효력을 발생한다.
> [비교]「헌법」상 **법률(대통령령, 총리령 및 부령 X)**은 특별한 규정이 없는 한 공포한 날로부터 **20일**을 경과함으로써 효력을 발생한다.

④ (X) 국민의 권리 제한 또는 의무 부과와 직접 관련되는 법률, 대통령령, 총리령 및 부령은 긴급히 시행하여야 할 특별한 사유가 있는 경우를 제외하고는 공포일로부터 적어도 **30일(20일 X)**이 경과한 날부터 시행되도록 하여야 한다(동법 제13조의2).

9

③ (X) 경찰허가는 행위의 적법요건이지만 **유효요건은 아니므로** 이를 위반하면 위법하지만 **무효가 되는 것은 아니다.**

10

① (X) **경찰관서의 장**은 직무 수행에 필요하다고 인정되는 상당한 이유가 있을 때에는 국가기관이나 공사(公私) 단체 등에 직무 수행에 관련된 사실을 조회할 수 있다. 다만, 긴급한 경우에는 **소속 경찰관**으로 하여금 현장에 나가 해당 기관 또는 단체의 장의 협조를 받아 그 사실을 확인하게 할 수 있다(동법 제8조 제1항).
② (X) 경찰관은 미아를 인수할 보호자 확인, 유실물을 인수할 권리자 확인, 사고로 인한 사상자(死傷者) 확인, **행정처분을 위한 교통사고 조사(형사책임을 규명하기 위한 사실조사 X)**에 필요한 사실 확인을 위하여 필요하면 관계인에게 출석하여야 하는 사유·일시 및 장소를 명확히 적은 출석 요구서를 보내 경찰관서에 출석할 것을 요구할 수 있다(동법 제8조 제2항).
③ (O) 동법 제7조 제2항
④ (X) 경찰관이 위험방지를 위해 출입할 때에는 그 신분을 표시하는 **증표(경찰공무원증)를 제시하여야 하며**, 함부로 관계인이 하는 정당한 업무를 방해해서는 아니 된다(동법 제7조 제4항).

11

① (X) 대간첩 작전 수행 과정에서 무장간첩이 항복하라는 경찰관의 명령을 받고도 따르지 아니할 때 위해를 수반할 수 있는 무기사용의 요건이다. **즉 3회 이상 명령이 아니라 한 번의 명령으로도 따르지 아니한 경우 사용가능하다**(경찰관 직무집행법 제10조의4 제3항).
② (X) 경찰관은 범인의 체포, 범인의 도주 방지, 자신이나 다른 사람의 생명·신체의 방어 및 보호, **공무집행에 대한 항거의 제지**를 위하여 필요하다고 인정되는 상당한 이유가 있을 때에는 그 사태를 합리적으로 판단하여 필요한 한도에서 무기를 사용할 수 있다. 다만, 다음 각 호의 어느 하나에 해당할 때를 제외하고는 **사람에게 위해를 끼쳐서는 아니 된다**(동법 제10조의4 제1항).
③ (X) 「형법」에 규정된 **정당방위(정당행위 X)**와 긴급피난
④ (O) 동법 제10조의4 제1항 제2호 다목

12

① (X) 경찰관 직무집행법 제3조 제4항은 경찰관이 불심검문을 하고자 할 때에는 자신의 신분을 표시하는 증표를 제시하여야 한다고 규정하고, 경찰관 직무집행법 시행령 제5조는 위 법에서 규정한 신분을 표시하는 증표는 경찰관의 공무원증이라고 규정하고 있는데, 불심검문을 하게 된 경위, 불심검문 당시의 현장상황과 검문을 하는 경찰관들의 복장, 피고인이 공무원증 제시나 신분 확인을 요구하였는지 여부 등을 종합적으로 고려하여, 검문하는 사람이 경찰관이고 검문하는 이유가 범죄행위에 관한 것임을 피고인이 충분히 알고 있었다고 보이는 경우에는 신분증을 제시하지 않았다고 하여 그 불심검문이 **위법한 공무집행이라고 할 수 없다**(대법원 2014. 12. 11. 2014도7976).
② (O) 대판 2005도6810
③ (X) 상해사건을 신고받고 출동한 정복착용 경찰관들이 사건당사자인 피검문자의 경찰관 신분확인의 요구가 없는 상황에서 경찰공무원증 제시 없이 불심검문 하자 피검문자가 경찰관들을 폭행한 사안에서 당시 불심검문은 경찰관들이 경찰공무원증을 제시하지 않은 것은 **공무집행방해죄 성립에 위법성을 인정할 수 없다**(대판 2004도 4029).
④ (X) 경찰관의 보호조치의 발동에 관하여는 재량이 인정되므로 술에 취하여 응급구호가 필요한 자를 가족에게 인계할 수 있음에도 특별한 사정없이 경찰관서에 보호조치하는 것은 **위법하다**(대판 2012도11162).

13

① (X) 각 중앙관서의 장(경찰청장)은 매년 1월 31일까지 **해당(다음 X)** 회계연도부터 5회계연도 이상의 기간 동안의 신규사업 및 기획재정부장관이 정하는 주요 계속사업에 대한 중기사업계획서를 기획재정부장관에게 제출하여야 한다(국가재정법 제28조).

② (X) 기획재정부장관은 예산요구서에 따라 예산안을 편성하여 **국무회의의 심의(국회의 심의 X)**를 거친 후 대통령의 승인을 얻어야 한다(동법 제32조).

③ (X) 정부는 대통령의 승인을 얻은 예산안을 회계연도 개시 **120일(90일 X)** 전까지 국회에 제출하여야 한다(동법 제33조).

[주의] 헌법상 정부는 회계연도마다 예산안을 편성하여 회계연도 개시 **90일** 전까지 국회에 제출하고, 국회는 회계연도 개시 **30일**전까지 이를 의결하여야 한다(헌법 제54조 제2항).

④ (O) 각 중앙관서의 장은 예산이 **확정된 후(확정되기 전 X)** 사업운영계획 및 이에 따른 세입세출예산·계속비와 국고채무부담행위를 **포함한(제외한 X)** 예산배정요구서를 기획재정부장관에게 제출하여야 한다(동법 제42조).

14

① (X) 경찰청장은 **II급 비밀취급 인가권자**이다(보안업무규정 제9조 제2항).

② (O) 동규정 제23조 제1항 제1호

③ (X) 각급기관의 장은 보안 업무의 효율적인 수행을 위하여 **필요하다고 인정되는 경우(국가정보원장의 승인 X)**에는 해당 비밀의 보존기간 내에서 Ⅰ급비밀은 그 생산자의 허가를 받은 경우, Ⅱ급비밀 및 Ⅲ급비밀은 그 생산자가 특정한 제한을 하지 아니한 것으로서 해당 등급의 비밀취급 인가를 받은 사람이 공용(共用)으로 사용하는 경우 그리고 전자적 방법으로 관리되는 비밀은 해당 비밀을 보관하기 위한 용도인 경우 그 사본을 제작하여 보관할 수 있다(동규정 제23조 제2항).

④ (X) 공무원 또는 공무원이었던 사람은 **법률에서 정하는 경우를 제외하고는** 소속 기관의 장이나 소속되었던 기관의 장의 승인 없이 비밀을 공개해서는 아니 된다(동규정 제25조 제2항).

15

① (X) **국가배상제도**는 행정소송과 함께 **사법적 통제**에 해당한다.

② (X) **청문감사인권관제도**은 **내부적 통제**에 해당한다.

③ (X) **사법부의 사법심사**는 **사후 통제**에 해당한다.

④ (O)

16

① (X) 행정청은 청문을 하려면 청문이 시작되는 날부터 **10일 전**까지 처분의 제목 등 일정한 사항을 당사자등에게 통지하여야 한다(동법 제21조 제2항).
② (X) **다른 법령 등에서 청문을 하도록 규정하고 있는 경우**에 청문을 실시하도록 규정하고 있다(동법 제22조 제1항).
③ (O) 동법 제43조
④ (X) 행정청이 당사자에게 의무를 부과하거나 권익을 제한하는 처분을 할 때 청문을 실시하거나 공청회를 개최하는 경우 외에는 당사자등에게 의견제출의 **기회를 주어야 한다(줄 수 있다 X)**(동법 제22조 제3항).

17

② (X) '**사적인 이익을 위한 이용**'에 대한 설명이다.

18

① (X) **비진정성의 조장**에 대한 설명이다. **냉소주의의 문제**란 경찰윤리강령은 민주적 참여에 의한 제정보다는 위에서 제정되고 일방적으로 하달되어 냉소주의를 불러일으키는 단점이 있다는 것을 내용으로 한다.

19

① (O) 부정청탁 및 금품등 수수의 금지에 관한 법률 제8조 제3항 제2호
② (O) 동법 제8조 제3항 제7호
③ (X) 사적 거래(증여는 **제외**)로 인한 채무의 이행 등 정당한 권원(權原)에 의하여 제공되는 금품 등이다(동법 제8조 제3항 제3호).
④ (O) 동법 제8조 제3항 제6호

20

① (X) 인·허가를 담당하는 공직자는 자신의 직무관련자가 사적이해관계자임을 안 경우 안 날부터 14일 이내에 소속기관장에게 그 사실을 **서면**으로 신고하고 회피를 신청하여야 한다(공직자의 이해충돌 방지법 제5조 제1항).
② (O) 동법 제10조 제1호
③ (O) 동법 제13조
④ (O) 동법 제14조 제3항

21

③ (X) 지문은 범죄통제(예방)이론 중 **합리적 선택이론**에 대한 설명이다. **레클리스(Reckless)의 견제(봉쇄)이론**이란 좋은 자아관념은 주변의 범죄적 환경에도 불구하고 비행행위에 가담하지 않도록 하는 중요한 요소가 된다고 보는 견해이다.

22

① (O) 실종아동등의 보호 및 지원에 관한 법률 제2조 제1호
② (X) "실종아동등"이란 약취·유인 또는 유기되거나 사고를 당하거나 **가출하거나(가출한 경우는 제외 X)** 길을 잃는 등의 사유로 인하여 보호자로부터 이탈된 아동등을 말한다(동법 제2조 제2호).
③ (X) "보호자"란 친권자, 후견인이나 그 밖에 다른 법률에 따라 아동등을 보호하거나 부양할 의무가 있는 사람을 말한다. 다만, **보호시설의 장 또는 종사자는 제외**한다(동법 제2조 제3호).
④ (X) "보호시설"이란 「사회복지사업법」 제2조 제4호에 따른 **사회복지시설 및 인가·신고 등이 없이 아동등을 보호하는 시설로서 사회복지시설에 준하는 시설**을 말한다(동법 제2조 제4호).

23

㉠㉢㉤㉥은 미수범 처벌규정이 있다.

㉠ (O) 아동·청소년의 성보호에 관한 법률 제12조 제1항 **미수범은 처벌한다**.

㉡ (X) 미수범 처벌규정이 **없다**.

㉢ (O) 동법 제14조 제1항 제1호 **미수범은 처벌한다**.

㉣ (X) 미수범 처벌규정이 **없다**.

㉤ (O) 위계(僞計) 또는 위력으로써 아동·청소년을 간음하거나 아동·청소년을 추행한 자는 **미수범은 처벌한다**(동법 제7조 제5항, 제6항).

㉥ (O) 동법 제14조 제1항 제4호 **미수범은 처벌한다**.

24

① (X) 장물수배서의 종류로는 특별중요장물수배서, 중요장물수배서, **보통장물수배서**가 있다(범죄수사규칙 제109조 제1항).

② (X) **특별중요장물수배서는 수사본부를 설치하고 수사하고 있는 사건**에 관하여 발하는 경우의 장물수배서이고, **외교사절 등에 관련된 사건의 피해품, 기타 사회적 영향이 큰 사건의 피해품은 중요장물수배서를 발부**하는 수배서이다(동규칙 109조 제1항 제1호, 제2호).

③ (X) 중요장물수배서는 수사본부를 설치하고 있는 **사건 외**의 중요한 사건에 관하여 발부하는 장물수배서이다(동규칙 제109조 제1항 제2호).

④ (O) 동규칙 제109조 제2항

25

① (X) **경찰청장**(검찰총장 X)은 제6조(구속피의자) 및 제7조(범죄현장)에 따라 채취한 디엔에이감식시료로부터 취득한 디엔에이신원확인정보에 관한 사무를 총괄한다(디엔에이신원확인정보의 이용 및 보호에 관한 법률 제4조 제2항).

26

㉠㉣㉥은 **가정폭력범죄에 해당하지 않는다**.

27

① (X) 다중범죄는 특정 집단의 주의·주장을 관철하기 위한 **어느 정도 조직된** 다수에 의한 불법집단행동이다.

② (X) 점거농성할 때 투신이나 분신자살을 하는 등 과감하고 전투적인 행동을 하는 경우가 많다는 내용은 **확신적 행동성**에 대한 설명이다.

③ (X) **전이법**에 대한 설명이다.

28

① (O) 통합방위법 제2조 제13호, 제21조 제4항

② (X) **국가중요시설의 관리자(소유자를 포함)**는 경비·보안 및 방호책임을 지며, 통합방위사태에 대비하여 **자체방호계획**을 수립하여야 하며, **시·도경찰청장 또는 지역군사령관**은 통합방위사태에 대비하여 국가중요시설에 대한 **방호지원계획**을 수립·시행하여야 한다(동법 제21조 제1항, 제2항).

③ (O) 동법 제21조 제3항

④ (O) 동법 시행령 제32조 제2호

29

① (O) 청원경찰법 제2조 제1호

② (X) ~~「**경찰관 직무집행법**」에 따른 경찰관의 직무를 수행한다(동법 제3조).

③ (X) 청원경찰에 대한 징계의 종류는 **파면, 해임, 정직, 감봉 및 견책**(강등 X)으로 구분한다(동법 제5조의2 제2항).

④ (X) 청원경찰의 임용자격은 **18세 이상**인 사람이다(동법 시행령 제3조).

30

④ (X) ③에도 불구하고 자전거등의 운전자는 교차로에서 좌회전하려는 경우에는 미리 도로의 **우측** 가장자리로 붙어 서행하면서 교차로의 가장자리 부분을 이용하여 좌회전하여야 한다.

31

① (O) 도로교통법 제51조 제3항
② (X) 「어린이·노인 및 장애인 보호구역의 지정 및 관리에 관한 규칙」상 시·도경찰청장이나 경찰서장은 「도로교통법」 제12조 제1항 또는 제12조의2 제1항에 따라 보호구역에서 구간별·시간대별로 도시지역의 **이면도로(간선도로 X)**를 일방통행로로 지정·운영할 수 있다.
③ (O) 동법 제2조 제23호
④ (O) 어린이·노인 및 장애인 보호구역의 지정 및 관리에 관한 규칙 제9조 제1항

32

㉠ (X) 운전자가 위험을 느끼고 브레이크를 밟았을 때 자동차가 제동되기 시작하기까지의 사이에 주행하는 거리를 **공주거리**라고 한다.
㉡ (X) **제동거리**에 대한 설명이다.
㉢㉣ 옳은 설명이다.

33

① (O) 대판 2017도15519 → 이 사건 사고 당시 피고인이 '음주의 영향으로 정상적인 운전이 곤란한 상태'에 있었다고 단정하기 어렵다. 음주측정거부만 유죄로 인정(도로교통법 제44조 위반(음주운전))
② (O) 대판 2005도8822
③ (O) 대판 2018두42771
④ (X) 횡단보도의 보행자 신호가 녹색신호에서 적색신호로 바뀌는 예비신호 점멸중에도 그 횡단보도를 건너가는 보행자가 흔히 있고 또 횡단도중에 녹색신호가 적색신호로 바뀐 경우에도 그 교통신호에 따라 정지함이 없이 나머지 횡단보도를 그대로 횡단하는 보행자도 있으므로 보행자 신호가 녹색신호에서 정지신호로 바뀔 무렵 전후에 횡단보도를 통과하는 자동차 운전자는 보행자가 교통신호를 철저히 준수할 것이라는 신뢰만으로 자동차를 운전할 것이 아니라 좌우에서 이미 횡단보도에 진입한 보행자가 있는지 여부를 살펴보고 또한 그의 동태를 두루 살피면서 서행하는 등하여 그와 같은 상황에 있는 보행자의 안전을 위해 어느 때라도 정지할 수 있는 태세를 갖추고 자동차를 운전하여야 할 **업무상의 주의의무가 있다** (대판 86도549).

34

③ (X) **반간**(反間)이란 **적의 간첩을 역으로 이용하여** 아군을 위하여 활동시키는 것이다. **적의 관리를 매수하여** 자기편의 간자로 기용한 자는 **내간**(內間)이라고 한다.

35

① (O) 대판 2011도6294
② (O) 대판 2011도6301
③ (X) 옥외집회 또는 시위 참가자들이 교통혼잡이 야기되었다고 볼 만한 사정은 없으나 이미 신고한 행진 경로를 따라 행진로인 하위 1개 차로에서 약 3시간 30분 동안 이루어진 집회시간 동안 2회에 걸쳐 약 15분 동안 연좌하였다는 사실만으로는 주최행위가 신고한 목적, 일시, 방법 등의 범위를 뚜렷이 벗어나는 경우에 **해당하지 아니한다**(대판 2009도10425).
④ (O) 대판 98다20929

36

① (O) ㄷㅁㅂ 3 항목이 「경찰청과 그 소속기관 직제」에 의한 안보수사국장의 직무범위에 해당한다.
ㄱㄴ경비국장, ㄹ치안정보국장의 분장사항이다.

37

① (O) 옳은 설명이다.
② (X) **출동조치와 병행**하여 군·보안부대 등 유관기관에 통보가 이루어져야 하며 목배치로 도주로를 차단하도록 한다.
③ (X) 국가안보와 관련된 새로운 제반사태 중 보안경찰의 업무영역에 해당되는 상황을 대공상황이라 하는데, 대공상황에서도 일반형사사건과 마찬가지로 **현장조사가 매우 중요하게 취급된다**.
④ (X) 보안 유지 사안은 관련기관 보안조치와 함께 보고서에 **보안성 문구를 표기**한다.

38

① (X) 허가권을 보유한 경찰청장 또는 소속기관의 장은 경찰기관이 주관하는 **10명 이상**의 단체 공무국외출장의 경우 그 타당성을 심사하기 위해서 '공무국외출장 심사위원회'를 설치·운영하여야 한다(동규칙 제6조).
② (O) 동규칙 제6조, 제7조
③ (X) 공무국외출장 심사위원회는 긴급한 국외출장 실시 또는 심사위원회 소집이 어려운 경우에는 서면으로 심사**할 수 있다**(동규칙 제7조).
④ (X) 공무국외출장 시 그 직무와 관련하여 외부 정부 또는 외국인사 및 단체로부터 미화 100달러 또는 10만원 가액 상당 이상의 선물을 받은 때에는 귀국 후 지체없이 **소속 기관 감사부서(소속 기관의 장 X)**에 신고하여야 한다(동규칙 제13조).

39

④ (X) 공무 중 사건으로 인한 피해가 전적으로 미군 측의 책임으로 밝혀진 경우 **미군 측이 75%, 한국 측이 25%**를 부담하여 배상한다.

40

④ (X) 상습 국제범죄자의 동향 파악 및 범죄예방을 위해 발행은 **녹색 수배서(Green Notice)**에 대한 설명이다.

제5회 모의고사 해설

1	2	3	4	5	6	7	8	9	10
③	④	③	②	④	②	③	②	④	③
11	12	13	14	15	16	17	18	19	20
④	③	③	③	①	③	③	①	①	③
21	22	23	24	25	26	27	28	29	30
①	④	④	④	①	②	①	④	④	①
31	32	33	34	35	36	37	38	39	40
④	④	②	③	③	③	①	②	①	③

1

③ (X) 행정경찰은 보안경찰과 협의의 행정경찰로 구분할 때, 협의의 행정경찰은 각종의 일반행정기관이 관장을 하는 것이기 때문에 **실질적 의미의 경찰**과 관계가 있다.

2

① (X) 1969년 「**경찰공무원법**」이 제정되어 경정 및 경장 계급이 신설되었고, **경감 이상의 계급정년제 등이 도입**되었다.

② (X) 미군정기에 위생사무의 위생국이 이관하고, **고등경찰과 경제경찰이 폐지**되었으며, 경찰에 정보업무를 담당하는 정보과가 신설되었다.

③ (X) 1919년 3·1운동을 계기로 헌병경찰제도에서 보통경찰제도로의 전환은 이루어졌으나, **일본에서 제정된 「치안유지법」**을 우리나라에 적용하는 등 일제의 탄압적 지배체제가 강화되었다.

3

① (X) 경찰청에 국가수사본부를 두며, 국가수사본부장은 **치안정감**으로 보한다(국가경찰과 자치경찰의 조직 및 운영에 관한 법률 제16조 제1항).

② (X) 국가수사본부장은 「**형사소송법**」에 따른 경찰의 수사에 관하여 각 시·도경찰청장과 경찰서장 및 수사부서 소속 공무원을 지휘·감독한다(동법 제16조 제2항).

③ (O) 동법 제16조 제3항, 제4항

④ (X) 경찰청장 또는 국가수사본부장이 직무를 집행하면서 헌법이나 법률을 위배하였을 때에는 국회는 탄핵 소추를 의결할 수 **있다**(없다 X) (동법 제14조 제5항, 제16조 제5항).

4

① (X) **국가경찰위원회**에 대한 설명이다.

> [비교] 시·도자치경찰위원회(국자법)
> 위원 중 1명은 인권문제에 관하여 전문적인 지식과 경험이 있는 사람이 임명될 수 있도록 노력하여야 한다.

② (O) 공통적으로 적용되는 규정이다.

③ (X) **시·도자치경찰위원회**에 대한 설명이다.

> [비교] 국가경찰위원회(국가경찰위원회 규정)
> 위원 3인이상과 행정안전부장관 또는 경찰청장은 위원장에게 임시회의의 소집을 요구할 수 있다.

④ (X) **시·도자치경찰위원회**에 대한 설명이다.

> [비교] 국가경찰위원회(국자법)
> 보궐위원의 임기는 전임자 임기의 남은 기간으로 한다.

5

① (O) 동법 제10조 제1항
② (O) 동법 제10조 제3항 제1호
③ (O) 동법 제11조의2 제1항
④ (X) 경찰청장은 ③에 따른 취소 처분을 하기 전에 미리 그 내용과 사유를 당사자에게 통지하고 소명할 기회를 주어야 하며, 취소 처분은 합격 또는 임용 당시로 **소급하여 효력이 발생한다**(동법 제11조의2 제2항, 제3항).

6

① (O) 대령 이상의 장교, 법관, 검사, 총경 이상(자치총경을 포함)의 경찰공무원 등은 재산등록 의무자에 해당한다(공직자윤리법 제3조 제1항 제9호).
② (X) **소유자별 합계액 1천만원 이상의 현금(수표를 포함한다), 예금, 품목당 500만원 이상의 보석류**는 등록재산에 해당한다(동법 제4조 제2항 가목, 나목, 사목).
③ (O) 동법 제5조 제1항
④ (O) 동법 제17조 제1항

7

㉠ (O) 경찰공무원 징계령 제11조 제1항
㉡ (O) 동징계령 제16조

> [최신기출] 2024년 1월 6일 해경 승진 출제 포인트
> 1. 「경찰공무원 징계령」상 징계사건을 의결함에 있어서 징계 양정에 참작할 사항으로 가장 옳지 않은 것은?
> ① 업무환경
> ② 평소 행실
> ③ 공적
> ④ 뉘우치는 정도
> 정답) ①

㉢ (O) ~~5년 이상인 사람의 퇴직급여는 **4분의 3을 지급(= 4분의 1감액)**하고, 재직기간이 5년 미만인 사람의 퇴직급여는 **8분의 7을 지급(= 8분의 1감액)**한다(공무원연금법시행령 제61조 제1항 제2호).
㉣ (X) 경찰공무원 보통징계위원회는 해당 징계위원회가 설치된 경찰기관 소속 **경감 이하**(경정 이하 X) 경찰공무원에 대한 징계 등 사건을 심의·의결한다(동징계령 제4조 제2항).
㉤ (X) 징계위원회의 위원장 또는 위원은 **불공정한 의결을 할 우려가 있다고 의심할 만한 타당한 사유가 있는 경우**에는 스스로 해당 징계등 사건의 심의·의결을 **회피할 수 있다**(회피해야 한다X) (동징계령 제15조 제4항).

8

② (X) 경찰관은 업무를 처리할 때 **양자를 모두 따라야 할 의무**를 지는데, 행정규칙이 국민을 구속하는 것은 아니지만, 내부적 관계에 있는 경찰관을 구속하기 때문이다.

9

- 당사자의 **(신청)**에 따른 처분은 법령등에 특별한 규정이 있거나 **(처분)** 당시의 법령등을 적용하기 곤란한 특별한 사정이 있는 경우를 제외하고는 **(처분)** 당시의 법령등에 따른다(행정기본법 제14조 제2항).
- 법령등을 위반한 행위의 성립과 이에 대한 제재처분은 법령등에 특별한 규정이 있는 경우를 제외하고는 **(법령등을 위반한 행위)** 당시의 법령등에 따른다. 다만, 법령등을 위반한 행위 후 법령등의 변경에 의하여 그 행위가 법령등을 위반한 행위에 해당하지 아니하거나 제재처분 기준이 가벼워진 경우로서 해당 법령등에 특별한 규정이 없는 경우에는 **(변경된)** 법령등을 적용한다(동법 제14조 제3항).

10

① (X) 특정 지역에서의 불법집회에 참가하려는 것을 막기 위하여 시간적·장소적으로 근접하지 않은 다른 지역에서 집회예정장소로 이동하는 것을 제지하는 것은 제6조의 행정상 즉시강제인 경찰관의 **제지의 범위를 명백히 넘어 허용될 수 없다**(대판 2007도9794).

② (X) 경찰관의 제지에 관한 부분은 범죄 예방을 위한 경찰 행정상 즉시강제, 즉 눈앞의 급박한 경찰상 장해를 제거할 필요가 있고 의무를 명할 시간적 여유가 없거나 의무를 명하는 방법으로는 그 목적을 달성하기 어려운 상황에서 의무불이행을 전제로 하지 않고 경찰이 직접 실력을 행사하여 경찰상 필요한 상태를 실현하는 **권력적 사실행위**에 관한 근거조항이다(대판 2016도19417).

③ (O) 112신고를 받고 출동하여 눈앞에서 벌어지고 있는 범죄행위를 막고 주민들의 피해를 예방하기 위해 피고인을 만나려 하였으나 피고인은 문조차 열어주지 않고 소란행위를 멈추지 않았던 상황이라면 피고인의 행위를 제지하고 수사하는 것은 경찰관의 직무상 권한이자 의무라고 볼 수 있으므로, 위와 같은 상황에서 경찰관이 피고인의 집으로 통하는 전기를 일시적으로 차단한 것은 피고인을 집 밖으로 나오도록 유도한 것으로서, 피고인의 범죄행위를 진압·예방하고 수사하기 위해 필요하고도 적절한 조치로 보이고, 경찰관 직무집행법 제1조의 목적에 맞게 제2조의 직무 범위 내에서 제6조에서 정한 즉시강제의 요건을 충족한 적법한 직무집행으로 볼 여지가 있다(대판 2016도19417).

④ (X) 긴급한 사정이 있는 경우라면 경찰관직무집행법 제6조 제1항의 "**제지**"에 해당한다. 만약 **긴급한 사정이 있는 경우가 아닌데도** 방패를 든 전투경찰대원들이 위 조합원들을 둘러싸고 이동하지 못하게 가둔 행위(고착관리)는 **구 경찰관 직무집행법 제6조 제1항에 근거한 제지 조치라고 볼 수 없고, 이는 형사소송법상 체포에 해당**한다(대판 2013도2168).

11

① (X) 경찰관이 경찰착용기록장치를 사용하여 기록하는 경우로서 이동형 영상정보처리기기로 사람 또는 그 사람과 관련된 사물의 영상을 촬영하는 때에는 **불빛, 소리, 안내판 등 대통령령으로 정하는 바에 따라 촬영 사실을 표시하고 알려야 한다**(경찰관 직무집행법 제10조의6 제1항).

② (X) 경찰착용기록장치로 기록을 마친 영상음성기록은 **지체 없이** 영상음성기록정보 관리체계를 이용하여 영상음성기록정보 데이터베이스에 **전송·저장하도록 하여야 하며**, 영상음성기록을 임의로 편집·복사하거나 삭제하여서는 아니 된다(동법 제10조의6 제3항).

③ (X) 경찰착용기록장치로 기록한 영상음성기록의 보관기간은 해당 기록을 ②에 따라 영상음성기록정보 데이터베이스에 전송·저장한 날부터 **30일**(해당 영상음성기록이 수사 중인 범죄와 관련된 경우 등 경찰청장 또는 해양경찰청장이 정하는 사항에 해당하는 경우에는 **90일**)로 한다(경찰착용기록장치 운영 등에 관한 규정 제5조 제1항).

④ (O) 동법 시행령 제5조 제2항

12

보기에서 설명하고 있는 조직편성의 원리는 **조정과 통합의 원리**이다.
① 분업의 원리(전문화)
② 명령통일의 원리,
③ 조정과 통합의 원리
④ 계층제의 원리

13

① (X) '**공고문서**'에 대한 설명이다. '**일반문서**'란 법규문서, 지시문서, 공고문서, 비치문서, 민원문서에 속하지 아니하는 모든 문서를 말한다(행정업무의 운영 및 혁신에 관한 규정 제4조 제3호, 제6호).

② (X) 문서는 결재권자가 해당 문서에 **서명**(전자이미지서명, 전자문자서명 및 행정전자서명을 포함)의 방식으로 결재함으로써 **성립**(효력을 발생 X)한다(동규정 제6조 제1항).

③ (O) 문서는 수신자에게 **도달**(전자문서의 경우는 수신자가 관리하거나 지정한 전자적 시스템 등에 입력되는 것을 말한다)됨으로써 **효력을 발생**(성립 X)한다(동규정 제6조 제2항). **공고문서**는 그 문서에서 효력발생 시기를 구체적으로 밝히고 있지 않으면 그 고시 또는 공고 등이 **있은 날부터 5일**이 경과한 때에 효력이 발생한다(동규정 제6조 제3항).

④ (X) 문서에는 음성정보나 영상정보 등이 수록되거나 연계된 바코드 등을 표기할 수 **있다**(없다 X)(동규정 제7조 제3항).

14

③ (O) ㉠ 기업식 경찰홍보 ㉡ 언론관계 ㉢ 협의의 홍보 ㉣ 대중매체관계이다.

15

① (O) 공공기관은 제11조에 따라 정보의 공개를 결정한 경우에는 공개의 일시 및 장소 등을 분명히 밝혀 청구인에게 통지하여야 하며, 공공기관은 청구인이 사본 또는 복제물의 교부를 원하는 경우에는 이를 교부하여야 한다(공공기관의 정보공개에 관한 법률 제13조 제1항, 제2항).

② (X) 공공기관이 보유·관리하는 정보는 국민의 알권리 보장 등을 위하여 이 법에서 정하는 바에 따라 **적극적(소극적 X)**으로 **공개하여야 한다(공개할 수 있다 X)**(동법 제3조).

③ (X) 공공기관은 정보공개 청구를 받으면 그 청구를 받은 날부터(받은 날의 다음 날부터 X) **10일 이내**에 공개 여부를 결정하여야 한다(동법 제11조 제1항).

④ (X) 공공기관이 보유·관리하는 정보는 정보공개청구대상이 되며, 비공개 정보대상인 **경찰의 보안관찰 관련 통계자료나 폭력단체 현황자료** 정보는 공개하지 아니할 수 있다(동법 제9조 제2호).

16

① (X) 감찰부서장은 감찰관 **기피(제척 X)** 신청과 관련한 사항을 심의하기 위하여 감찰처분심의회(이하 "처분심의회"라고 한다)를 설치·운영할 수 있다(경찰 감찰 규칙 제37조 제1항 제4호).

② (O) 동규칙 제12조

③ (O) 동규칙 제7조 제2항

④ (O) 동규칙 제35조 제1항, 36조 제1항

17

③ (X) **구조원인가설**에 대한 설명이다.

④ (O) 썩은 사과 이론(Rotten apple theory)은 부패의 원인을 **개인적 결함**으로 보고 있으며, 모집단계에서 부패가능성 있는 자의 배제를 중시한다.

18

1. 우리는 모든 사람의 인격을 존중하고 누구에게나 **따뜻하게** 봉사하는 **친절한** 경찰이다.
1. 우리는 정의의 이름으로 진실을 추구하며 어떠한 불의나 불법과 **타협하지 않는 의로운** 경찰이다.
1. 우리는 국민의 신뢰를 바탕으로 오직 **양심**에 따라 법을 집행하는 **공정한** 경찰이다.
1. 우리는 건전한 상식 위에 전문지식을 갈고 닦아 맡은 일을 **성실하게** 수행하는 **근면한** 경찰이다.
1. 우리는 화합과 단결 속에 항상 규율을 지키며 **검소하게** 생활하는 **깨끗한** 경찰이다.

19

① (O) 경찰청 공무원 행동강령 제14조의2 제1항 제1호

② (X) **정상적인 관행을 벗어난** 예우·의전의 요구가 금지되지만 **정상적인 관행의 범위 안에서는 가능하다**(동강령 제14조의2 제1항 제2호).

③ (X) 부당한 요구를 받은 피감기관 소속 공직자는 이행을 거부해야 하며, 거부했음에도 불구하고 감독기관 소속 공무원으로부터 같은 요구를 다시 받은 때에는 피감기관의 행동강령책임관에게 알려야 한다. 이 경우 행동강령책임관은 그 요구가 ①에 해당하는 경우에는 지체 없이 **피감기관의 장(감독기관 X)**에게 보고해야 한다(동강령 제14조의2 제2항).

④ (X) ③에 따라 **피감기관의 장(감독기관 X)**은 그 사실을 해당 감독기관의 장에게 알려야 하며, 그 사실을 통지받은 감독기관의 장은 해당 요구를 한 소속 공무원에 대하여 징계 등 필요한 조치를 해야 한다(동강령 제14조의2 제3항).

20

③ (X) 경찰청 적극행정 면책제도 운영규정 제5조 제1항

> 제5조(적극행정 면책요건) ① 자체 감사를 받는 사람이 적극행정면책을 받기 위해서는 다음 각 호의 요건을 **모두 갖추어야 한다.** (최소한 하나를 충족하면 된다 X)
> 1. 감사를 받는 사람의 업무처리가 불합리한 규제의 개선, 공익사업의 추진 등 공공의 이익을 위한 것일 것
> 2. 감사를 받는 사람이 대상 업무를 적극적으로 처리한 결과일 것
> 3. 감사를 받는 사람의 행위에 고의나 중대한 과실이 없을 것

21

① (X) 업무의 효율성은 112신고와 이에 따른 반응시간이 얼마나 짧은가로 판단하는 것은 **전통적 경찰활동**에 대한 설명이다.

22

① (X) 지방법원, 지원 또는 시·군법원의 판사는 즉결심판절차에 의하여 피고인에게 20만원 이하의 벌금, **구류 또는 과료(자격상실, 자격정지 X)** 에 처할 수 있다(즉결심판에 관한 절차법 제2조).

② (X) 판사가 즉결심판청구를 기각하는 결정을 한 경우 경찰서장은 지체없이 사건을 **관할지방검찰청 또는 지청의 장**에게 송치하여야 한다(동법 제5조 제2항).

③ (X) 경찰서장은 판사가 **무죄·면소 또는 공소기각**을 선고하였을 때에는 7일 이내에 정식재판을 청구할 수 있다(동법 제14조 제2항).

④ (O) 동법 제14조 제3항

23

① (X) **경찰청 생활안전국장(경찰청 여성청소년과장 X)** 은 정보시스템으로 실종아동등 프로파일링시스템 및 실종아동찾기센터 홈페이지(이하 "인터넷 안전드림"이라 한다)를 운영한다(실종아동등 및 가출인 업무처리 규칙 제6조 제1항).

② (X) 경찰관서의 장은 실종아동등 프로파일링시스템에 등록된 대상의 보호자가 해제를 요청한 경우에는 **실종아동등 프로파일링시스템에 등록된 자료를 해제 요청 사유의 진위(眞僞) 여부를 확인한 후(즉시 X)** 수정·해제자료를 작성하여 해제하여야 한다(동규칙 제8조 제3항 제6호).

③ (X) 프로파일링시스템에 등록되어 있는 발견된 18세 미만 아동 및 가출인의 자료는 수배 해제 후로부터 **5년간** 보관하며, 발견된 지적·자폐성·정신장애인 등 및 치매환자의 자료는 수배 해제 후로부터 **10년간** 보관한다(동규칙 제7조 제3항).

④ (O) 동규칙 제7조 제3항 제4호

24

① (X) 사법경찰관은 범죄수사를 위한 통신제한조치의 허가요건이 구비된 경우에는 검사에 대하여 **각 피의자별 또는 각 피내사자별(사건별 X)** 로 통신제한조치에 대한 허가를 신청하고, 검사는 법원에 대하여 그 허가를 청구할 수 있다(통신비밀보호법 제6조 제2항).

② (X) **검사, 사법경찰관 또는 정보수사기관의 장**은 긴급통신제한조치의 집행에 착수한 후 지체없이 제6조(범죄수사를 위한 통신제한조치의 허가절차)(제7조 제3항에서 준용하는 경우를 포함)에 따라 법원에 허가청구를 하여야 한다(동법 제8조 제2항).

③ (X) 검사, 사법경찰관 또는 정보수사기관의 장은 긴급통신제한조치의 집행에 착수한 때부터 **36시간 이내에** 법원의 허가를 받지 못한 경우에는 **해당 조치를 즉시 중지하고 해당 조치로 취득한 자료를 폐기하여야 한다**(동법 제8조 제5항).

④ (O) 동법 제8조 제6항

25

㉠ (X) 감정적 피의자의 경우 범죄 후 상당한 죄책감, 정신적 고통을 경험하며 **동정적인 신문 전략과 기법**이 가장 효과적이다.
㉡ (X) 리드(REID) 테크닉 9단계 신문기법은 수사관이 **유죄라고 판단한 용의자에 대한 신문과정에서** 사용되는 전략과 기법이다.
㉢ (X) 7단계는 **수사관이 용의자에게 선택적 질문을 하여 그가 답변을 선택하게 하는 것**을 말한다. 용의자가 진술한 자백의 내용을 서면화 하는 것은 9단계이다.
㉣ (X) '우울한 기분 달래주기' 단계는 **사실대로 말할 것을 촉구하며 동정과 이해를 표시(끝까지 피의자를 추궁하여 자백할 것을 촉구 X)**한다.

26

① (O) 과학수사 기본규칙 제3조 제1호
② (X) "**지문자동검색시스템(AFIS:Automated Fingerprint Identification System)**에 대한 설명이다 (동기본규칙 제3조 제7호). "**과학적범죄분석시스템(SCAS:Scientific Crime Analysis System)**이란 현장감식 및 증거물 수집·채취에 관한 정보, 증거물 감정 정보, 범죄분석을 위한 과학수사 데이터 등을 관리하는 전산시스템을 말한다(동기본규칙 제3조 제6호).
③ (O) 동기본규칙 제5조 제1항
④ (O) 동기본규칙 제25조 제3항

27

① (X) '한정된 경력으로 최대의 성과를 거양'하는 것은 **균형의 원칙**이다.

28

① (X) 비상근무는 비상상황의 유형에 따라 1. **경비 소관의 경비, 작전, 재난비상(치안상황 소관의 교통, 재난비상 X)**, 2. 안보 소관의 안보비상, 3. 수사 소관의 수사비상, 4. 교통 소관의 교통비상으로 구분하여 발령한다(동규칙 제4조 제1항).
② (X) 기능별 상황의 긴급성 및 중요도에 따라 비상등급은 갑호 비상, 을호 비상, 병호 비상, **경계 강화, 작전준비태세** 순으로 구분하여 실시한다(동규칙 제4조 제2항).
③ (X) 을호 발령시 **지휘관과 참모는 관할구역 내(정위치 근무)** 위치한다(동규칙 제7조 제1항 제2호).
④ (O) 동규칙 제7조 제1항 제4호

29

① (X) 신속하고 정확한 통신수단을 마련하고 인질과 대화통로를 단일화하며 **인질범의 부모나 여자친구 등은 현장에서 멀리하는 것이 바람직하다.**
② (X) 타결안은 **개개 내용에 대한 일괄타결안이 되어야 하며 여러 가지 내용을 한 덩어리로 취급해서는 안 된다.**
③ (X) 우리 측에서 줄 수 있는 한계를 분명히 하는 식이 되어서는 안 되고, 상대로 하여금 떼를 쓰고 흥정을 걸어오도록 유도하는 것은 **2단계 '논쟁 개시'단계**의 내용이다.

30

① (X) 가파른 비탈길의 내리막이나, 도로가 구부러진 부근은 **서행하여야 한다**(도로교통법 제31조 제1항).

31

④ (X) 이륜자동차(운반차 포함)를 운행하려면 제1종 소형면허가 아닌 **제2종 소형면허**가 필요하다.

32

① (O) 도로교통법 제73조 제1항, 도로교통법 시행령 제37조 제1항
② (O) 동법 제73조 제2항 제4호
③ (O) 동법 제73조 제3항 제4호
④ (X) 긴급자동차 교통안전교육 중 신규 교통안전교육은 최초로 긴급자동차를 운전하려는 사람을 대상으로 실시하는 교육이다. **정기 교통안전교육은** 긴급자동차를 운전하는 사람을 대상으로 3년마다 정기적으로 실시하는 교육을 말한다(동법 시행령 제38조의2 제2항).

33

ⓒ (X) 특별한 보호조치가 요구되지 않아 일상적인 방법으로 첩보를 수집할 수 있는 출처는 **공개출처**이다.
ⓔ (X) 국가정보기관이나 부문정보기관에 종사하는 정보관도 **비밀출처에 포함**된다.

34

③ (X) 정보관들은 **EEI에 따라** 일상적으로 정보활동을 수행한다.

35

① (O) 집회 및 시위에 관한 법률 제13조, 제24조 제3호
② (O) 동법 제26조 제1항
③ (X) 군인·검사·경찰관이 폭행, 협박, 그 밖의 방법으로 평화적인 집회 또는 시위를 방해한 경우 **5년 이하(3년 이하 X)**의 징역에 처한다(동법 제22조 제1항 단서).
④ (O) 동법 제24조 제1호

36

① (X) **허위정보의 유포, 양동간계시위는 기만적 방첩수단**에 해당하고, 역용공작은 적극적 방첩수단에 해당한다.
② (X) 피라미드형은 일시에 많은 공작을 입체적으로 수행할 수 있고 활동범위가 넓다는 장점이 있지만, 행동의 노출이 쉽고 일망타진 가능성이 높으며 **조직구성에 많은 시간이 소요된다는 단점**이 있다.
③ (O) 정부전복은 동일 계급 내의 일부세력이 권력을 강화하거나 새로운 정권을 획득할 목적으로 타 계급을 기습하는 행위를 말한다.
④ (X) 계속 접촉의 유지는 탐지 → **판명** → **주시** → 이용 → 검거 순서로 진행된다.

37

㉠㉢ 옳은 설명이다.
㉡ (X) 위원회는 위원장 1인과 **6인의 위원**으로 구성한다(보안관찰법 제12조 제2항).
㉢ (X) 위원은 **법무부장관의 제청**으로 대통령이 임명 또는 위촉한다(동법 제12조 제4항).
㉣ (X) 위원회의 회의는 **위원장을 포함한** 재적위원 과반수의 출석으로 개의하고 출석위원 과반수의 찬성으로 의결한다(동법 제12조 제10항).

38

② (O) **황색경보 단계**에 대한 설명이다(여행경보제도 운영지침 제5조 제1항 제2호).

39

ⓒⓔⓜ 3항목은 외국인 강제퇴거 대상자에 해당한다.

ⓐ (X) **영주자격**을 가진 사람으로 **5년 이상**의 징역 또는 금고의 형을 선고받고 석방된 사람 중 법무부령으로 정하는 사람(동법 제46조 제2항 제2호)

ⓑ (X) **금고 이상(벌금 이상 X)**의 형을 선고받고 석방된 외국인이 강제퇴거 대상자에 해당한다(동법 제46조 제1항 제13호).

40

① (O) 범죄인 인도법 제2조 제1호
② (O) 동법 제2조 제4호
③ (X) 「범죄인 인도법」은 제6조에 "대한민국과 청구국의 법률에 따라 인도범죄가 사형, 무기징역, 무기금고, 장기 1년 이상의 징역 또는 금고에 해당하는 경우에만 범죄인을 인도할 수 있다"라고 하여 쌍방가벌성의 원칙을 규정하고 있다.
④ (O) 동법 제8조

제6회 모의고사

1	2	3	4	5	6	7	8	9	10
③	②	④	③	③	①	①	①	①	④
11	12	13	14	15	16	17	18	19	20
③	①	③	③	③	④	③	④	①	④
21	22	23	24	25	26	27	28	29	30
②	③	④	①	④	③	①	②	③	③
31	32	33	34	35	36	37	38	39	40
②	①	①	①	③	①	③	③	④	①

1

① (X) 경찰개입은 **구체적 위험 내지 적어도 추상적 위험**이 있을 때 **가능**하다.
② (X) '외관적 위험'은 경찰이 의무에 합당한 사려 깊은 상황판단을 했음에도 불구하고 위험을 잘못 인정한 경우로 적법한 경찰개입이므로 경찰관에게 민·형사상 책임을 물을 수 없지만, **국가의 손실보상책임**이 발생할 수 있다.
③ (O) **오상위험(=추정적(성) 위험 또는 상상위험)**은 객관적으로 판단할 때 위험의 외관 또는 혐의가 정당화되지 않음에도 경찰이 위험의 존재를 잘못 추정한 경우를 말하며, 위법한 경찰개입이므로 경찰관 개개인에게는 민·형사상 책임이, 국가에게는 손해배상 책임이 발생할 수 있다.
④ (X) '위험혐의'는 경찰이 의무에 합당한 사려 깊은 판단을 할 때 실제로 위험의 가능성은 예측되나 불확실한 경우를 말하며, 위험의 존재여부가 명백해질 때까지 예비적으로 행하는 위험조사 차원의 개입은 **정당화된다(정당화될 수 없다 X)**.

2

② (X) 해양경찰업무, 전투경찰업무가 정식으로 경찰의 업무 범위에 추가되고, 1975년에는 **소방업무가 경찰의 업무에서 배제**되는 등 경찰활동 영역의 변화가 있었다.

3

㉠ (O) 국가경찰과 자치경찰의 조직 및 운영에 관한 법률 제8조 제1항
㉡ (X) **행정안전부장관(경찰청장 X)**은 심의·의결된 내용이 적정하지 아니하다고 판단할 때에는 재의를 요구할 수 있다(동법 제10조 제2항).
㉢ (X) 의결한 날부터 **10일 이내(7일 이내 X)**에 재의요구서를 위원회에 제출하여야 한다(국가경찰위원회 규정 제6조 제1항).
㉣ (X) 위원장은 재의요구가 있는 경우에는 그 요구를 받은 날부터 **7일 이내(10일 이내 X)**에 회의를 소집하여 다시 의결하여야 한다(동규정 제6조 제2항).
㉤ (X) 위원장이 사고가 있을 때에는 **상임위원, 연장자순(위원장이 미리 지명한 위원 X)**으로 위원장의 직무를 대리한다(동규정 제2조 제3항).

4

① (X) 수사경과 유효기간은 수사경과 발령일 또는 갱신일로부터 **5년**으로 한다(수사경찰 인사운영규칙규칙 제14조 제1항).
② (X) 인권침해, 편파수사를 이유로 다수의 진정을 받는 등 공정한 수사업무 수행을 기대하기 곤란한 경우에는 수사경과를 **해제할 수 있다**(동규칙 제15조 제2항 제2호).
③ (O) 동규칙 제15조 제1항 제2호
④ (X) 수사업무 능력·의욕이 현저하게 부족한 경우 수사경과를 **해제할 수 있다**(동규칙 제15조 제2항 제3호).

5

① (O) 동법 제30조 제1항 제2호
② (O) 동법 제30조 제2항
③ (X) 수사, 정보, 외사, 보안, 자치경찰사무 등 특수 부문에 근무하는 경찰공무원으로서 대통령령으로 정하는 바에 따라 지정을 받은 사람은 총경 및 경정의 경우에는 **4년**의 범위에서 대통령령으로 정하는 바에 따라 계급정년을 연장할 수 있다(동법 제30조 제3항).
④ (O) 동법 제30조 제5항

6

㉠ 국가공무원법 제58조 제1항
㉡ 국가공무원법 제59조의2
㉢ 경찰공무원법 제24조 제1항
㉣ 경찰공무원법 제24조 제2항
㉤ 국가공무원법 제64조 제1항

7

① (X) 경찰공무원 중앙징계위원회는 **총경 및 경정**에 대한 징계등 사건을 심의·의결하고(경찰공무원 징계령 제4조 제1항), 중앙징계위원회는 경찰청에 둔다(동징계령 제3조 제2항). 그러므로 甲 경정은 **경찰청 소속 중앙징계위원회**에서 심의·의결한다.
② (O) 동징계령 제11조 제1항, 제12조 제1항
③ (O) 경무관 이상의 강등 및 정직과 경정 이상의 파면 및 해임은 경찰청장 또는 해양경찰청장의 제청으로 행정안전부장관 또는 해양수산부장관과 국무총리를 거쳐 대통령이 하고, 총경 및 경정의 강등 및 정직은 경찰청장 또는 해양경찰청장이 한다(경찰공무원법 제33조).
④ (O) 음주운전(6개월)+강등(18개월)(국가공무원법 제80조 제1항, 경찰공무원 승진임용규정 제6조 제1항 제2호 가목)

8

① (O) 직무명령의 요건 중 형식적 요건에 해당된 것으로 타당하다.
② (X) **권한 있는 상관**이 발한 것이어야 한다.
③ (X) 직무명령에 복종함이 범죄를 구성하거나 기타 **중대하고 명백한 법규위반으로 당연히 무효라고 판단되는 때에는 복종을 거부**하여야 하며, 만일 이에 복종하면 그 결과에 대한 책임을 지게 된다.
④ (X) 직무명령은 권한 있는 상관이 발한 것이어야 하며 **부하공무원의 직무상 범위 내에 속하는 사항**이어야 한다.

9

① (O) 행정기본법 제30조 제1호
② (X) **강제징수**에 대한 설명이다. **이행강제금의 부과**는 의무자가 행정상 의무를 이행하지 아니하는 경우 행정청이 적절한 이행기간을 부여하고, 그 기한까지 행정상 의무를 이행하지 아니하면 금전급부의무를 부과하는 것을 말한다(동법 제30조 제1항 제2호).
③ (X) **즉시강제**에 대한 설명이다. **직접강제**는 의무자가 행정상 의무를 이행하지 아니하는 경우 행정청이 의무자의 신체나 재산에 실력을 행사하여 그 행정상 의무의 이행이 있었던 것과 같은 상태를 실현하는 것을 말한다(동법 제30조 제1항 제3호).
④ (X) **이행강제금**에 대한 설명이다. **강제징수**는 의무자가 행정상 의무 중 금전급부의무를 이행하지 아니하는 경우 행정청이 의무자의 재산에 실력을 행사하여 그 행정상 의무가 실현된 것과 같은 상태를 실현하는 것을 말한다(동법 제30조 제1항 제4호).

10

① (O) 대판 2004도4029
② (O) 동법 제8조의2 제1항
③ (O) 동법 제4조 제1항 제1호
④ (X) **경찰관서의 장(경찰관 X)**은 소요사태의 **진압(예방 X)**을 위하여 필요하다고 인정되는 상당한 이유가 있을 때에는 대간첩 작전지역이나 경찰관서 · 무기고 등 국가중요시설에 대한 접근 또는 통행을 제한하거나 금지할 수 있으며 이 사실을 즉시 소속 경찰관서의 장에게 보고하여야 한다(동법 제5조 제2항, 제3항).

11

③이 올바른 연결이다.

12

① (X) 경찰청장은 경찰관이 제2조 각 호에 따른 직무의 수행으로 인하여 민 · 형사상 책임과 관련된 소송을 수행할 경우 변호인 선임 등 소송 수행에 필요한 지원을 **할 수 있다**(경찰관 직무집행법 제11조의4).
② (O) 동법 제11조의5
③ (X) 「경찰관 직무집행법」 제11조의5에서는 경찰관이 그 위해를 예방하거나 진압하기 위한 행위 또는 범인의 검거 과정에서 경찰관을 향한 직접적인 유형력 행사에 대응하는 행위를 하여 그로 인하여 **타인(경찰관 자신 X)에게 피해가 발생한 경우**이어야 하며 그 경찰관의 직무수행이 불가피한 것이고 필요한 최소한의 범위에서 이루어졌으며 해당 경찰관에게 고의 또는 중대한 과실이 없는 때에는 그 정상을 참작하여 형을 감경하거나 면제할 수 있다.
④ (X) 이 법에 규정된 경찰관의 의무를 위반하거나 직권을 남용하여 다른 사람에게 해를 끼친 사람은 **1년 이하의 징역이나 금고 또는 300만원 이하의 벌금**에 처한다(동법 제12조).

13

① (X) **직위분류제**에 대한 개념이다.
② (X) 계급제는 장기간에 걸쳐 능력을 키울 수 있어 공무원이 보다 종합적 능력을 가지게 되므로 기관간의 **횡적(종적 X)협조**가 용이하다.
③ (O)
④ (X) 직위분류제는 전직이 제한되고 행정의 전문화에 기여하고, 권한과 책임의 한계가 **명확(불명확 X)**하고 신분보장이 미흡하다는 단점이 있다.

14

① (X) 무기·탄약고 비상벨은 상황실과 숙직실 등 초동조치 가능장소와 연결하고, 외곽에는 철조망 장치와 조명등 및 순찰함을 **설치하여야 한다(설치할 수 있다 X)**(경찰장비관리규칙 제115조 제5항).
② (X) **집중무기고**에 대한 설명이다. **간이무기고**는 근무자가 24시간 상주하는 지구대, 파출소, 상황실 및 112타격대 등 경찰기관의 장이 필요하다고 인정하는 상당한 이유가 있는 장소에 설치할 수 있다(동규칙 제115조 제6항).
③ (O) 동규칙 제118조 제5항
④ (X) 경찰기관의 장은 무기를 휴대한 자 중에서 직무상의 비위 등으로 인하여 **중징계(징계 X)** 의결 요구된 자가 발생한 때에는 **즉시(무기 소지 적격 심의위원회의 심의를 거쳐 X)** 대여한 무기·탄약을 회수해야 한다(동규칙 제120조 제1항 제1호).

15

① (O) 언론중재 및 피해구제 등에 관한 법률 제7조 제1항, 제2항, 제3항
② (O) 동법 제18조 제3항
③ (X) 출석요구를 받은 신청인이 2회에 걸쳐 출석하지 아니한 경우에는 **조정신청을 취하한 것**으로 보며, 피신청 언론사등이 2회에 걸쳐 출석하지 아니한 경우에는 조정신청 취지에 따라 정정보도등을 이행하기로 **합의한 것**으로 본다(동법 제19조 제3항).
④ (O) 동법 제24조 제1항

16

① (X) "경찰관등"이란 경찰청과 그 소속기관의 경찰공무원, 일반직공무원, 무기계약근로자 및 기간제근로자를 의미한다(경찰 인권보호 규칙 제2조 제1호).
② (X) 경찰 활동 전반에 걸친 민주적 통제를 구현하여 경찰력 오·남용을 예방하고, 경찰 행정의 인권지향성을 높여 인권을 존중하는 경찰 활동을 정립하기 위해 경찰청장 및 시·도경찰청장의 **자문기구(심의기구 X)**로서 각각 경찰청 인권위원회, 시·도경찰청 인권위원회를 설치하여 운영한다(동규칙 제3조).
③ (X) 경찰청장은 위원회의 위원이 특별한 사유 없이 연속적으로 **정기회의에 3회(임시회의에 2회 X)** 불참 등 직무를 태만히 한 경우 **위원회의 의견을 들어(직권 X)**으로 위원을 해촉할 수 있다(동규칙 제8조 제3호).
④ (O) 동규칙 제7조 제1항

17

① 설문 사례의 경우는 전문직업화(August Vollmer)의 문제점 중 ㉠ **부권주의**, ㉡ **소외**, ㉢ **사적 이익을 위한 이용**와 관련된 내용이다.

> [최신기출] 2025년 8월 30일 채용 출제포인트
> 일반적으로 전문직은 장기간의 교육을 통해 역량이 함양되며 그로 인한 비용도 발생된다. 이러한 이유로 교육적·경제적으로 불리한 위치에 있는 집단은 경찰직군으로 진입하는 기회가 박탈되는 문제가 있다. 이는 경찰의 전문직업화의 문제점 중 **차별**에 해당한다.

18

① (X) **경찰윤리헌장(1966년)** - 새경찰신조(1980년) - **경찰헌장(1991년)** - 경찰서비스헌장(1998년) 순서로 제정되었다.

③ (X) **실행가능성의 문제**에 대한 설명이다. **비진정성의 조장**이란 경찰윤리강령은 경찰관의 도덕적 자각에 따른 자발적인 행동이 아니라 외부로부터 요구된 것으로서 타율성으로 인해 진정한 봉사가 이루어지지 않을 수 있다.

④ (X) 1945년 국립경찰의 탄생 시 경찰의 이념적 좌표가 된 경찰정신은 **미군정의 영미법계**의 영향을 받은 '봉사와 질서'이다.

19

① (X) 조사기관은 같은 신고를 받거나 국민권익위원회로부터 신고를 이첩받은 경우에는 그 내용에 관하여 필요한 조사·감사 또는 수사를 **하여야 한다**(부정청탁 및 금품등 수수의 금지에 관한 법률 제14조 제1항).

② (X) 조사기관은 ①에 따라 조사·감사 또는 수사를 마친 날부터 10일 이내에 그 결과를 신고자와 국민권익위원회에 통보(국민권익위원회로부터 이첩받은 경우만 해당한다)하고, 조사·감사 또는 수사 결과에 따라 공소 제기, 과태료 부과 대상 위반행위의 통보, 징계 처분 등 필요한 조치를 **하여야 한다**(동법 제14조 제3항).

③ (O) 동법 제14조 제6항

④ (X) ③에 따른 재조사를 요구받은 조사기관은 재조사를 종료한 날부터 7일 이내에 그 결과를 국민권익위원회에 통보하여야 한다. 이 경우 국민권익위원회는 통보를 받은 **즉시** 신고자에게 재조사 결과의 요지를 알려야 한다(동법 제14조 제7항).

20

① (X) "사적이해관계자"란 공직자로 채용·임용되기 전 **2년(3년 X)** 이내에 공직자 자신이 대리하거나 고문·자문 등을 제공하였던 개인이나 법인 또는 단체에 해당하는 자를 말한다(동법 제2조 제6호 마목).

② (X) 부동산을 **직접적(간접적 X)**으로 취급하는 대통령령으로 정하는 공공기관의 공직자는 다음 각 호의 어느 하나에 해당하는 사람이 소속 공공기관의 업무와 관련된 부동산을 보유하고 있거나 매수하는 경우 소속기관장에게 그 사실을 **서면(구두 또는 말 X)**으로 신고하여야 한다(동법 제6조 제1항).

③ (X) 고위공직자는 그 직위에 임용되거나 임기를 개시하기 전 3년 이내에 민간 부문에서 업무활동을 한 경우, 그 활동 내역을 그 직위에 임용되거나 임기를 개시한 **날부터(다음 날부터 X)** 30일 이내에 소속기관장에게 제출하여야 한다(동법 제8조 제1항).

④ (O) 동법 제27조 제2항 제1호

21

① (X) 중요 사건·사고 발생시 보고 및 전파, 기타 필요한 문서의 작성의 업무는 **상황근무**를 지정받은 지역경찰의 업무이다(동규칙 제23조).

② (O) 동규칙 제29조 제6항

③ (X) 근무일지는 **3년간(1년간 X)** 보관한다(동규칙 제42조 제3항).

④ (X) 지역경찰 정원 충원 현황을 **연 2회 이상(반기별 2회 이상 X)** 점검하고 현원이 정원에 미달할 경우, 지역경찰 정원충원 대책을 수립, 시행하여야 한다(동규칙 제37조 제3항).

22

① (X) **경제적 가치 하락은 매각사유가 아니다**(유실물법 제2조).

② (X) 물건의 소유권을 취득한 자가 그 취득한 날부터 **3개월 이내**에 물건을 경찰서 또는 자치경찰단으로부터 받아가지 아니할 때에는 그 소유권을 상실한다(동법 제14조).

③ (O) 동법 제4조

④ (X) **착오**로 인하여 점유한 타인의 물건인 경우 「유실물법」상 보상금의 청구가 불가능하다.

23

① (O) 검사와 사법경찰관의 상호협력과 일반적 수사준칙에 관한 규정 제63조 제1항 제2호

② (O) 동규정 제63조 제2항

③ (O) 동규정 제64조 제1항 제1호

④ (X) 검사는 사법경찰관이 제1항 제2호에 따라 재수사 결과를 통보한 사건에 대해서 **다시 재수사를 요청하거나 송치 요구를 할 수 없다.** 다만, 검사는 사법경찰관이 사건을 송치하지 않은 위법 또는 부당이 시정되지 않아 사건을 송치받아 수사할 필요가 있는 다음 각 호의 경우 (1. 관련 법령 또는 법리에 위반된 경우 2. 범죄 혐의의 유무를 명확히 하기 위해 재수사를 요청한 사항에 관하여 그 이행이 이루어지지 않은 경우. 다만, 불송치 결정의 유지에 영향을 미치지 않음이 명백한 경우는 제외한다. 3. 송부받은 관계 서류 및 증거물과 재수사 결과만으로도 범죄의 혐의가 명백히 인정되는 경우 4. 공소시효 또는 형사소추의 요건을 판단하는 데 오류가 있는 경우)에는 사건송치를 요구할 수 있다(동규정 제64조 제2항).

24

① (X) **검찰총장 및 경찰청장(법무부장관 X)**은 신상정보 공개 여부에 관한 사항을 심의하기 위하여 신상정보공개심의위원회를 둘 수 있다(특정중대범죄 피의자 등 신상정보 공개에 관한 법률 제8조 제1항).
② (O) 동법 제8조 제2항
③ (O) 동법 제8조 제3항
④ (O) 동법 제8조 제4항

25

① (X) 경찰청장은 각 경찰서장으로 하여금 성폭력범죄 전담 사법경찰관을 지정하도록 하여 특별한 사정이 없으면 이들로 하여금 피해자를 조사하게 **하여야 한다(할 수 있다 X)**(성폭력범죄의 처벌 등에 관한 특례법 제26조 제2항).
② (X) 검사 또는 사법경찰관은 **19세미만피해자등(모든 성폭력 범죄피해자 X)**의 진술 내용과 조사 과정을 영상녹화장치로 녹화(녹음이 포함된 것을 말함)하고, 그 영상녹화물을 보존하여야 한다(동법 제30조 제1항).
③ (X) ②에도 불구하고 19세미만피해자등 또는 그 법정대리인(법정대리인이 가해자이거나 가해자의 배우자인 경우는 제외)이 **이를 원하지 아니하는 의사를 표시하는 경우에는 영상녹화를 하여서는 아니 된다**(동법 제30조 제3항).
④ (O) 동법 제30조 제4항

26

① (X) **절도는 학교폭력에 해당하지 아니한다**(학교폭력예방 및 대책에 관한 법률 제2조).
② (X) 피해학생에 대한 **서면사과(구두사과 X)**(동법 제17조 제1항)
③ (O) 동법 제21조 제1항, 제22조 제1항
④ (X) **교육감 B에 대한 벌칙규정이 없다.**

27

㉠ (X) "마약"이란 양귀비, 아편, **코카잎[엽](대마 X)** ~~(마약류 관리에 관한 법률 제2조 제2호 라목).
㉡ (X) GHB(일명 물뽕)는 무색, 무취이나 **짠맛(무미 X)**이 나는 액체로 유럽 등지에서 성범죄용으로 악용되어 데이트 강간 약물로도 불린다.
㉢ (X) 헤로인은 **반합성마약**에 해당한다(마약류 관리에 관한 법률 제2조 제2호 라목, 동법 시행령 [별표1] 참고).
㉣ (O)
㉤ (O)

28

① (O) 재난 및 안전관리 기본법 제3조 제1호
② (X) **행정안전부장관(국무총리 X)**은 대통령령으로 정하는 재난이 발생하거나 발생할 우려가 있는 경우 사람의 생명·신체 및 재산에 미치는 중대한 영향이나 피해를 줄이기 위하여 긴급한 조치가 필요하다고 인정하면 중앙위원회의 심의를 거쳐 **재난사태**를 선포할 수 있다. 다만, **행정안전부장관(국무총리 X)**은 재난상황이 긴급하여 중앙위원회의 심의를 거칠 시간적 여유가 없다고 인정하는 경우에는 중앙위원회의 심의를 거치지 아니하고 **재난사태**를 선포할 수 있다(동법 제36조 제1항).
③ (O) 동법 제60조 제1항
④ (O) 동법 제60조 제4항

29

③ (X) '행차 코스, 행사할 예정인 장소 등은 **비공개**되어야 하는 것이 좋다'는 것은 **목표물 보존의 원칙**과 관련이 있다.

30

㉠ 5 ㉡ 10 ㉢ 10 ㉣ 10

31

① (X) '운전면허를 받지 아니하고'라는 법률문언의 통상적 의미에 '운전면허를 받았으나 그 후 운전면허의 효력이 정지된 경우'가 당연히 **포함된다 할 수 없다**(대판 2011도7725).

② (O) 도로교통법 제87조 제1항 제2호

③ (X) 운전면허를 받은 날부터 **2년**이 경과 한 사람(운전면허 정지 기간 중인 사람을 제외한다. 연습하고자 하는 자동차를 운전할 수 있는 운전면허에 한함)과 함께 타서 그의 지도를 받아야 한다(도로교통법 시행규칙 제55조).

④ (X) 운전면허증 소지자가 면허증의 반납사유가 발생하면 반납사유가 발생한 날로부터 **7일** 이내 반납하여야 한다(동법 제95조 제1항).

32

② (X) 교통사고 조사관은 교통사고 현장도면을 작성할 때에는 **사실 인정에 중요하다고 인정되는 부분은 정밀하게, 그렇지 않은 부분은 비교적 간단명료**하게 작성한다.

③ (X) **정지거리**란 공주거리와 제동거리를 합한 거리를 말한다.

④ (X) 차대차 사고로서 당사자 간의 과실이 차이가 있는 경우 **과실이 중한** 당사자를 선순 위로 지정한다.

33

① (O) 음주측정거부에 해당한다(대판 2017도12949).

② (X) 피고인이 이 사건 오토바이를 운전하여 자신의 집에 도착한 상태에서 단속경찰관으로부터 주취운전에 관한 증거 수집을 위한 음주측정을 위하여 인근 파출소까지 동행하여 줄 것을 요구받고 이를 명백하게 거절하였음에도 위법하게 체포·감금된 상태에서 이 사건 음주측정요구를 받게 되었으므로, 그와 같은 음주측정요구에 응하지 않았다고 하여 **피고인을 음주측정거부에 관한 도로교통법 위반죄로 처벌할 수 없다고** 판단한 것은 정당하다(대판 2004도8404).

③ (X) 신체 이상 등의 사유로 호흡조사에 의한 음주측정에 응할 수 없는 운전자가 '혈액채취에 의한 측정'을 거부하거나 이를 불가능하게 한 경우, **음주측정에 불응한 것으로 볼 수 없다**(대판 2010도2935).

④ (X) 교통사고로 상해를 입은 피고인의 골절부위와 정도에 비추어 음주측정 당시 통증으로 인하여 깊은 호흡을 하기 어려웠고 그 결과 음주측정이 제대로 되지 아니하였던 것으로 보이므로 피고인이 **음주측정에 불응한 것이라고 볼 수는 없다**(대판 2005도7125).

34

필요성	정보는 반드시 알아야 할 **필요가 있는 대상에게만 알려야** 한다는 원칙이다.
적시성	정보는 정책결정과정에서 정보사용자가 **사용하고자 하는 시간에 맞추어 배포**되어야 한다.
보안성	정보의 누설로 인하여 가치 상실 등의 결과를 예방하기 위해 **보안대책을 강구**하여야 한다.
계속성	특정 정보가 필요한 정보사용자에게 배포되었다면, 그 정보의 내용이 변화되었거나 관련 내용이 추가적으로 입수되었거나 할 경우 정보는 **계속적으로 사용자에게 배포**되어야 한다.
적당성	정보는 사용자의 능력과 상황에 맞추어서 **적당한 양을 조절하여** 필요한 만큼만 배포하여야 한다.

35

③ (O) 「집회 및 시위에 관한 법률 시행령」상 집회시위의 해산절차는 종결선언의 요청 → 자진 해산의 요청 → 해산명령(3회 이상) → 직접해산

36

① (X) 전통적으로 국가의 안전보장을 위협하는 가장 큰 위협 요소는 **군사적 위협**이다.

37

① (O) 「국가보안법」에는 **과실범 처벌 규정이 없다.**
② (O) 동법 제15조 제1항
③ (X) 검사는 「국가보안법」의 죄를 범한 자에 대하여 공소제기를 보류할 수 있으며, 공소보류가 취소된 경우에는 동일한 범죄사실로 **재구속 할 수 있다(할 수 없다 X)**(동법 제20조 제4항).
④ (O) 동법 제7조 제1항

38

① (X) 설문의 내용은 **관광상륙이 아니라 승무원상륙**에 대한 설명이다. 외국인승무원이 승선 중인 선박 등이 대한민국의 출입국항에 정박하고 있는 동안 휴양 등의 목적으로 상륙 상륙하려는 외국인승무원에 대하여 선박등의 장 또는 운수업자나 본인이 신청하면 **15일(3일 X)**의 범위에서 승무원의 상륙을 허가할 수 있다(출입국관리법 제14조의2 제1항).
② (X) 선박등에 타고 있던 외국인이 생명·신체 또는 신체의 자유를 침해받을 공포가 있는 영역에서 도피하여 곧바로 대한민국에 비호를 신청하는 경우 **90일의 범위 내(60일의 범위 내 X)**에서 허가할 수 있다(동법 제16조의2 제1항).
③ (O) 출입국관리공무원은 승선 중인 선박등이 대한민국의 출입국항에 정박하고 있는 동안 휴양 등의 목적으로 상륙하려는 외국인승무원에 대하여 선박등의 장 또는 운수업자나 본인이 신청하면 **15일의 범위**에서 승무원의 상륙을 허가할 수 있다(동법 제14조 제1항).
④ (X) 출입국관리공무원은 선박등에 타고 있는 외국인(승무원을 포함한다)이 질병이나 그 밖의 사고로 긴급히 상륙할 필요가 있다고 인정되면 그 선박등의 장이나 운수업자의 신청을 받아 30일의 범위에서 **긴급상륙**을 허가할 수 있다(동법 제15조 제1항). **재난상륙**은 **조난을 당한 선박등**에 타고 있는 외국인(승무원을 포함한다)을 **긴급히 구조**할 필요가 있다고 인정될 때이다.

39

① (X) 경찰관은 외국인인 피의자 및 그 밖의 관계자가 한국어에 능통하지 않는 경우에는 통역인으로 하여금 통역하게 하여 한국어로 피의자신문조서나 진술조서를 작성하여야 하며 특히 필요한 때에는 **외국어(한국어 X)**의 진술서를 작성하게 하거나 외국어의 진술서를 제출하게 하여야 한다(범죄수사규칙 제217조 제1항).

② (X) 경찰관은 피의자가 외교 특권을 가진 사람인지 여부가 의심스러운 경우에는 신속히 국가수사본부장에게 보고하여 그 지시를 **받아야 한다**(동규칙 제209조 제3항).

③ (X) 경찰관은 중대한 범죄를 범한 사람이 도주하여 대한민국의 영해에 있는 외국군함으로 들어갔을 때에는 신속히 국가수사본부장에게 보고하여 그 지시를 받아야 한다. **다만, 급속을 요할 때에는 해당 군함의 함장에게 범죄자의 임의의 인도를 요구할 수 있다**(동규칙 제211조 제2항).

④ (O) 동규칙 제212조

40

① (O) 국제형사사법 공조법 제6조 제1호

② (X) 대한민국에서 수사가 진행 중이거나 재판에 계속(係屬)된 범죄에 대하여 외국의 공조요청이 있는 경우에는 그 수사 또는 재판 절차가 끝날 때까지 공조를 **연기할 수 있다(하여야 한다 X, 없다 X)**(동법 제7조).

③ (X) 검사는 요청국에 인도하여야 할 증거물 등이 법원에 제출되어 있는 경우에는 **법원(법무부장관 X)**의 인도허가 결정을 받아야 한다(동법 제17조 제3항).

④ (X) **행정안전부장관**은 국제형사경찰기구로부터 외국의 형사사건 수사에 대하여 협력을 요청받거나 국제형사경찰기구에 협력을 요청하는 경우 국제범죄에 관한 사실 확인 및 그 조사 등의 조치를 취할 수 있다(동법 제38조 제1항 제3호).

제7회 모의고사

1	2	3	4	5	6	7	8	9	10
③	②	④	④	③	④	④	②	②	②
11	12	13	14	15	16	17	18	19	20
③	①	③	②	④	④	④	④	④	③
21	22	23	24	25	26	27	28	29	30
①	②	③	③	④	④	①	③	④	④
31	32	33	34	35	36	37	38	39	40
④	②	④	②	③	②	④	④	③	②

1

보기의 상황은 **외관적 위험**에 해당한다.

① (X) **위험혐의**에 대한 설명이다.

② (X) **오상위험 (추정적(성)위험)**에 대한 설명이다.

③ (O) **외관적 위험**에 대한 설명이다.

④ (X) 이는 경찰상 위험에 해당하는 적법한 경찰개입이므로 경찰관에게 민·형사상 책임을 물을 수 없지만, 국가의 **손실보상책임**이 발생할 수 있다.

2

② (X) 중경시기 '**경무과**'에 대한 설명이다.

3

㉠ (X) 시·도자치경찰위원회 **위원(비상임 위원 X)**은 특정 성(性)이 10분의 6을 초과하지 **아니하도록 노력하여야 한다(아니해야 한다 X)**(국가경찰과 자치경찰의 조직 및 운영에 관한 법률 제19조 제2항).

㉡ (X) 시·도자치경찰위원회 위원장은 위원 중에서 시·도지사가 임명하고, 상임위원은 시·도자치경찰위원회의 의결을 거쳐 위원 중에서 **위원장(시·도경찰청장 X)**의 제청으로 시·도지사가 임명한다(동법 제20조 제3항).

㉢ (X) 공무원이 아닌 위원에 대해서는 「**지방공무원법**」(「**국가공무원법**」 X) 제52조 및 제57조를 준용한다(동법 제20조 제5항).

㉣ (X) 시·도자치경찰위원회 위원장과 위원의 임기는 3년으로 하며, **연임할 수 없다(한 차례 연임 X)**(동법 제23조 제1항).

㉤ (O) 동법 제26조 제1항

㉥ (X) 위원회의 의결이 법령에 위반되거나 공익을 현저히 해친다고 판단되면 **행정안전부장관은 미리 경찰청장의 의견을 들어 국가경찰위원회를 거쳐** 시·도지사에게 제3항의 재의를 요구하게 할 수 있고, **경찰청장**은 국가경찰위원회와 행정안전부장관을 거쳐 시·도지사에게 재의를 요구하게 할 수 있다(동법 제25조 제4항).

4

① (X) 국가는 지방자치단체가 이관받은 사무를 원활히 수행할 수 있도록 인력, 장비 등에 소요되는 비용에 대하여 재정적 지원을 **하여야 한다(할 수 있다 X)**(국가경찰과 자치경찰의 조직 및 운영에 관한 법률 제34조).

② (X) 자치경찰사무의 수행에 필요한 예산은 시·도자치경찰위원회의 심의·의결을 거쳐 시·도지사가 수립한다. 이 경우 시·도자치경찰위원회는 **경찰청장의 의견(시·도경찰청장의 의견 X)**을 들어야 한다(동법 제35조 제1항).

③ (X) 시·도지사는 자치경찰사무 담당 공무원에게 조례에서 정하는 예산의 범위에서 재정적 지원 등을 **할 수 있다 (하여야 한다 X)**(동법 제35조 제2항).

④ (O) 동법 제35조 제3항

5

① (O) 경찰공무원법 제2조

② (O) 경찰공무원 임용령 제27조 제1항

③ (X) **감사담당** 경찰공무원 가운데 부적격자로 인정되는 경우(동임용령 제27조 제1항 제13호)

④ (O) 동임용령 제27조 제1항 제15호

6

① (O) 공무원연금법 제1조

② (O) 동법 제88조 제1항

③ (O) 공무원재해보상법 제9조 제1항

④ (X) 「공무원재해보상법」상 급여를 받을 권리는 그 급여의 사유가 발생한 날부터 요양급여·재활 급여·간병급여·부조급여는 **3년간**, 그 밖의 급여는 **5년간** 행사하지 아니하면 시효로 인하여 소멸한다(동법 제54조 제1항).

7

① (X) 「경찰공무원법」상 경무관 이상의 경찰공무원에 대한 징계의결은 「국가공무원법」에 따라 **국무총리 소속(행정안전부장관 소속 X)**으로 설치된 징계위원회에서 하며, 총경 이하의 경찰공무원에 대한 징계의결을 하기 위하여 대통령령으로 정하는 경찰기관 및 해양경찰관서에 경찰공무원 징계위원회를 둔다(경찰공무원법 제32조 제1항, 제2항).

② (X) 보통징계위원회는 해당 징계위원회가 설치된 경찰기관 소속 **경감 이하(경위 이하 X)**의 경찰공무원에 대한 징계등 사건을 심의·의결한다(경찰공무원징계령 제4조 제1항, 제2항).

③ (X) 징계위원회의 회의는 위원장과 징계위원회가 설치된 경찰기관의 장이 회의마다 지정하는 4명 이상 6명 이하의 위원으로 성별을 고려하여 구성하되, 민간위원의 수는 위원장을 포함한 위원 수의 2분의 1 이상이어야 한다(동징계령 제7조 제1항). 징계사유가 「성폭력범죄의 처벌 등에 관한 특례법」에 따른 성폭력범죄, 「양성평등기본법」에 따른 성희롱에 해당하는 징계 사건이 속한 징계위원회의 회의를 구성하는 경우에는 피해자와 같은 성별의 위원이 위원장을 **제외한** 위원 수의 **3분의 1 이상 (2분의 1 이상 X)** 포함되어야 한다(동징계령 제7조 제2항).

④ (O) 동징계령 제7조 제6항

8

① (X) 인사혁신처에 설치된 소청심사위원회는 위원장 1명을 포함한 5명 이상 7명 이하의 상임위원과 상임위원 수의 2분의 1이상인 비상임위원으로 구성되며, 위원은 **인사혁신처장(행정안전부장관 X)**의 제청으로 국무총리를 거쳐 대통령이 임명한다(국가공무원법 제9조 제3항).

② (O) 동법 제10조 제1항 제1호, 제3호

③ (X) 소청심사위원회의 위원은 **금고 이상(자격정지 이상 X)**의 형벌이나 장기의 심신 쇠약으로 직무를 수행할 수 없게 된 경우 외에는 본인의 의사에 반하여 면직되지 아니한다(동법 제11조).

④ (X) 소청심사위원회의 **상임위원(비상임위원 X)**의 임기는 3년으로 하며, 한 번만 연임할 수 있다(국가공무원법 제10조 제2항).

9

① (O) 행정조사기본법 제3조 제2항 제5호

② (X) 행정기관은 행정조사를 통하여 알게 된 **정보를 다른 법률에 따라 내부에서 이용하거나, 다른 기관에 제공하는 경우를 제외하고**는 원래의 조사목적 이외의 용도로 이용하거나 타인에게 제공하여서는 아니 된다(동법 제4조 제6항).

③ (O) 행정기관의 장이 조사대상자의 **자발적인 협조를 얻어 행정조사를 실시하고자 하는 경우** 조사대상자는 문서·전화·구두 등의 방법으로 당해 **행정조사를 거부할 수 있다**(동법 제20조 제1항).

④ (O) 동법 제24조

10

① (X) 경찰관은 범죄·재난·공공갈등 등 **공공안녕(공공질서 X)**에 대한 위험의 예방과 대응을 위한 정보의 수집·작성·배포와 이에 수반되는 사실의 확인을 할 수 있다(경찰관 직무집행법 제8조의2 제1항).

② (O) 동법 제8조의2 제2항

③ (X) 직무와 무관한 **비공식적(공식적 X)** 직함을 사용하는 행위를 해서는 안 된다(경찰관의 정보수집 및 처리 등에 관한 규정 제2조 제2항 제6호).

④ (X) **지방자치단체**는 정보 수집 등을 위한 출입의 한계 장소에 **포함되지 않는다**(동규정 제5조).

> 제5조(정보 수집 등을 위한 출입의 한계) 경찰관은 다음 각 호의 장소에 상시적으로 출입해서는 안 되며, 정보활동을 위해 필요한 경우에 한정하여 일시적으로만 출입해야 한다.
> 1. 언론·교육·종교·시민사회 단체 등 **민간단체(자치단체 X)**
> 2. **민간기업(공기업 X)**
> 3. 정당의 사무소

11

① (X) 무기사용 요건에 대한 설명이다. 경찰관은 **현행범**이나 **사형·무기 또는 장기 3년 이상의 징역**이나 금고에 해당하는 죄를 범한 범인의 체포 또는 도주의 방지, **자신이나 다른 사람의 생명·신체의 방어 및 보호, 공무집행에 대한 항거의 제지**를 위하여 필요한 상당한 이유가 있는 경우 **경찰장구**를 사용할 수 있다(경찰관 직무집행법 제10조의2 제1항).

② (X) 경찰관은 **14세 미만(이하 X)**의 자 또는 임산부에 대하여 전자충격기 또는 전자방패를 사용하여서는 아니 된다(동규정 제8조 제1항).

③ (O) 동규정 제13조의2 제3항

④ (X) 제10조 제2항에 따른 **살수차**, 제10조의3에 따른 **분사기, 최루탄(전자충격기 X)** 또는 제10조의4에 따른 **무기**를 사용하는 경우 그 책임자는 사용 일시·장소·대상, 현장책임자, 종류, 수량 등을 기록하여 보관하여야 한다(경찰관 직무집행법 제11조).

12

① (X) 행정의 전문화에 도움이 되는 것은 **실적주의**에 대한 설명이다.

13

① (X) 각 중앙관서의 장은 제29조의 규정에 따른 예산안편성지침에 따라 그 소관에 속하는 다음 연도의 세입세출예산·계속비·명시이월비 및 국고채무부담행위 요구서(이하 "예산요구서"라 한다)를 작성하여 매년 **5월 31일(3월 31일 X)**까지 기획재정부장관에게 제출하여야 한다(국가재정법 제31조 제1항).

② (X) 기획재정부장관은 **국무회의(국회 X)**의 심의를 거쳐 대통령의 승인을 얻은 다음 연도의 예산안편성지침을 매년 3월 31일까지 각 중앙관서의 장에게 통보하여야 한다(동법 제29조 제1항).

③ (O) 동법 제60조

④ (X) 경찰청장은 예산이 정한 각 기관 간 또는 각 장·관·항 간에 **상호 이용할 수 없다**(동법 제47조 제1항).

14

② (X) 누설될 경우 대한민국과 외교관계가 단절되고 전쟁을 일으키며, 국가의 방위계획·정보활동 및 국가방위에 반드시 필요한 과학과 기술의 개발을 위태롭게 하는 등의 우려가 있는 비밀은 이를 **I급** 비밀로 한다(보안업무규정 제4조).

15

① (X) 누구든지 부패행위를 알게 된 때에는 이를 위원회에 신고할 수 있으나, 신고자가 신고의 내용이 허위라는 사실을 알았거나 알 수 있었음에도 불구하고 신고한 경우에는 **이 법의 보호를 받을 수 없다**(부패방지 및 국민권익위원회의 설치와 운영에 관한 법률 제55조, 제57조).

② (X) 공직자는 그 직무를 행함에 있어 다른 공직자가 부패행위를 한 사실을 알게 되었거나 부패행위를 강요 또는 제의받은 경우에는 지체 없이 이를 수사기관·감사원 또는 위원회에 **신고하여야 한다(할 수 있다 X)**(동법 제56조).

③ (X) 위원회에 신고가 접수된 당해 부패행위의 혐의대상자가 **경무관급 이상**의 경찰공무원으로서 부패혐의의 내용이 형사처벌을 위한 수사 및 공소제기의 필요성이 있는 경우에는 위원회의 명의로 검찰, 수사처, 경찰 등 관할 수사기관에 고발을 하여야 한다(동법 제59조 제6항 제3호).

④ (O) 동법 제59조 제8항

16

① (X) 감찰관은 소속 경찰기관의 관할 구역 안에서 활동하여야 하나, **상급 경찰기관의 장(소속 경찰기관의 장 X)**의 지시가 있는 경우에는 관할구역 밖에서도 활동할 수 있다(경찰 감찰 규칙 제12조).

② (X) 경찰기관의 장은 감찰관이 제5조에 따른 결격사유에 해당되는 것으로 밝혀졌을 경우와 제7조 제1항 각 호의 어느 하나에 해당하는 경우를 제외하고는 **2년 이내(3년 이내 X)**에 본인의 의사에 반하여 전보하여서는 아니 된다. 다만, 승진 등 인사관리상 필요한 경우에는 그러하지 아니하다(동규칙 제7조 제1항).

③ (X) 감찰관은 검찰·경찰, 그 밖의 수사기관으로부터 수사개시 통보를 받은 경우에는 해당 기관으로부터 수사결과의 통보를 받을 때까지 감찰조사, 징계의결구 등의 절차를 진행하지 **아니할 수 있다(아니한다 X)**(동규칙 제36조 제2항).

④ (O) 동규칙 제40조 제2항

17

④ (X) 범죄진압 이외의 업무에 종사하는 경찰인들의 **사기가 저하**될 우려가 있다.

18

㉠㉡㉢은 **대외적** 기능이고, ㉣㉤은 **대내적** 기능이다.

19

① (O) 경찰청 공무원 행동강령 제15조의2 제2항
② (O) 동강령 제16조의4
③ (O) 동강령 제16조의2
④ (X) 다만, 현재 근무하고 있거나 과거에 근무하였던 기관의 소속 직원에게도 경조사를 **알릴 수 있다**(강령 제17조).

20

㉠ (O) 이해충돌 방지법 제27조 제1항
㉡ (X) **3년 이하 징역 또는 3천만원 이하 벌금**(동법 제27조 제2항)
㉢ (X) **3천만원 이하의 과태료**(동법 제28조 제1항 제1호)
㉣ (O) 동법 제28조 제2항 제3호
㉤ (O) 동법 제28조 제3항

21

① (O) 112신고의 운영 및 처리에 관한 법률 제8조 제4항

> **[최신기출] 2024년 8월 17일 채용시험 출제 포인트**
> 제7조(112신고의 접수 등) ① 경찰청장등은 112신고를 받으면 「국가경찰과 자치경찰의 조직 및 운영에 관한 법률」 제4조 제1항(경찰관 직무집행법 제2조 X)에 따른 경찰사무의 구분이나 현장 출동이 필요한 지역의 **관할에 관계없이**(관할의 관계를 고려하여 X) 해당 112신고를 신속하게 접수하여 처리하여야 한다.

② (X) 동법 제10조 제2항

> 경찰청장등은 **다음 각 호의 어느 하나에 해당하는 경우를 제외하고** 112신고에 사용된 전화번호, 112신고자의 이름·주소·성별·나이·음성과 그 밖에 112신고자를 특정하거나 유추하는데 사용될 수 있는 일체의 정보(이하 "112신고자 정보"라 한다)를 **수집·이용 또는 제공하여서는 아니 된다.**
> 1. 112신고의 처리를 위하여 112신고자 정보를 활용하는 경우
> 2. 112신고자가 동의하는 경우
> 3. 이 법 또는 다른 법률에 특별한 규정이 있는 경우

③ (X) 112근무요원은 접수한 신고의 내용이 **코드 4 신고**의 유형에 해당하는 경우에는 출동 경찰관에게 지령하지 않고 자체 종결하거나, 담당 부서 또는 112신고 관계 기관에 신고내용을 통보하여 처리하도록 조치해야 한다(112치안종합상황실 운영 및 신고처리 규칙 제8조 제2항).

④ (X) 112근무요원의 근무기간은 **2년 이상**으로 한다(동규칙 제25조 제1항).

22

① (O) 「게임산업진흥에 관한 법률」에 따른 **게임제공업 및 복합유통게임제공업**
② (O) 「영화 및 비디오물의 진흥에 관한 법률」에 따른 **비디오물감상실업**
③ (X) 미용업은 풍속영업의 범위에 **해당하지 아니한다.**

> 풍속영업의 규제에 관한 법률
> 제2조(풍속영업의 범위) 4. 「공중위생관리법」에 따른 **숙박업, 목욕장업, 이용업 중 대통령령으로 정하는 것**
> ※ 티켓다방, 농어촌 민박, 미용업, 카페, 사행행위영업, 일반음식점영업 등은 풍속영업이 아님

④ (O) 「체육시설의 설치 이용에 관한 법률」에 따른 **무도학원업 및 무도장업, 골프장, 골프연습장**

23

① (O) 입건 전 조사 사건 처리에 관한 규칙 제2조 제3항
② (X) 수사기관에 의한 진술거부권 고지의 대상이 되는 피의자의 지위는 수사기관이 범죄인지서를 작성하는 등의 형식적인 사건수리 절차를 거치기 전이라도 조사대상자에 대하여 범죄의 **혐의가 있다고 보아 실질적으로 수사를 개시하는 행위를 한 때에 인정된다**(대판 2014도5939).
③ (O) 동규칙 제9조 제1항
④ (O) 동규칙 제9조 제2항

24

가. (X) 다만, 피의자가 미성년자인 경우에는 공개하지 **아니한다(아니할 수 있다 X)**(특정중대범죄 피의자 등 신상정보 공개에 관한 법률 제4조 제1항).
나. (X) 검사와 사법경찰관은 제1항에 따라 피의자의 얼굴을 공개하기 위하여 필요한 경우 피의자를 식별할 수 있도록 피의자의 얼굴을 촬영할 수 있다. 이 경우 **피의자는 이에 따라야 한다**(동법 제4조 제5항).
다. (O) 동법 제4조 제4항
라. (O) 동법 제4조 제8항

25

① (X) 호송관서의 장은 호송관이 5인 이상이 되는 호송일 때에는 **경위 이상(경감 이상 X)** 계급의 1인을 지휘감독관으로 지정해야 한다(피의자 유치 및 호송규칙 제48조 제3항).
② (X) 진찰한 결과 24시간 이내에 치유될 수 있다고 진단되었을 때에는 **치료후 호송관서의 호송관이 호송을 계속하게 하여야 한다**(동규칙 제65조 제3호 다목).
③ (X) 호송관은 호송근무를 할 때에는 **분사기를 휴대하여야 하며**, 호송관서의 장은 특별한 사유가 있는 경우 호송관이 **총기를 휴대하도록 할 수 있다**(동규칙 제70조).
④ (O) 동규칙 제65조 제1호 다목

26

① (O) 가정폭력범죄의 처벌 등에 관한 특례법 제2조 제4호
② (O) 동법 제4조 제2항
③ (O) 동법 제8조의2 제1항
④ (X) 피해자 또는 가정구성원의 주거 또는 점유하는 방실로부터의 퇴거 등 격리의 임시조치 기간은 2개월이고 **두 차례만** 연장할 수 있으며, 의료기관이나 그 밖의 요양소에의 위탁의 임시조치기간은 1개월을 초과할 수 없다(**한 차례만 연장 가능**)(동법 제29조 제5항).

27

① (X) 부대단위로 활동을 할 때에 **반드시 지휘관이 있어야 한다.**

28

③ (X) 행정안전부장관 또는 국방부장관은 **둘 이상의 시·도에 걸쳐 병종사태에 해당하는 상황이 발생하였을 때** 즉시 국무총리를 거쳐 대통령에게 통합방위사태의 선포를 건의하여야 한다(동법 제12조 제2항 제2호). **시·도경찰청장, 지역군사령관 또는 함대사령관**은 을종사태나 병종사태에 해당하는 상황이 발생한 때에는 즉시 시·도지사에게 통합방위사태의 선포를 건의하여야 한다(동법 제12조 제4항).

29

① (X) "테러취약시설"이란 테러 예방 및 대응을 위해 경찰이 관리하는 국가중요시설, 다중이용건축물등, 공관지역, 미군 관련 시설, 그 밖에 특별한 관리가 필요하다고 테러취약시설 심의위원회에서 결정한 시설 중 **경찰청장(대테러센터장 X)**이 지정하는 것을 말한다(테러취약시설 안전활동에 관한 규칙 제2조 제1호).
② (X) **B급(C급 X)**은 테러에 의하여 파괴되거나 기능 마비시 일부 지역의 대테러진압작전이 요구되고, 국민생활에 중대한 영향을 미칠 수 있는 건축물 또는 시설을 말한다(동규칙 제9조 제1항 제2호).
③ (X) 경찰서장은 관할 내에 있는 다중이용건축물등 전체에 대해 해당 시설 관리자의 동의를 받아 A등급은 **분기(반기 X) 1회 이상** 지도·점검을 실시하여야 한다(동규칙 제22조 제1항 제1호).
④ (O) 동규칙 제27조 제1항

30

㉠ 주의표지 ㉡ 규제표지 ㉢ 지시표지에 대한 설명이다.

31

제2종 보통면허의 경우 운전할 수 있는 차는 총중량 **3.5톤 이하의 특수자동차**이다.

32

① (X) 자동차등을 이용하여 범죄행위한 경우 행정처분 대상이 되는 범죄행위가 **예비·음모에 그치거나 과실로 인한 경우에는 행정처분을 하지 않고 범죄행위가 미수에 그친 경우** 처분기준이 운전면허 취소처분에 해당하면 처분벌점을 110점으로 한다.
③ (X) 교통사고로 인한 벌점산정에 있어서 처분받을 **운전자 본인의 피해에 대하여는 벌점을 산정하지 않는다.**
④ (X) 착한 마일리지제도는 1년간 무위반, 무사고 서약을 하고 1년을 기준으로 **10점**을 부과하며 기간과 관계없이 운전자가 정지처분을 받게 될 경우 누산점수에서 공제하도록 되어 있다.

33

㉠ (O) 경찰청과 그 소속기관 직제 제14조 제3항 제7호
㉡ (O) 동직제 제14조 제3항 제1호
㉢ (O) 동직제 제14조 제3항 제4호
㉣ (X) **생활안전교통국장**의 업무분장이다(동직제 제11조 제3항 제1호).
㉤ (X) **안보수사국장**의 업무분장이다(동직제 제22조 제3항 제9호).

34

④ (X) '예상됨'은 첩보 등을 분석한 결과 단기적으로 어떤 상황이 전개될 것이 비교적 확실한 경우를 말한다. 지문은 **'전망됨'**의 내용이다.

35

가. 80dB 이하
나. 65dB 이하
다. 80dB 이하
라. 75dB 이하

36

① (X) 단일형은 보안유지 및 신속한 활동이 가능하다는 장점이 있지만, **활동범위가 좁고 공작 성과가 비교적 낮다는 단점**이 있다.
② (X) **피라미드형**에 대한 설명이다.
③ (O) 삼각형은 간첩이 3명 이내의 공작원을 포섭하여 지휘하고, 포섭된 공작원 간 **횡적연락을 차단**한 형태로 일망타진 가능성이 적고 **활동범위가 좁으며 공작원 검거시 간첩 정체가 쉽게 노출**된다.
④ (X) 레포형은 **피라미드형(삼각형 X) 조직**에 있어서 간첩과 주공작원 간, 행동공작원 상호간에 연락원을 두고 종·횡으로 연결하는 형태이다.

37

① (X) 최초 신고사항에 변동이 있을 때에는 **7일 이내**에 지구대장·파출소장을 거쳐 관할경찰서장에게 신고하여야 한다(보안관찰법 제18조 제3항).
② (X) 법무부장관의 결정을 받은 자가 그 결정에 이의가 있을 때에는 행정소송법이 정하는 바에 따라 그 결정이 집행된 날부터 **60일 이내**에 **서울고등법원**에 소를 제기할 수 있다(동법 제23조).
③ (X) 보안관찰처분결정고지를 받은 날부터 **7일 이내**에 지구대장·파출소장을 거쳐 관할경찰서장에게 피보안관찰자신고를 하여야 한다(동법 제18조 제1항).
④ (O) 동법 제18조 제2항

38

④ (X) 「근로기준법」 제43조의2에 따라 명단이 공개된 체불사업주는 **6개월** 이내의 기간 동안 출국을 금지할 수 있다(출입국관리법 제4조 제1항 제6호).

39

① (O) 경찰수사규칙 제91조 제2항
② (O) 경찰수사규칙 제92조 제1항
③ (X) 경찰관은 총영사, 영사 또는 부영사의 사택이나 명예영사의 사무소 혹은 사택에서 수사할 필요가 있다고 인정될 때에는 미리 **국가수사본부장(경찰청장 X)**에게 보고하여 그 지시를 받아야 한다(범죄수사규칙 제213조 제3항).
④ (O) 범죄수사규칙 제207조

40

① (X) 국제형사사법공조는 「**국제형사사법공조법**」에 근거하고, 범죄인 인도는 「**범죄인 인도법**」에 근거한다.
② (O) 국제형사사법 공조법 제3항
③ (X) 국제형사경찰기구(인터폴)의 협조는 임의적 **협조의 성격을 가지며, 강제적인 협조의 성격을 갖지 않는다.**
④ (X) 국제형사경찰기구 소속 수사관이 범인을 **체포하거나 구속할 수는 권한이 없다.**

제8회 모의고사 해설

1	2	3	4	5	6	7	8	9	10
④	②	④	④	③	③	②	③	③	②
11	12	13	14	15	16	17	18	19	20
③	②	④	④	④	②	④	④	④	③
21	22	23	24	25	26	27	28	29	30
②	④	③	③	④	①	③	③	①	④
31	32	33	34	35	36	37	38	39	40
①	④	③	④	③	②	②	④	④	③

1

① (X) 형식적 의미의 경찰은 조직을 기준으로 파악된 개념이고, 실질적 의미의 경찰은 **사회목적적 작용(국가목적적 작용 X)**을 의미하며 작용을 중심으로 파악된 개념이다.

② (X) **법정경찰과 의원경찰**은 특별경찰기관으로 형식적 의미의 경찰과 실질적 의미의 경찰 어디에도 **해당되지 않는다**.

③ (X) 정보경찰활동과 사법경찰활동은 실질적 의미의 경찰보다는 **형식적 의미(실질적 의미 X)의 경찰**과 관련이 깊다.

2

경찰관직무집행법(1953) → 헌법에 '경찰중립화' 규정(1960) → 경찰공무원법(1969) → 치안국에서 치안본부로 격상(1974) → 소방업무이관(1975)

3

㉠ (X) **시·도자치경찰위원회**의 소관사무에 해당한다.

> [비교] **국가경찰위원회 심의·의결 사항(국자법)**
> 국가경찰사무의 인사·예산·장비·통신 등에 관한 주요정책 및 경찰업무발전에 관한 사항

㉢ (X) 국가경찰사무 **외에** 다른 국가기관으로부터의 업무협조 요청에 관한 사항(제1항 제4호)

㉤ (X) 비상사태 등 전국적 치안유지를 위한 경찰청장의 **지휘·명령(감독 X)**에 관한 사항

㉥ (X) 그 밖에 **행정안전부장관 및 경찰청장**이 중요하다고 인정하여 국가경찰위원회의 회의에 부친 사항(제1항 제9호)

4

① (O) 국가경찰과 자치경찰의 조직 및 운영에 관한 법률 제28조 제1항

② (O) 동법 제28조 제4항

③ (O) 동법 제30조 제3항

④ (X) 시·도자치경찰위원회는 정기적으로 경찰서장의 자치경찰사무 수행에 관한 평가결과를 **경찰청장**에게 통보하여야 하며 경찰청장은 이를 반영하여야 한다(동법 제30조 제4항).

5

① (X) 자치경찰공무원을 그 계급에 상응하는 경찰공무원으로 임용하는 경우에는 시보임용을 **거치지 아니한다**(경찰공무원법 제13조 제4항 제4호).

② (X) 임용권자 또는 임용제청권자는 시보임용경찰공무원이「경찰공무원 승진임용 규정」제7조 제2항에 따른 제2평정 요소의 평정점이 만점의 **50퍼센트 미만**인 경우에 해당하여 정규경찰공무원으로 임용함이 부적당하다고 인정되는 경우에는 임용심사위원회의의 의결을 거쳐 해당 시보임용경찰공무원을 면직시키거나 면직을 제청할 수 있다(경찰공무원 임용령 제20조 제2항).

③ (O) 경찰공무원 임용령 시행규칙 제9조 제1항, 제2항

④ (X) **경정 이하**의 경찰공무원을 신규채용할 때에는 1년간 시보로 임용하고, 그 기간이 만료되는 다음 날에 정규 경찰공무원으로 임용한다(동법 제13조 제1항).

6

① (X) 천재지변이나 전시 · 사변, 그 밖의 사유로 생사 또는 소재가 불명확하게 된 때 → **휴직기간은 3개월 이내**로 한다(국가공무원법 제71조 제1항 제4호).

② (X) 신체 · 정신상의 장애로 장기 요양이 필요할 때에는 임용권자는 본인의 의사에도 불구하고 휴직을 **명하여야 한다**. → 직권휴직 사유 (동법 제71조 제1항 제1호)

③ (O) 동법 제70조 제1항 제4호

④ (X) 휴직기간 중 그 사유가 없어지면 **30일 이내**에 임용권자 또는 임용제청권자에게 신고하여야 하며, 임용권자는 **지체 없이** 복직을 명하여야 한다(동법 제73조 제2항).

7

징계위원회의 의결은 위원장을 포함한 위원 과반수의 출석과 출석위원 과반수의 찬성으로 의결하되, 의견이 나뉘어 출석위원 과반수의 찬성을 얻지 못한 경우에는 출석위원 과반수가 될 때까지 징계등 심의 대상자에게 가장 불리한 의견을 제시한 위원의 수를 그 다음으로 불리한 의견을 제시한 위원의 수에 차례로 더하여 그 의견을 합의된 의견으로 본다(경찰공무원 징계령 제14조 제1항). 그러므로 징계위원 6명의 과반수인 4명에 해당되는 **정직 2월**을 합의된 의견으로 본다.

8

① (X) 헌법 제37조 제2항, 행정기본법 제10조, 경찰관직무집행법 제1조 제2항 등에 **명시적으로 규정되어 있다.**

② (X) 경찰비례의 원칙을 충족하려면 적합성의 원칙, 필요성의 원칙, 상당성의 원칙 **모두를 충족하여야 한다.**

③ (O) 옳은 설명이다.

④ (X) 경찰비례의 원칙 중 상당성의 원칙은 경찰권 발동에 따른 이익보다 사인의 피해가 더 큰 경우 경찰권을 발동해서는 안 된다는 원칙으로서 **협의의 비례의 원칙**이라고도 한다.

9

① (X) 경찰상 강제집행은 경찰하명에 따른 경찰의무의 불이행이 있는 경우에 상대방의 신체 또는 재산이나 주거 등에 실력을 행사하여 경찰상 필요한 상태를 실현하는 작용으로 **직접적 또는 간접적(이행강제금 부과, 이행강제금) 의무이행확보 수단**이다.

② (X) 강제징수란 국민이 국가 또는 공공단체에 대해 부담하고 있는 공법상의 금전급부의무를 이행하지 않는 경우에 행정청이 강제적으로 의무가 이행된 것과 동일한 상태를 실현하는 작용으로 **전통적 의무이행확보 수단**이다.

④ (X) **해산명령 불이행에 따른 해산조치, 불법영업소의 폐쇄조치는 직접강제**이고, 감염병 환자의 즉각적인 강제격리는 즉시강제에 해당한다.

10

① (X) 경찰관은 수상한 행동이나 그 밖의 주위 사정을 합리적으로 판단해 볼 때 보호조치대상자에 해당하는 것이 명백하고 응급구호가 필요하다고 믿을 만한 상당한 이유가 있는 사람을 발견하였을 때에는 보건의료기관이나 공공구호기관에 긴급구호를 요청하거나 경찰관서에 보호하는 등 적절한 **조치를 할 수 있다(조치를 하여야 한다 X)**(동법 제4조 제1항).

② (O) 95다45927 판결

③ (X) 보호조치를 필요로 하는 피구호자에 해당하는지는 구체적인 상황을 고려하여 **해당 경찰관 평균인**을 기준으로 판단한다(대판 93도958).

④ (X) 긴급구호조치나 보호조치의 경우 **지체 없이** 구호대상자의 가족, 친지 또는 그 밖의 연고자에게 그 사실을 알려야 한다(동법 제4조 제4항).

11

경찰장구 : ⓒ 수갑, ⓔ 전자충격기, ⓞ 경찰봉 – 3개
무기 : ⓑ 기관총(기관단총포함) – 1개
분사기·최루탄 등 : ⓜ 가스분사기 – 1개
기타장비 : ⓐ 살수차, ⓕ 석궁, ⓢ 특수진압차 – 3개

12

① (X) 불법행위에 따른 형사책임은 사회의 법질서를 위반한 행위에 대한 책임을 묻는 것으로서 행위자에 대한 공적인 제재(형벌)를 그 내용으로 함에 비하여, 민사책임은 타인의 법익을 침해한 데 대하여 행위자의 개인적 책임을 묻는 것으로서 피해자에게 발생한 손해의 전보를 그 내용으로 하는 것이고, 손해배상제도는 손해의 공평·타당한 부담을 그 지도원리로 하는 것이므로, **형사상 범죄를 구성하지 아니하는 침해행위라고 하더라도 그것이 민사상 불법행위를 구성하는지 여부는 형사책임과 별개의 관점에서 검토하여야 한다**(대판 2006다6713).

② (O) 대판 2007도9794

③ (X) 경찰관 직무집행법 제5조는 경찰관은 인명 또는 신체에 위해를 미치거나 재산에 중대한 손해를 끼칠 우려가 있는 위험한 사태가 있을 때에는 그 각 호의 조치를 취할 수 있다고 규정하여 **형식상 경찰관에게 재량에 의한 직무수행권한을 부여한 것처럼 되어 있으나, 경찰관에게 그러한 권한을 부여한 취지와 목적에 비추어 볼 때 구체적인 사정에 따라 경찰관이 그 권한을 행사하여 필요한 조치를 취하지 아니하는 것이 현저하게 불합리하다고 인정되는 경우에는 그러한 권한의 불행사는 직무상의 의무를 위반한 것이 되어 위법**하게 된다(대판 98다16890).

④ (X) ~~검문하는 사람이 경찰관이고 검문하는 이유가 범죄행위에 관한 것임을 피고인이 충분히 알고 있었다고 보이는 경우에는 신분증을 제시하지 않았다고 하여 그 불심검문이 위법한 공무집행이라고 **할 수 없다**(대판 2004도4029).

13
④ (X) **계급제는 직위분류제**에 비해 인사관리의 융통성(탄력성)과 신축성 확보가 유리하다.

14
보호지역 중 보안상 매우 중요한 구역으로서 비인가자의 출입이 금지되는 구역은 **통제구역**에 대한 설명이다.

15
가. (O) 경찰조직 내에서 이루어지는 자체통제(내부통제)로 볼 수 있다.
나. (O)
다. (O)
라. (X) 감사원은 국회·법원 및 헌법재판소를 **제외한** ~~(감사원법 제24조 제1항, 제3항).
마. (X) 상급기관의 하급기관에 대한 감사권은 **사후통제**에 해당한다.

16
①②③의 경우에는 당사자에게 그 근거와 이유를 제시하지 않을 수 있다(행정절차법 제23조 제1항).

17
① (O) 경찰 인권보호 규칙 제32조 제1항
② (O) 동법 제32조 제2항
③ (O) 동법 제32조 제3항
④ (X) 진정인이 진정을 취소한 사건에서 진정인이 제출한 물건이 있는 경우에는 **제출자가 요구하지 않더라도 반환할 수 있다(진정인이 요구하는 경우에 한하여 반환할 수 있다 X)**(동법 제32조 제4항 제1호).

18
① (O)
② (X) **시장중심적 정의(market-centered)**에 대한 설명이다. 공익중심적 정의는 공직자가 법적으로 규정되어 있지 않은 금전적인 또는 다른 형태의 보수에 의하여 그 보수를 제공한 사람들에게 이로운 행위를 함으로써 공중의 이익에 손해를 끼칠 때 부패가 발생한다.
③ (X) **회색부패**에 대한 설명이다.
④ (X) **흑색부패**에 대한 설명이다.

19
다. (X) **공공의 신뢰 확보**에 위배되는 사례라 할 수 있다.
마. (X) **생명과 재산의 안전확보**에 위배되는 사례라 할 수 있다.

20
① (O) 부정청탁 및 금품등 수수의 금지에 관한 법률 제8조 제3항 제1호
② (O) 동법 제8조 제3항 제7호
③ (O) 동법 제8조 제3항 제4호
④ (X) 공직자등과 관련된 직원상조회·동호인회·동창회·향우회·친목회·종교단체·사회단체 등이 정하는 기준에 따라 구성원에게 제공하는 금품등은 수수를 금지하는 금품등에 **해당하지 아니한다(해당한다 X)**(동법 제8조 제3항 제5호).

21
② (X) **사회구조원인** 중 Cohen의 하위문화이론에 대한 설명이다.
①③④은 사회과정원인에 대한 설명으로 모두 옳은 지문이다.

22

① (O) 경범죄 처벌법 제8조 제1항
② (O) 동법 제8조 제2항

> [최신기출] 2024년 1월 6일 해경승진 출제포인트
> 납부기간에 범칙금을 납부하지 아니한 사람은 납부기간의 ㉠(**마지막 날의 다음 날**)부터 ㉡(**20**)일 이내에 통고받은 범칙금에 그 금액의 ㉢(**100분의 20**)을 더한 금액을 납부하여야 한다(경범죄 처벌법 제8조 제2항).

③ (O) 동법 제8조 제3항
④ (X) 즉결심판이 청구된 피고인이 통고받은 범칙금에 그 금액의 100분의 50을 더한 금액을 납부하고 그 증명서류를 즉결심판 선고 전까지 제출하였을 때에는 **경찰서장(경찰청장 X), 해양경찰서장(해양경찰청장 X)** 및 제주특별자치도지사는 그 피고인에 대한 즉결심판 청구를 **취소하여야 한다(할 수 있다 X)**(동법 제9조 제2항).

23

③ (X) **비디오물감상실업** · 제한관람가비디오물소극장업 및 복합영상물제공업 **모두 청소년출입 · 고용금지업소**이다(청소년 보호법 제2조 제5호 가목).

24

① (X) 수법원지 전산입력 대상 피의자가 여죄가 있고 그것이 범죄수법 소분류가 **각각 상이한 유형의 수법**일 때에는 그 수법마다 수법원지를 전산입력하여야 한다(범죄수법공조자료관리규칙 제3조 제1항, 제2항).
② (X) 수법원지는 피작성자가 사망하였을 때, 피작성자가 **80세 이상**이 되었을 때, 작성자의 수법분류번호가 동일한 원지가 2건이상 중복될 때 1건을 제외한 자료는 삭제하여야 한다(동규칙 제12조 제1항).
③ (O) 동규칙 제7조 제2항, 제12조 제2항
④ (X) **범인조회 및 수법조회에 활용되는 것은 수법원지**이다.

25

① (X) 송치서류는 '사건송치서 - 압수물 총목록 - **기록목록** - 송치 결정서 - 그 밖의 서류' 순서로 편철하여야 한다(경찰수사규칙 제103조 제2항).
② (X) **송치 결정서와 그 밖의 서류(모든 송치서류 X)**는 각 장마다 면수를 기입하여야 한다(범죄수사규칙 제229조 제1항).
③ (X) **송치 결정서(그 밖의 서류 X)**는 각 장마다 면수를 기입하되, 1장으로 이루어진 때에는 1로 표시하고, 2장 이상으로 이루어진 때에는 1-1, 1-2, 1-3의 방법으로 하여야 한다(범죄수사규칙 제229조 제2항).
④ (O) 검찰사건사무규칙 제115조 제2항

26

① (O) 스토킹범죄의 처벌 등에 관한 법률 제5조 제1항, 제2항

② (X) 긴급응급조치기간은 **1개월**을 초과할 수 없다(동법 제5조 제5항).

③ (X) 법원은 스토킹범죄의 원활한 조사·심리 또는 피해자 보호를 위하여 잠정조치가 필요하다고 인정하는 경우에는 결정으로 스토킹행위자를 국가경찰관서의 유치장 또는 구치소에 1개월을 초과하지 않는 범위에서 유치할 수 있다(**연장 불가**). 다만, 법원은 피해자의 보호를 위하여 그 기간을 연장할 필요가 있다고 인정하는 경우에는 결정으로 제1항 **제2호**(피해자 또는 그의 동거인, 가족이나 그 주거등으로부터 100미터 이내의 접근 금지), 제3호(피해자 또는 그의 동거인, 가족에 대한 「전기통신기본법」 제2조 제1호의 전기통신을 이용한 접근 금지) 및 제3호의2(「전자장치 부착 등에 관한 법률」 제2조 제4호의 위치추적 전자장치(이하 "전자장치"라 한다)의 부착)에 따른 잠정조치에 대하여 두 차례 한정하여 **각 3개월의 범위에서 연장할 수 있다**(동법 제9조 제1항 제4호, 제7항).

④ (X) 스토킹범죄를 저지른 사람은 **3년 이하의 징역 또는 3천만원 이하의 벌금**에 처하고, 흉기 또는 그 밖의 위험한 물건을 휴대하거나 이용하여 스토킹범죄를 저지른 사람은 **5년 이하의 징역 또는 5천만원 이하의 벌금**에 처한다(동법 제18조 제1항, 제2항).

27

① (X) 차분한 목소리로 안내방송을 진행함으로써 사전에 혼잡상황을 대비하여 사고를 방지할 수 있는 것은 **경쟁적 사태의 해소**이다.

② (X) 「공연법」 제11조 제1항에 의하면 공연장운영자는 재해대처계획을 정하여 **관할 특별자치시장·특별자치도지사·시장·군수·구청장에게 신고**하여야 하며, 이 경우 특별자치시장·특별자치도지사·시장·군수·구청장은 신고받은 재해대처계획을 관할 **소방서장과 관할 경찰서장**에게 통보하여야 한다.

③ (O) 경비업법 시행령 제30조 제1조

④ (X) **시·도경찰청장 또는 경찰서장**은 ③에 따른 요청을 할 때 행사의 주최자나 시설 또는 장소의 관리자에게 행사장등에 경비원을 배치할 수 없다고 판단되는 경우에는 행사개최일 또는 많은 사람이 모이는 날 **1일** 전까지 그 사실을 통지해 줄 것을 함께 요청할 수 있다(경비업법 시행령 제30조 제2항).

28

㉠ (X) "지휘선상 위치 근무"란 비상연락체계를 유지하며 유사시 **1시간 이내**(2시간 이내 X)에 현장지휘 및 현장근무가 가능한 장소에 위치하는 것을 말한다(경찰 비상업무 규칙 제2조 제2호).

㉡ (X) "일반요원"이란 필수요원을 **제외(포함 X)**한 경찰관등으로 비상소집 시 2시간 이내에 응소해야 할 사람을 말한다(동규칙 제2조 제6호).

㉢ (X) "정착근무"란 **사무실 또는 상황과 관련된 현장에 위치하는 것**을 말한다(동규칙 제2조 제4호).

㉣ (O) 동규칙 제2조 제5호

㉤ (X) "가용경력"이란 총원에서 휴가·출장·교육·파견 등을 **제외(포함 X)**하고 실제 동원될 수 있는 모든 인원을 말한다(동규칙 제2조 제7호).

29

① **리마 증후군(Lima syndrome)**에 대한 설명이다.

30

④ (X) 편도 2차로 일반국도에서 안개로 인하여 가시거리가 약 60미터인 경우는 안개로 인하여 가시거리가 100미터 이내인 경우에는 100분의 50 감속을 기준으로 삼아야 하며, 편도 2차로 일반국도의 최고속도는 80km/h이므로 단속의 기준은 **40km/h 초과이다.**

31

① (O) 어린이 · 노인 및 장애인 보호구역의 지정 및 관리에 관한 규칙 제3조 제6항
② (X) 어린이통학버스가 도로에 정차하여 어린이나 영유아가 타고 내리는 중임을 표시하는 점멸등 등의 장치를 작동 중일 때에는 어린이통학버스가 정차한 차로와 그 차로의 바로 옆 차로로 통행하는 차의 운전자는 어린이통학버스에 이르기 전에 **일시정지하여 안전을 확인한 후 서행**하여야 한다(도로교통법 제51조 제1항).
③ (X) **일시정지하여** 안전을 확인한 후 서행하여야 한다(동법 제51조 제2항).
④ (X) 모든 차의 운전자는 어린이나 영유아를 태우고 있다는 표시를 한 상태로 도로를 통행하는 **어린이통학버스를 앞지르지 못한다**(동법 제51조 제3항).

32

① (X) 특별한 이유 없이 호흡측정기에 의한 측정에 불응하는 운전자에게 경찰공무원이 혈액채취에 의한 측정방법이 있음을 고지하고 그 선택 여부를 물어야 할 **의무가 없다**(대판 2002도4220).
② (X) 피고인의 음주와 음주운전을 목격한 참고인이 있는 상황에서 경찰관이 음주 및 음주운전 종료로부터 약 5시간 후 집에서 자고 있는 피고인을 연행하여 음주측정을 요구한 데에 대하여 피고인이 불응한 경우, 「도로교통법」상 **음주측정불응죄가 성립**한다(대판 2000도6026).
③ (X) 술에 취해 자동차 안에서 잠을 자다가 추위를 느껴 히터를 가동시키기 위하여 시동을 걸었고, 실수로 자동차의 제동장치 등을 건드렸거나 처음 주차할 때 안전조치를 제대로 취하지 아니한 탓으로 원동기의 추진력에 의하여 자동차가 약간 경사진 길을 따라 앞으로 움직여 피해자의 차량 옆면을 충격하게 된 경우는 **자동차의 운전에 해당하지 않는다**(대판 2004도1109).
④ (O) 대판 2009도1856

33

ⓒⓒ 2개 항목이 옳지 않다.
ⓒ (X) **사용수준(성질)**에 따른 분류는 **전략정보(국가정보), 전술정보(부문정보)**이다.
ⓒ (X) **사용목적**에 의한 분류는 **적극정보, 소극(보안)정보**이다.

34

④ (X) '**우려됨**'에 관한 설명이다. '**추정됨**'은 구체적인 근거 없이 현재 나타난 동향의 원인 · 배경 등을 다소 막연히 추측할 경우에 사용된다.

35

① (O) 대판 2010도14545
② (O) 대판 2010도15797
③ (X) 집회 및 시위에 관한 법률 제10조, 제18조, 제21조, 같은법 시행령 제9조의2의 각 규정에 의하면 집회신고시간을 넘어 일몰시간 후에 집회 및 시위를 한 경우에는 관할경찰관서장 또는 관할경찰관서장으로부터 권한을 부여받은 경찰관은 참가자들에 대하여 상당한 시간 내에 자진해산할 것을 요청한 다음, 그 자진해산요청에도 응하지 아니할 경우 자진해산할 것을 명령할 수 있다고 할 것이며, 여기서 해산명령 이전에 자진해산할 것을 요청하도록 한 입법 취지에 비추어 볼 때, **반드시 '자진해산'이라는 용어를 사용하여 요청할 필요는 없고**, 그 때 해산을 요청하는 언행 중에 스스로 해산하도록 청하는 취지가 포함되어 있으면 된다(대판 2000도2172).
④ (O) 대판 2009도13846

36

② 공산주의 경제이론에 해당하는 것은 ㉢, ㉤ 이다.
- 철학이론 : 변증법, 유물론, 유물사관
- 경제이론 : 노동가치설, 잉여가치설, 자본축적론, 궁핍화이론, 제국주의론, 자본주의 붕괴론
- 정치이론 : 폭력혁명론, 프롤레타리아 독재론, 계급투쟁론, 국가사멸론

37

① (X) 남한 주민이 북한을 방문하고자 하는 경우 **방문 7일 전**까지 남북교류협력시스템을 통해 '북한 방문승인 신청서'를 제출하여야 한다(남북교류협력에 관한 법률 시행령 제12조 제1항).
② (X) **3년 이하의 징역** 또는 **3천만원 이하의 벌금**에 처한다(동법 제27조 제1항).
③ (X) 통일부장관은 거짓이나 부정한 방법으로 방문승인을 받은 경우 승인을 **취소하여야 한다** (동법 제9조 제7항 제1호).

38

① (O) 출입국관리법 제17조 제1항
② (O) 동법 제20조
③ (O) 동법 제22조
④ (X) 대한민국에서 출생하여 체류자격을 가지지 못하고 체류하게 되는 외국인은 출생한 날부터 90일 이내에, 대한민국에서 체류 중 대한민국의 국적을 상실하거나 이탈하는 등 그 밖의 사유로 체류자격을 가지지 못하고 체류하게 되는 외국인은 **그 사유가 발생한 날부터 60일 이내(30일 이내 X)**에 체류자격을 받아야 한다 (동법 제23조).

39

① (X) 현행범체포의 경우 SOFA 규정에 따라, 미 정부대표는 출석요구를 받은 때로부터 1시간 내로 출석, 미정부대표가 출석할 때까지 형사소송법상 **48시간 이내** 유치장 입감이 가능하며, 미정부대표가 참여하지 아니한 경우 피의자 또는 피고인이 한 진술은 유죄의 증거로 채택되지 않는다.

② (X) 피의자가 서명을 거부한 경우는 「형사소송법」에 따라 그 사유를 조서에 기재하고 의사에 반해 서명을 강요하지 않도록 유의한다. 단, 피의자가 서명을 거부하였더라도 그 사유를 조서에 기재하고 수사관의 서명과 미정부대표의 서명이 있는 한 조서의 일반적 **효력은 유효하다(효력이 인정되지 않는다 X)**.

③ (X) 사법경찰관은 주한 미합중국 군대의 구성원·외국인군무원 및 그 가족이나 초청계약자의 범죄 관련 사건을 인지하거나 고소·고발 등을 수리한 때에는 **7일 이내**에 별지 제95호 서식의 한미행정협정사건 통보서를 검사에게 통보해야 한다.

40

③ (X) 범죄금액 **100억원 이상** 사이버도박 운영

제9회 모의고사

1	2	3	4	5	6	7	8	9	10
①	③	③	①	②	④	①	②	③	②
11	12	13	14	15	16	17	18	19	20
③	②	①	④	④	②	④	③	③	③
21	22	23	24	25	26	27	28	29	30
②	④	④	②	①	③	③	④	④	①
31	32	33	34	35	36	37	38	39	40
③	③	①	④	④	①	②	②	①	④

1

㉠ (O) 국가경찰과 자치경찰의 조직 및 운영에 관한 법률 제1조

㉡ (X) 국가와 **지방자치단체(공공단체 X)**는 국민의 생명·신체 및 재산을 보호하고 공공의 안녕과 질서유지에 필요한 시책을 수립·시행하여야 한다(동법 제2조).

㉢ (X) 학교폭력 등 소년범죄, 가정폭력, 아동학대 범죄, 「형법」 제245조에 따른 공연음란 및 「성폭력범죄의 처벌 등에 관한 특례법」 **제12조**에 따른 성적 목적을 위한 다중이용장소 침입행위에 관한 범죄(제11조 공중 밀집 장소에서의 추행 X, 제13조 통신매체를 이용한 음란행위 X)는 자치경찰사무에 포함된다(동법 제4조 제1항 제2호 라목).

㉣ (O) 동법 제4조 제2항

2

③의 연결이 옳다.

3

① (X)「스토킹범죄의 처벌 등에 관한 법률」제2조 제2호에 따른 스토킹범죄를 범한 사람으로서 **100만원 이상**의 벌금형을 선고받고 그 형이 확정된 후 **3년**이 지나지 아니한 사람(경찰공무원법 제8조 제2항 제8호 다목)

② (X) 정당의 당원이거나 당적을 이탈한 **날부터(다음날 X)** 3년이 지나지 아니한 사람(동법 제16조 제7항 제2호)

③ (O) 동법 제16조 제7항 제3호

④ (X) 공무원 또는 판사·검사의 직에서 퇴직한 날로부터 **1년(2년 X)**이 지나지 아니한 사람(동법 제16조 제7항 제4호)

4

① (O) 경찰청과 그 소속기관 조직 및 정원관리 규칙 제10조 제2항 제4항

② (X) 시·도경찰청장이 지구대 또는 파출소를 설치하고자 할 때에는 별표1 제4호에 준한 서류를 첨부하여 경찰청장에게 **승인(보고 X)**을 요청하여야 하며, 시·도경찰청장이 지구대 또는 파출소를 폐지하거나 명칭·위치 및 관할구역을 변경하였을 때에는 경찰청장에게 **보고(승인 X)**하여야 한다(경찰청과 그 소속기관 조직 및 정원관리 규칙 제10조 제1항, 제5항).

③ (X) **시·도경찰청장**은 경찰서장의 소관사무를 분장하기 위하여 행정안전부령이 정하는 바에 따라 경찰청장의 승인을 얻어 지구대 또는 파출소를 둘 수 있다(경찰청과 그 소속기관 직제 제43조 제1항).

④ (X) **국립과학수사연구원은 행정안전부 소속기관**이다(경찰청과 그 소속기관 직제 제2조).

5

① (X) 임용심사위원회는 위원장 1명을 포함한 위원 **5명 이상 7명 이하**로 구성한다(동규칙 제10조 제1항). 위원장은 위원 중 **가장 계급이 높은 경찰공무원(호선 X)**이 된다. 다만, 가장 계급이 높은 경찰공무원이 둘 이상인 경우 그 중 해당 계급에 승진임용된 날이 가장 빠른 경찰공무원이 된다(경찰공무원 임용령 시행규칙 제10조 제2항).

② (O) 동시행규칙 제10조 제3항

③ (X) 위원회는 재적위원 **3분의 2 이상** 출석과 출석위원 과반수 찬성으로 의결한다(동규칙 제10조 제4항).

④ (X) 이 규칙에서 정한 사항 외에 위원회의 운영에 필요한 사항은 위원회의 의결을 거쳐 **위원장(행정안전부령 X)**이 정한다(동시행규칙 제10조 제7항).

6

① (X) 경찰공무원은 **상사의 허가(경찰서의 장 X)**를 받거나 그 명령에 의한 경우를 제외하고는 직무와 관계없는 장소에서 직무수행을 하여서는 아니 된다(경찰공무원 복무규정 제8조).

② (X) 경찰공무원은 신규채용·승진·전보·파견·출장·연가·교육훈련기관에의 입교 기타 신분관계 또는 근무관계 또는 근무관계의 변동이 있는 때에는 소속 상관에게 **신고를 하여야 한다**(동규정 제11조).

③ (X) 경찰공무원은 휴무일 또는 근무시간외에 2시간 이내에 직무에 복귀하기 어려운 지역으로 여행을 하고자 할 때에는 **소속 경찰기관의 장**에게 신고를 하여야 한다. 다만, 치안상 특별한 사정이 있어 경찰청장, 해양경찰청장 또는 경찰기관의 장이 지정하는 기간 중에는 **소속 경찰기관의 장의 허가**를 받아야 한다(동규정 제13조).

④ (O) 동규정 제18조

7

① (X) 공무원에 대하여 징계처분 등을 할 때나 휴직·직위해제 또는 면직처분을 할 때에는 그 처분권자 또는 처분제청권자는 처분사유를 적은 설명서를 **교부하여야 한다(할 수 있다 X)**. 다만, 본인의 원(願)에 따른 강임·휴직 또는 면직처분은 그러하지 아니한다(국가공무원법 제75조 제1항).
② (O) 동법 제75조 제2항
③ (O) 동법 제77조 제1항
④ (O) 경찰공무원법 제21조

8

① (X) 행정에 관한 나이는 다른 법령등에 특별한 규정이 있는 경우를 제외하고는 출생일을 **산입하여(산입하지 않고 X)** 만(滿) 나이로 계산하고, 연수(年數)로 표시한다. 다만, 1세에 이르지 아니한 경우에는 월수(月數)로 표시할 수 있다(행정기본법 제7조의2).
② (O) 동법 제15조
③ (X) 행정청은 법률로 정하는 바에 따라 완전히 자동화된 시스템(인공지능 기술을 적용한 시스템을 **포함**)으로 처분을 할 수 있으나, 처분에 재량이 있는 경우는 그러하지 아니하다(동법 제20조).
④ (X) 이의신청에 대한 결과를 통지받은 후 행정심판 또는 행정소송을 제기하려는 자는 그 결과를 통지받은 날(제2항에 따른 통지기간 내에 결과를 통지받지 못한 경우에는 같은 항에 따른 통지기간이 만료되는 날의 다음 날을 말한다)부터 **90일 이내**에 제1항의 처분(이의신청 결과 처분이 변경된 경우에는 변경된 처분으로 한다)에 대하여 행정심판 또는 행정소송을 제기할 수 있다(동법 제36조 제4항).

9

① (X) 행정청의 과태료 부과에 불복하는 당사자는 과태료 부과 통지를 받은 날부터 60일 이내에 **해당 행정청**에 서면으로 이의 제기할 수 있다(질서위반행위규제법 제20조 제1항).
② (X) 심신장애로 인하여 행위의 옳고 그름을 판단할 능력이 없거나 그 판단에 따른 행위를 할 능력이 없는 자의 질서위반행위는 과태료를 **부과하지 아니한다**(동법 제10조 제1항).
③ (O) 2인 이상이 질서위반행위에 가담한 때에는 각자가 질서위반행위를 한 것으로 본다. 또한 신분에 의하여 성립하는 질서위반행위에 신분이 없는 자가 가담한 때에는 **신분이 없는 자에 대하여도 질서위반행위가 성립한다(성립하지 않는다 X)**(동법 제12조 제1항, 제2항).
④ (X) 다른 법률에 특별한 규정이 없는 한 **14세가 되지 아니한 자**의 질서위반행위는 과태료를 부과하지 아니한다(동법 제9조).

10

① (X) 공공안녕에 대한 위험의 예방과 대응을 위한 정보의 수집·작성·배포와 이에 수반되는 사실의 확인을 위해 경찰관이 수행하는 활동(이하 "정보활동"이라 한다)은 **국민의 자유와 권리를 보호(국가의 존립과 기능을 보호 X)**하는 것을 목적으로 해야 하며, 필요 최소한의 범위에 그쳐야 한다.
② (O) 동규정 제4조 제1항
③ (X) 「경찰관의 정보수집 및 처리 등에 관한 규정」에 따라 수집·작성·배포할 수 있는 정보의 구체적인 범위는 **범죄의 예방과 대응에 필요한 정보(범죄수사에 필요한 정보 X)**, 국가중요시설의 안전 및 주요 인사의 보호에 필요한 정보 등이 있다(동규정 제3조 제1호).
④ (X) 누구든지 정보활동과 관련하여 경찰관에게 이 영과 그 밖의 법령에 반하여 지시해서는 안 되며, 경찰관은 지시가 명백히 위법한 지시라고 판단되는 경우에는 그 집행을 **거부할 수 있다(거부하여야 한다 X)**(동규정 제8조 제1항, 제2항).

11

① (X) 국가는 손실발생의 원인에 대하여 책임이 있는 자가 자신의 책임에 상응하는 정도를 초과하는 생명·신체 또는 재산상의 손실을 입은 경우 정당한 **보상을 하여야 한다(보상을 하지 않을 수 있다 X)**(경찰관 직무집행법 제11조의2 제1항 제2호).

② (X) 경찰청장, 해양경찰청장, 시·도경찰청장 또는 지방해양경찰청장은 **손실보상심의위원회**의 심의·의결에 따라 보상금을 지급하고, 거짓 또는 부정한 방법으로 보상금을 받은 사람에 대하여는 해당 보상금을 환수하여야 한다(동법 제11조의2 제4항).

③ (O) 동법 제11조의2 제6항

④ (X) 위원회의 위원은 소속 경찰공무원과 판사·검사 또는 변호사로 5년 이상 근무한 사람, 고등교육법 제2조에 따른 학교에서 법학 또는 행정학을 가르치는 **부교수 이상(정교수 이상 X)**으로 5년 이상 재직한 사람, 경찰업무와 손실보상에 관하여 학식과 경험이 풍부한 사람 중에서 경찰청장 등이 위촉하거나 임명한다(동법 시행령 제11조 제3항).

12

ⓒ (X) 신설조직보다 **기성조직**에서, 전문적 사무보다는 **단순반복 업무를 담당하는 조직**에서 상관이 많은 부하직원을 통솔할 수 있다.

ⓔ (X) 조직의 구조, 보상체계, 인사 등의 제도 개선과 조직원의 행태를 합리적으로 개선하는 것은 갈등의 **장기적인(단기적 X) 대응방안**이다.

ⓜ (X) 전문화와 분업화의 정도가 높아질수록 조정과 통합의 필요성이 높아지므로 양자는 **정비례(반비례 X) 관계**이다.

13

① (X) 직업공무원제도는 행정의 안정성과 독립성 확보에 용이하지만, **외부환경 변화에 신속하게 대응하지 못한다는 단점**이 있다.

14

① (X) 경찰기관의 장은 무기를 휴대한 자 중에서 사의를 표명한 자에게 대여한 무기·탄약을 즉시 회수해야 한다. 다만, **대상자가 이의신청을 하거나 소속 부서장이 무기 소지 적격 여부에 대해 심의를 요청하는 경우**에는 무기 소지 적격 심의위원회(이하 '심의위원회'라 한다.)의 심의를 거쳐 대여한 무기·탄약의 회수 여부를 결정한다(경찰장비관리규칙 제120조 제1항 제2호).

② (X) 경찰기관의 장은 무기를 휴대한 자 중에서 정신건강상 문제가 우려되어 치료가 필요한 자에게 대여한 무기·탄약을 **심의위원회의 심의를 거쳐 회수할 수 있다(해야 한다 X)**(동규칙 제120조 제2항 제3호).

③ (X) 경찰기관의 장은 ①~②에 규정한 사유들이 소멸되면 직권 또는 당사자 신청에 따라 **무기 소지 적격 심의위원회의 심의를 거쳐** 무기 회수의 해제 조치를 할 수 있다(동규칙 제120조 제3항).

④ (O) 동규칙 제120조의3 제2항, 제3항

15

차례대로 ㉠ Ericson ㉡ Sir Robert Mark ㉢ Crandon 이 옳다.

16

① (O) 모든 국민은 정보의 공개를 청구할 권리를 가진다. **외국인**의 정보공개 청구에 관하여는 **대통령령**으로 정한다(공공기관의 정보공개에 관한 법률 제5조).

② (X) 청구인은 이의신청 절차를 **거치지 아니하고 행정심판을 청구할 수 있다(없다 X)**(동법 제19조 제2항).

③ (X) 정보의 공개 및 우송 등에 드는 비용은 실비의 범위에서 **청구인(행정청 X, 공공기관 X)이 부담**한다(동법 제17조 제1항).

④ (X) 공공기관은 부득이한 사유로 「공공기관의 정보공개에 관한 법률」 제11조 제1항에 따른 기간 이내에 공개 여부를 결정할 수 없을 때에는 그 기간이 끝나는 날의 **다음 날부터** 기산하여 **10일**의 범위에서 공개 여부 결정기간을 연장할 수 있다. 이 경우 공공기관은 연장된 사실과 연장 사유를 청구인에게 **지체 없이 문서(구두 X)**로 통지하여야 한다(동법 제11조 제2항).

17

① (O) 행정심판법 제2조 제1호
② (O) 동법 제3조 제1항
③ (O) 동법 제3조 제2항
④ (X) 시·도경찰청장의 처분 또는 부작위에 대한 행정심판의 청구에 대해서는 **국민권익위원회(경찰청 X)**에 두는 **중앙행정심판위원회(행정심판위원회 X)**에서 심리·재결한다(동법 제6조 제2항).

18

가. (X) 니더호퍼(Niederhoffer)는 기존의 신념체제가 붕괴된 후 **대체신념의 부재(새로운 신념체제 X)**로 아노미 현상이 발생하고 냉소주의가 나타날 수 있다고 하였다.

나. (O)

다. (X) 회의주의는 **특정(불특정 X)** 대상에 대하여 합리적인 근거를 바탕으로 의심하고 비판하며 개선의 의지가 있다는 점에서 냉소주의와 차이가 있다.

라. (X) 인간관 중 Y이론은 인간이 책임감 있고 정직하여 **민주적**인 관리를 해야 한다는 이론이고, X이론은 인간을 게으르고 부정직한 것으로 보아 **권위적**으로 관리해야 한다는 이론으로, Y이론에 의한 관리가 냉소주의를 극복하는 방안이 된다.

19

① (O) 경찰청 공무원 행동강령 제10조
② (O) 동강령 제10조의2
③ (X) **국가공무원법(경찰청 공무원 행동강령 X)**상 공무원은 직무의 내외를 불문하고 그 품위가 손상되는 행위를 하여서는 아니 된다(국가공무원법 제63조).
④ (O) 동강령 제6조

20

① (X) 대통령 소속 기관과 국무총리 소속 기관을 **포함**한다.

② (X) **사립학교 교직원과 민간 언론사 임직원**은 청탁금지법 적용대상이나, 이해충돌방지법의 적용대상은 아니다(공직자의 이해충돌 방지법 제2조 제2호 다목).

④ (X) "사적이해관계자"란 공직자로 채용·임용되기 전 **2년 이내**에 공직자 자신이 대리하거나 고문·자문 등을 제공하였던 개인이나 법인 또는 단체에 해당하는 자를 말한다(동법 제2조 제6호).

> **[최신기출] 2024년 채용 오답포인트**
> "고위공직자"에는 **치안감 이상의 경찰공무원** 및 특별시·광역시·특별자치시·도·특별자치도의 **시·도경찰청장(경무관인 세종특별자치시경찰청장도 포함)**이 해당된다.

21

① (O) 112치안종합상황실 운영 및 신고처리 규칙 제6조 제2항

② (X) 경찰청장은 강력범죄 현행범인 등 신고 대응을 위해 실시간 전파가 필요한 경우에는 112신고 대응 코드(code) 중 **코드 0** 신고로 분류한다(동규칙 제7조 제1항 제1호).

③ (O) 동규칙 제13조 제2항

④ (O) 동규칙 제20조 제1항 제1호, 제2호

22

① (X) "총포"란 권총, 소총, 기관총, 포, 엽총, 금속성 탄알이나 가스 등을 쏠 수 있는 장약총포(裝藥銃砲), 공기총(가스를 이용하는 것을 포함한다) 및 **총포신·기관부 등 그 부품으로서 대통령령으로 정하는 것을 말한다**(총포·도검·화약류 등의 안전관리에 관한 법률 제2조 제1항).

② (X) "화약류"란 화약, 폭약 및 **화공품(火工品 : 화약 및 폭약을 써서 만든 공작물을 말한다)**을 말한다(동법 제2조 제3항).

③ (X) **산업용 및 의료용 전자충격기는 제외**한다(동법 시행령 제6조의3).

④ (O) 동법 제2조 제2항

23

㉠㉡㉣㉤ 4 항목이 '**청소년유해행위**'에 해당한다.

㉠ (O) 동법 제30조 제5호

㉡ (O) 동법 제30조 제7호

㉢ (X) 청소년으로 하여금 **영업장을 벗어나** 차 종류를 배달하는 행위를 하게 하거나 이를 조장하거나 묵인하는 행위는 금지되지만(동법 제30조 제9호), **근로기준법상 요건을 충족하면 단순히 다(茶)류를 판매하는 곳에서 근무는 가능**하다.

㉣ (O) 동법 제30조 제8호

㉤ (O) 동법 제30조 제2호

24

② (O) 검거한 지명수배자에 대하여 지명수배가 여러 건인 경우에는 ㉣ 공소시효 만료 3개월 이내이거나 공범에 대한 수사 또는 재판이 진행 중인 수배관서, ㉠ 법정형이 중한 죄명으로 지명수배한 수배관서, ㉢ 검거관서와 동일한 지방검찰청 또는 지청의 관할구역에 있는 수배관서, ㉡ 검거관서와 거리 또는 교통상 가장 인접한 수배관서 순서에 따라 검거된 지명수배자를 인계받아 조사하여야 한다(범죄수사규칙 제99조 제3항).

25

① (X) 현장출동이 동행하여 이루어지지 아니한 경우 수사기관의 장이나 시·도지사 또는 시장·군수·구청장은 현장출동에 따른 조사 등의 결과를 서로에게 **통지하여야 한다(할 수 있다 X)**(아동학대범죄의 처벌 등에 관한 특례법 제11조 제7항).

② (O) 동법 제11조 제1항

③ (O) 동법 제12조 제3항

④ (O) '피해아동등을 연고자 등에게 인도'를 하는 때에는 피해아동등의 이익을 최우선으로 고려하여야 하며, 피해아동등을 보호하여야 할 필요가 있는 등 특별한 사정이 있는 경우를 제외하고는 **피해아동등의 의사를 존중(동의 X)**하여야 한다(동법 제12조 제1항).

26

③ (X) 경비경찰의 특징 중 **복합기능적 활동**에 대한 설명이다.

27

① (X) **개표소**안에 들어간 경찰공무원 또는 경찰관서장은 **구·시·군선거관리위원회위원장의 지시**를 받아야 하며, 질서가 회복되거나 위원장의 요구가 있는 때에는 즉시 개표소에서 퇴거하여야 한다(공직선거법 제183조).

② (X) ①에 따라 원조요구를 받은 경찰관은 예외적으로 **무기 등을 휴대할 수 있다.**

④ (X) 투표관리관 또는 투표사무원은 투표소의 질서가 심히 문란하여 공정한 투표가 실시될 수 없다고 인정하는 때에는 투표소의 질서를 유지하기 위하여 정복을 한 경찰공무원 또는 경찰관서장에게 원조를 요구할 수 있으며, 원조요구를 받은 경찰공무원 또는 경찰관서장은 즉시 **이에 따라야 한다**(동법 제164조 제1항, 제2항).

28

① (X) **테러위험인물**에 대한 설명이다(국민보호와 공공안전을 위한 테러방지법 제2조 제3호).

② (X) ~~일시 출국금지 기간은 **90일(60일 X)**로 한다(동법 제13조 제1항, 제2항).

③ (X) **국가정보원장(경찰청장 X)**은 대테러활동에 필요한 정보나 자료를 수집하기 위하여 테러위험인물에 대한 추적을 할 경우 **국가테러대책위원회 위원장(국가정보원장 X)**에게 사전 또는 사후에 보고하여야 한다(동법 제9조 제4항).

④ (O) 동법 제15조 제1항

29

① (X) 청원경찰을 배치받으려는 자는 대통령령으로 정하는 바에 따라 관할 **시·도경찰청장**에게 청원경찰 배치를 신청하여야 한다(청원경찰법 제4조 제1항).

② (X) **청원주(경찰서장 X)**는 청원경찰이 직무상의 의무를 위반하거나 직무를 태만히 한 때에는 대통령령으로 정하는 징계절차를 거쳐 징계처분을 하여야 한다(동법 제5조의2 제1항).

③ (X) 청원경찰은 근무 중 **제복을 착용하여야 한다**(동법 제8조 제1항).

④ (O) 동법 제5조 제2항

30

① (O) A는 혈중알코올 농도 0.09%, B는 혈중알코올 농도 0.1%로 각각 측정되었다. 이는 운전면허 취소사유인 **0.08%**를 초과한 수치로 운전면허 취소와 음주운전으로 인한 범칙금은 A의 개인형 이동장치인 전동킥보드는 10만원, B의 자전거의 경우는 범칙금 3만원이 부과된다(도로교통법 시행령 별표8).

31

① (O) 도로교통법 제50조의3 제1항, 제93조 제21호
② (O) 동법 제50조의3 제3항
③ (X) 음주운전 방지장치의 설치 사항을 시·도경찰청장에게 등록한 자는 연 2회 이상 음주운전 방지장치 부착 자동차등의 운행기록을 **시·도경찰청장**에게 제출하여야 하며, 음주운전 방지장치의 정상 작동여부 등을 점검하는 검사를 받아야 한다(동법 제50조의3 제6항).
④ (O) 동법 제50조의3 제7항

32

① (X) 여러 차례에 걸쳐 호흡측정기의 빨대를 입에 물고 형식적으로 숨을 부는 시늉만 하였을 뿐 숨을 제대로 불지 아니하여 호흡측정기에 음주측정수치가 나타나지 아니하도록 한 피고인의 행위는 **음주측정불응의 죄에 해당한다**(대판 99도5210).
② (X) 음주로 인한 특가법위반(위험운전치사상)죄와 도로교통법 위반(음주운전)죄는 입법 취지와 보호법익 및 적용 영역을 달리하는 별개의 범죄로서 양 죄가 모두 성립하는 경우 **두 죄는 실체적 경합관계에 있다**(대판 2008도7143).
③ (O) 대판 2005도8822
④ (X) 보행신호등의 녹색등화의 점멸신호 전에 횡단을 시작하였는지 여부를 가리지 아니하고 보행신호등의 녹색등화가 점멸하고 있는 동안에 횡단보도를 통행하는 **모든 보행자는 횡단보도에서의 보행자 보호의무의 대상이 된다**(대판 2007도9598).

33

① (X) **형식효용**에 대한 설명이다.

34

㉠ (X) 정보의 순환과정은 **정보의 요구 → 첩보의 수집 → 정보의 생산 → 정보의 배포** 순이다.
㉡ (O)
㉢ (O)
㉣ (X) **첩보수집단계**의 소순환과정은 출처의 개척 → 첩보의 수집 → 첩보의 전달이다. 첩보의 기본요소 결정 → 첩보수집계획서의 작성 → 명령·하달 → 수집활동에 대한 조정·감독은 **정보요구의 소순환과정**이다.
㉤ (X) 정보의 순환과정 중 가장 중요하고도 어려운 단계는 **첩보수집(정보의 생산 X)단계**이다.
㉥ (X) **정보생산(배포 X)단계**의 소순환과정은 선택 → 기록 → 평가 → 분석 → 종합 → 해석이다.

35

① (X) 헌법불합치결정에 따른 개정이 이루어지지 않아 효력을 상실하여 현재는 **24시간 언제나 옥외집회가 가능**하며, 시위의 경우 해가 진 후부터는 같은 날 24시까지만 가능하다.
② (X) 누구든지 **대법원장 공관(대통령 관저 X), 헌법재판소장 공관**에 해당하는 청사 또는 저택의 경계 지점으로부터 100미터 이내의 장소에서는 옥외집회 또는 시위를 하여서는 아니 된다(집회 및 시위에 관한 법률 제11조 제3호).
③ (X) ~~보완 통고는 보완할 사항을 분명히 밝혀 서면으로 주최자 또는 연락책임자에게 **송달하여야 한다**(동법 제7조 제1항, 제2항).
④ (O) 동법 제26조 제1항

36

① (X) 지문은 **전복**에 대한 설명이다.

37

① (X) '북한이탈주민'이란 군사분계선 이북지역에 주소, 직계가족, 배우자, 직장 등을 두고 있는 사람으로서 북한을 벗어난 후 **외국 국적을 취득하지 아니한 사람(취득한 사람 X)**을 말한다(북한이탈주민의 보호 및 정착지원에 관한 법률 제2조 제1호).
② (O) 동법 제9조 제1항
③ (X) **통일부장관**은 보호대상자가 거주지로 전입한 후 그의 신변안전을 위하여 **국방부장관이나 경찰청장**에게 협조를 요청할 수 있으며, 협조 요청을 받은 **국방부장관이나 경찰청장**은 이에 협조한다(동법 제22조의2 제1항).
④ (X) 통일부장관은 북한이탈주민 대책협의회의 심의를 거쳐 보호 여부를 결정한다. 다만, 국가안전보장에 현저한 영향을 줄 우려가 있는 사람에 대하여는 **국가정보원장이(국방부장관 X) 그 보호 여부를 결정**하고, 그 결과를 지체 없이 통일부장관과 보호신청자에게 통보하거나 알려야 한다(동법 제8조 제1항).

38

② (X) 장기 **3년 이상**의 형에 해당하는 죄로 인하여 기소중지 또는 수사중지(피의자중지로 한정한다)되거나 체포영장·구속영장이 발부된 사람 중 국외에 있는 사람(여권법 제12조 제1항 제1호)

39

① (O) 출입국관리법 제47조
② (O) 동법 제51조
③ (X) 지방출입국·외국인관서의 장은 강제퇴거명령을 받은 사람이 여권을 소지하지 아니하였거나 교통편이 확보되지 아니하는 등의 사유로 그 사람을 즉시 대한민국 밖으로 송환할 수 없는 경우에는 **2개월의 범위에서** 그 사람을 송환할 수 있을 때까지 보호시설에 보호할 수 있다(동법 제63조 제1항).
④ (O) 동법 제62조

40

청색수배서(Blue Notice)에 관한 설명이다.

제10회 모의고사

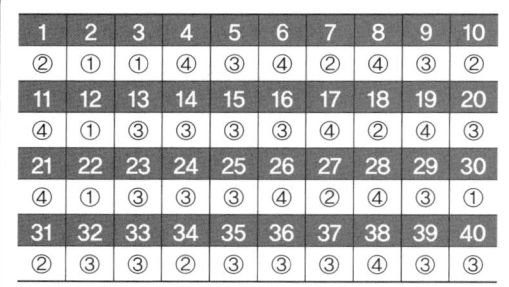

1

① (X) **국회의장은** 회기 중 국회의 질서를 유지하기 위하여 국회 안에서 경호권을 행사한다.
② (O) 국회법 제150조
③ (X) 국회의 경호업무는 국회의장의 지휘를 받아 수행하되, 경위는 회의장 **건물 안(건물 밖 X)**에서, 경찰공무원은 회의장 **건물 밖(건물 안 X)**에서 경호한다(동법 제144조 제3항).
④ (X) 경고나 제지는 **할 수 있다**(동법 제145조 제1항).

2

② (X) 일본에서 제정된 **치안유지법**이 우리나라에 적용되었다.
③ (X) 3·1운동을 계기로 헌병경찰제도에서 보통경찰제도로 전환되었으나, 경찰의 직무와 권한에는 **변동이 없었다.** 그러므로 경찰은 치안유지 업무 이외에 각종 조장행정에의 원조, 민사소송조정 사무, 집달리 사무 등도 관장하였다.
④ (X) 총독에게 주어진 **제령권**과 **경무총장, 경무부장**에게 주어진 **경찰명령권** 등을 통한 각종 치안입법으로 전제주의적·제국주의적 경찰권의 행사가 가능하였다.

3

① (O) 국가경찰과 자치경찰의 조직 및 운영에 관한 법률

> 제14조(경찰청장) ⑤ 경찰청장이 직무를 집행하면서 헌법이나 법률을 위배하였을 때에는 **국회는 탄핵 소추를 의결할 수 있다.**
> 제16조(국가수사본부장) ⑤ 국가수사본부장이 직무를 집행하면서 헌법이나 법률을 위배하였을 때에는 **국회는 탄핵 소추를 의결할 수 있다.**

② (X) **시·도지사**가 시·도자치경찰위원회의 의결에 대해 재의를 요구하려면 해당 의결이 **적정하지 아니하다고 판단(법령에 위반되거나 공익을 현저히 해친다고 판단 X)**되어야 한다.
③ (X) 시·도경찰청장은 **경찰청장(시·도지사 X)**이 시·도자치경찰위원회와 협의하여 추천한 사람 중에서 행정안전부장관의 제청으로 국무총리를 거쳐 대통령이 임용한다(동법 제28조 제2항).
④ (X) 시·도경찰청장은 국가경찰사무에 대해서는 경찰청장의 지휘·감독을, 자치경찰사무에 대해서는 시·도자치경찰위원회의 지휘·감독을 받아 관할구역의 소관 사무를 관장하고 소속 공무원 및 소속 경찰기관의 장을 지휘·감독한다. 다만, 수사에 관한 사무에 대해서는 **국가수사본부장(경찰청장 X)**의 지휘·감독을 받아 관할구역의 소관 사무를 관장하고 소속 공무원 및 소속 경찰기관의 장을 지휘·감독한다(동법 제28조 제3항).

4

① (X) 총경 이하 경찰공무원에게 부여하는 경과는 일반경과, 수사경과, 안보수사경과 특수경과(항공경과, 정보통신경과)이다. 다만, **수사경과와 안보수사경과**는 경정 이하 경찰공무원에게만 부여한다(경찰공무원 임용령 §3).

② (X) 임용권자 또는 임용제청권자는 경찰공무원을 신규채용할 때 경과를 **부여해야 한다(부여할 수 있다 X)**(동임용령 제3조 제2항).

③ (X) 다만, 정원감축 등 경찰청장이 정하는 사유가 있는 경우 수사경과 · 안보수사경과 또는 **정보통신경과(특수경과 중 항공경과 X)**에서 일반경과로의 전과를 인정할 수 있다(동임용령 시행규칙 제27조 제1항).

④ (O) 동임용령 시행규칙 제28조 제2항 제1호 제2호

5

ⓒ (X) 자격정지 이상의 형의 선고유예를 선고받고 그 **유예기간 중에 있는 사람**은 경찰공무원으로 임용될 수 없다.

ⓜ (X) 피성년후견인 또는 피한정후견인은 **경찰공무원으로 임용될 수 없다**.

6

① (X) 징계 사유를 통지받은 경찰기관의 장은 타당한 이유가 없으면 통지를 받은 날부터 30일 이내에 관할 징계위원회에 징계등 의결을 요구하거나 **그 상급 경찰기관의 장**에게 징계등 의결의 요구를 신청하여야 한다(경찰공무원 징계령 제10조 제1항, 제2항).

② (X) 징계 사유가 금전, 물품, 부동산, 향응을 취득하거나 제공한 경우에는 해당 징계 외에 취득하거나 제공한 금전 또는 재산상 이득의 **5배(3배 X)** 내의 징계부가금 부과 의결을 징계위원회에 요구하여야 한다(국가공무원법 제78조의2).

③ (X) 금품 및 향응수수, 공금의 횡령 · 유용 등의 경우에는 **5년**, 「성폭력범죄의 처벌 등에 관한 특례법」제2조에 따른 성폭력범죄등의 경우에는 **10년**, 그 밖의 징계 등 사유에 해당하는 경우에는 **3년**이 지나면 하지 못한다(동법 제83조의2).

④ (O) 동법 제80조 제3항

7

㉠ (O) 공무원고충처리규정 제3조의2 제2항

㉡ (O) 동규정 제3조의2 제4항

㉢ (X) 경찰공무원고충심사위원회 민간위원의 임기는 **2년(3년 X)**으로 하며, 한 번만 연임할 수 있다(동규정 제3조의2 제6항).

㉣ (X) 경찰공무원고충심사위원회의 회의는 위원장과 위원장이 회의마다 지정하는 **5명(3명 X)** 이상 7명 이내의 위원으로 성별을 고려하여 구성한다. 이 경우 민간위원이 3분의 1 이상 포함되어야 한다(동규정 제3조의2 제7항).

8

④ (X) 당사자가 인허가나 신고의 위법성을 알고 있었거나 **중대한 과실(경과실 X)**로 알지 못한 경우(행정기본법 제23조 제2항 제2호)

> **제23조(제재처분의 제척기간)** ① 행정청은 법령등의 위반행위가 종료된 날부터 **5년이 지나면** 해당 위반행위에 대하여 제재처분(인허가의 정지·취소·철회, 등록 말소, 영업소 폐쇄와 정지를 갈음하는 과징금 부과를 말한다)을 **할 수 없다.**
> ② 다음 각 호의 어느 하나에 해당하는 경우에는 ①을 적용하지 아니한다.
> 1. 거짓이나 그 밖의 부정한 방법으로 인허가를 받거나 신고를 한 경우
> 2. 당사자가 인허가나 신고의 위법성을 알고 있었거나 **중대한 과실**로 알지 못한 경우
> 3. 정당한 사유 없이 행정청의 조사·출입·검사를 기피·방해·거부하여 제척기간이 지난 경우
> 4. 제재처분을 하지 아니하면 국민의 안전·생명 또는 환경을 심각하게 해치거나 해칠 우려가 있는 경우

9

① (O) 이 법은 국민의 자유와 권리 및 모든 개인이 가지는 불가침의 기본적 인권을 보호하고 사회공공의 질서를 유지하기 위한 경찰관(**경찰공무원(국가공무원 X)만 해당한다**)의 직무 수행에 필요한 사항을 규정함을 목적으로 한다(경찰관 직무집행법 제1조 제1호).
② (O) 지문은 **경찰비례원칙(경찰소극목적의 원칙 X)의 명시적 규정**이라 할 수 있다.
③ (X) 경찰관이 불심검문 대상자 해당 여부를 판단할 때에는 불심검문 당시의 구체적 상황은 물론 사전에 얻은 정보나 전문적 지식 등에 기초하여 불심검문 대상자인지를 객관적·합리적인 기준에 따라 판단하여야 하나, 반드시 불심검문 대상자에게 **형사소송법상 체포나 구속에 이를 정도의 혐의가 있을 것을 요한다고 할 수는 없다**(대판 2011도13999).
④ (O) 동법 제3조 제3항

10

① (X) '경찰장구'란 경찰관이 휴대하여 범인 검거와 범죄 진압 등의 직무 수행에 사용하는 **수갑, 포승, 경찰봉, 방패(도검 X)** 등을 말한다(경찰관 직무집행법 제10조의2 제2항).
② (O) 동법 제10조의4
③ (X) **최루탄도 제10조의3(분사기 등의 사용)에서 함께 사용요건이 명시**되어 있다.
④ (X) '경찰착용기록장치'는 사람의 생명·신체에 위해를 끼치거나 재산에 중대한 손해를 끼칠 **우려가 있는 범죄행위를 긴급하게 예방 및 제지하는 경우 경찰관은 직무 수행을 위하여 필요한 경우에는 필요한 최소한의 범위에서 사용할 수 있다**(동법 제10조의5 제1항).

11

① (X) 손실보상심의위원회는 위원장 1명을 포함한 5명 이상 7명 이하의 위원으로 구성하며, 위원장이 부득이한 사유로 직무를 수행할 수 없는 때에는 **위원장이 미리 지명한 위원이 그 직무를 대행**한다(동법 시행령 제11조 제2항, 제12조 제3항).
② (X) 보상금을 지급하기로 결정한 경우 경찰청장, 해양경찰청장, 시·도경찰청장 또는 지방해양경찰청장은 **결정일부터** 10일 이내에 보상금 지급 청구 승인 통지서에 결정 내용을 적어서 청구인에게 통지해야 한다(동법 시행령 제10조 제4항 제1호).
③ (X) 소속 경찰관의 직무집행으로 인하여 발생한 손실보상청구 사건을 심의하기 위하여 **경찰청, 해양경찰청, 시·도경찰청 및 지방해양경찰청(경찰서 X)**에 손실보상심의위원회를 설치한다(동법 시행령 제11조 제1항).
④ (O) 동법 시행령 제13조 제2항

12

① (X) 계층이 많아질수록 의사소통의 단계가 늘어나고 **처리시간이 길어진다.**

13

③ ⓜ-ⓖ-ⓔ-ⓛ-ⓒ 옳은 순서이다.
「국가재정법」상 예산은 '편성 → 심의 → 집행 → 결산' 과정으로 이루어진다.
ⓖ **예산안의 편성** 과정 중 예산요구서 제출에 관한 설명이다(**매년 5월 31일까지**, 국가재정법 제31조).
ⓛ **예산의 결산**과정 중 국가결산보고서의 작성 및 제출에 관한 설명이다(**다음 연도 4월 10일까지**, 동법 제59조).
ⓒ **예산의 결산**과정 중 국가결산 국회보고서의 국회제출에 관한 설명이다(**다음 연도 5월 31일까지**, 동법 제61조).
ⓔ **예산의 집행**과정 중 예산배정 요구서의 제출에 관한 설명이다(예산이 확정된 후, 동법 제42조).
ⓜ **예산안의 편성** 과정 중 예산안편성지침의 통보에 관한 설명이다(**매년 3월 31일까지**, 동법 제29조).

14

① (X) 암호자재를 사용하는 기관의 장은 사용기간이 끝난 암호자재를 지체 없이 그 **제작기관의 장(국가정보원장 X)**에게 반납하여야 한다(보안업무규정 제7조 제2항).
② (X) 비밀은 보관하고 있는 시설 밖으로 반출해서는 아니 된다. 다만, 공무상 반출이 필요할 때에는 **소속 기관의 장(중앙행정기관의 장 X)**의 승인을 받아야 한다(동규정 제27조).
③ (O) 동규정 제24조 제2항
④ (X) 외국 정부나 국제기구로부터 접수한 비밀은 그 **생산기관(접수기관 X)**이 필요로 하는 정도로 보호할 수 있도록 분류하여야 한다(동규정 제12조 제3항).

15

① (X) 중재위원회는 40명 이상 90명 이내의 중재위원으로 구성하며, 중재위원은 **문화체육관광부장관**이 위촉한다(언론중재 및 피해구제 등에 관한 법률 제7조 제3항).
② (X) 중재위원회의 회의는 **재적위원 과반수의 출석**(재적위원 1/4의 출석 X)과 출석위원 과반수의 찬성으로 의결한다(동법 제7조 제9항).
③ (O) 동법 제7조 제4항
④ (X) 위원장·부위원장·감사 및 중재위원의 임기는 각각 **3년**으로 하며, 한 차례만 연임할 수 있다(동법 제7조 제5항).

16

ⓒ (O) 경찰 감찰 규칙 제32조 제1항
ⓒ (O) 동규칙 제32조 제2항
② (X) 동료공무원의 동석을 신청할 경우 동석하도록 **하여야 한다(시킬 수 있다 X)**(동규칙 제28조 제1항).
ⓜ (O) 동규칙 제19조 제1항

17

④ (O) 동규칙 제37조 제3호
①②③ (X) **진정의 각하사유에 해당한다**(동규칙 제29조 제1항 제2호, 제4호, 제6호).

18

② (X) 관리층이 일정 수준의 권한을 부여받아 책임감을 가질 수 있도록 지원하는 방식은 관리층이 적극적으로 개입하여 통제하고(상의하달), 업무량과 성과에 대한 보상을 강조하는 내용이다. 이는 **냉소주의를 해결하기보다는 오히려 관리층의 일방적인 통제와 권한 강화로 받아들여질 수 있어 경찰관들의 냉소적인 태도를 완화하는 데 적절하지 않은 방법**이다.
④ (O) 상급자의 지시 방식에 변화를 주어 명령만 내리는 방식을 줄이고, 하위 직원들의 의견을 반영할 수 있는 소통 방식(하의상달)을 구축한다.

19

① (O) 부정청탁 및 금품등 수수의 금지에 관한 법률 시행령 별표 1
② (O) 동법 시행령 제17조 제2항
③ (O) 동법 시행령 별표 1
④ (X) **물품상품권**(가액범위 내에서 물품을 구입할 수 있는 온라인 상품권과 기프티콘 같은 모바일 상품권)과 **용역상품권**(연극, 영화, 공연, 스포츠 등 문화관람권)은 **선물이 가능**하지만, 백화점상품권·온누리상품권·지역사랑상품권·문화상품권 등 일정한 금액이 기재되어 소지자가 해당 금액에 상응하는 물품 또는 용역을 제공받을 수 있는 증표인 **금액상품권은 가액에 상관 없이 선물할 수 없다**.

20

제2조(정의) 이 규정에서 사용하는 용어의 뜻은 다음과 같다.
 2. "면책"이란, 적극행정과정에서 발생한 부분적인 절차상 하자 또는 비효율, 손실 등과 관련하여 그 업무를 처리한 경찰청 소속 공무원 등에 대하여 다음 각 목의 어느 하나에 해당하는 책임을 묻지 않거나 감면하는 것을 말한다.
  가. 「**경찰청 감사규칙**」 제10조 제1호(징계 또는 문책 요구), 제2호(시정 요구), 제3호(경고·주의 요구)까지 및 제6호(통보)
  나. 「경찰공무원 징계령」에 따른 징계 및 징계부가금

21

① (X) 경비업을 영위하고자 하는 법인은 도급받아 행하고자 하는 경비업무를 특정하여 그 법인의 주사무소의 소재지를 관할하는 **시·도경찰청장의 허가(경찰서장의 허가 X)**를 받아야 한다. 도급받아 행하고자 하는 경비업무를 변경하는 경우에도 또한 같다(동법 제4조 제1항).

② (X) 특수경비업무의 허가를 받은 법인이 특수경비업무를 개시하거나 종료한 때에는 **시·도경찰청장에게 신고(경찰서장에게 신고 X)**하여야 한다(동법 제4조 제3항).

③ (X) **특수경비업무**는 공항(항공기를 포함) 등 대통령령이 정하는 국가중요시설의 경비 및 도난·화재 그 밖의 위험발생을 방지하는 업무이다(동법 제2조 제1호 마목).

④ (O) 경비업법 제2조 제1호 라목

22

① (X) 경품 등을 제공하여 사행성을 조장하지 아니할 것. 다만, 청소년게임제공업의 전체이용가 게임물에 대하여 **대통령령으로 정하는 경품의 종류(완구류 및 문구류 등. 다만, 현금, 상품권 및 유가증권은 제외한다)·지급기준·제공방법 등에 의한 경우에는 그러하지 아니하다**(동법 제28조 제3호).

② (O) 게임산업진흥에 관한 법률 제28조 제2호
③ (O) 동법 제28조 제5호
④ (O) 동법 제28조 제6호

23

① (X) 시한성은 범죄첩보의 가치는 시간이 경과함에 따라 **감소(증가 X)**한다.

② (X) 수집된 수사첩보는 수집관서에서 처리하는 것을 원칙으로 한다. 다만, 평가 책임자는 수사첩보에 대해 범죄지, 피조사자의 주소·거소 또는 현재지 중 어느 1개의 관할권도 없는 경우 이송할 수 있으며, 이송을 하는 수사첩보의 평가 및 처리는 **이송 받은 관서(첩보를 수집한 관서 X)**의 평가 책임자가 담당한다(수사첩보 수집 및 처리 규칙 제9조).

③ (O) 동규칙 제12조 제1항

④ (X) 평가 책임자는 제출된 첩보의 정확한 평가를 위하여 제출자에게 사실 확인을 요구할 수 있으며, 제출된 수사첩보의 내용이 부실하여 보충할 필요성이 있는 경우 제출자에게 **보완을 요구할 수 있다(반려할 수 있다 X)**(동규칙 제7조 제3항, 제4항).

24

① (O) 범죄수사규칙 제98조 제4항
② (O) 동규칙 제99조 제3항 제3호, 제4호 참고

③ (X) 시·도경찰청장은 지명수배를 한 후, 6월이 경과하여도 검거하지 못한 사람들 중 중요지명피의자를 매년 5월과 11월 연 2회 선정하여 **국가수사본부장(경찰청장 X)**에게 중요지명피의자 종합 공개수배 보고서에 따라 보고하여야 한다(동규칙 제101조 제1항).

④ (O) 동규칙 제103조 제1항, 제104조 제6항

25

① (X) "가정폭력"이란 가정구성원 사이의 **신체적, 정신적 또는 재산상 피해**를 수반하는 행위를 말한다(가정폭력범죄의 처벌 등에 관한 특례법 제2조 제1호).

② (X) 피해자에게 고소할 법정대리인이나 친족이 없는 경우에 이해관계인이 신청하면 검사는 10일 이내에 고소할 수 있는 사람을 지정**하여야 한다(할 수 있다 X)**(동법 제6조 제3항).

③ (O) 동법 제5조 제2호

④ (X) 사법경찰관이 긴급임시조치를 한 때에는 지체없이 검사에게 임시조치를 신청하고, 신청받은 검사는 법원에 임시조치를 긴급임시조치를 한 때부터 **48시간 이내(24시간 X)**에 청구하여야 하며, 긴급임시조치 결정서를 첨부하여야 한다(동법 제8조의3 제1항).

26

④ (X) **코데인**은 천연마약에 해당한다.

27

② (X) 경비활동은 기본적으로 현재의 질서상태를 유지하는 것에 가치를 두지만, 이러한 **질서유지활동은 정태적·소극적인 유지가 아니라 새로운 변화와 발전을 보장하기 위한 동태적·적극적인 유지**이다.

28

① (O) 재난 및 안전관리 기본법 제60조 이하
② (O) 동법 제34조의5
③ (O) 동법 제33조의2
④ (X) 정부합동안전 점검은 **예방 단계**에서의 활동이다(동법 제32조).

29

① (X) 제1선을 제외한 행사장 중심으로 소총유효사거리 내외의 취약개소는 **주경비지역**으로 통상 경찰이 책임진다.
② (X) 감시조 운영은 **경계구역(제3선)**에서 한다.
③ (O) 옳은 설명이다.
④ (X) 출입자 통제관리, MD 설치운용, 비표확인은 **안전구역(제1선)**에서 실시한다.

30

① (X) 자전거등의 운전자는 자전거도로가 설치되지 아니한 곳에서는 도로 **우측(좌측 X)** 가장자리에 붙어서 통행하여야 한다(도로교통법 제13조의2 제2항).
② (O) 동법 제13조의2 제3항
③ (O) 동법 제13조의2 제5항
④ (O) 동법 제13조의2 제4항

31

13+10+9+3 = 35

32

① (X) 교차로에 교통섬이 설치되고 그 오른쪽으로 직진 차로에서 분리된 우회전 차로가 설치된 경우, 우회전 차로가 아닌 직진 차로를 따라 우회전 하는 행위는 **교차로 통행방법을 위반한 것**이다(대판 2011도9821).

② (X) 교차로의 차량신호등이 적색이고 교차로에 연접한 횡단보도 보행등이 녹색인 경우에 차량 운전자가 위 횡단보도 앞에서 정지하지 아니하고 횡단보도를 지나 우회전하던 중 업무상과실치상의 결과가 발생하면 교통사고처리 특례법 제3조 제1항, 제2항 단서 제1호의 '**신호위반**'에 해당하고, 이때 위 신호위반 행위가 교통사고 발생의 직접적인 원인이 된 이상 사고 장소가 횡단보도를 벗어난 곳이라 하여도 위 신호위반으로 인한 업무상과실치상죄가 성립함에는 지장이 없다(대판 2009도8222).

③ (O) 대판 2020도8675

④ (X) 황색실선이나 황색점선으로 된 중앙선이 설치된 도로의 어느 구역에서 좌회전이나 유턴이 허용되어 중앙선이 백색 점선으로 표시되어 있는 경우, 그 지점에서 안전표지에 따라 좌회전이나 유턴을 하기 위하여 중앙선을 넘어 운행하다가 반대편 차로를 운행하는 차량과 충돌하는 교통사고를 낸 것은 **교통사고처리 특례법에서 규정한 중앙선침범에 해당하지 않는다**(대판 2016도18941).

33

③ ㉠은 **적실성**, ㉡은 **완전성**, ㉢은 **객관성**, ㉣은 **적시성**에 대한 설명이다.

34

① (X) "옥외집회"란 천장이 **없거나** 사방이 폐쇄되지 아니한 장소에서 여는 집회를 말한다(집회 및 시위에 관한 법률 제2조).

② (O) 동법 제2조

③ (X) "시위"란 여러 사람이 공동의 목적을 가지고 도로, 광장, 공원 등 **일반인**이 자유로이 통행할 수 있는 장소를 행진하거나 위력(威力) 또는 기세(氣勢)를 보여, 불특정한 여러 사람의 의견에 영향을 주거나 제압(制壓)을 가하는 행위를 말한다(동법 제2조).

④ (X) "주최자(主催者)"란 자기 이름으로 자기 책임 아래 집회나 시위를 여는 사람이나 단체를 말한다. **주최자**는 **주관자(主管者)**를 따로 두어 집회 또는 시위의 실행을 맡아 관리하도록 위임할 수 있다. 이 경우 **주관자**는 그 위임의 범위 안에서 **주최자**로 본다(동법 제2조).

35

① (X) "**채증판독프로그램**"(채증자료란 X)이란 범죄수사를 목적으로 범죄혐의자의 인적사항 확인을 위하여 채증자료를 입력, 열람, 판독하기 위한 전산 프로그램을 말한다(집회등 채증활동규칙 제2조 제5호).

② (X) "주관부서"란 채증요원을 관리·운용하는 **경비 부서**(수사 부서 X)를 말한다(동규칙 제2조 제3호).

④ (X) 집회등 현장에서 채증을 할 때에는 사전에 채증 대상자에게 범죄사실의 요지, 채증요원의 소속, 채증 개시사실을 직접 고지하거나 방송 등으로 알려야 하며, **20분** 이상 채증을 계속하는 경우에는 **20분**이 경과할 때마다 채증 중임을 고지하거나 알려야 한다(동규칙 제9조 제1항, 제2항).

36

③ (X) 전략적 요구에 따라 전술을 변경할 수 있어도 **전술적 요구 때문에 전략 목표를 수정하지는 않는다**.

37

① (O) 동법 제8조 제1항
② (O) 「국가보안법」 제10조의 불고지죄는 반국가단체구성죄, 목적수행죄, 자진지원죄 등의 죄를 범한 자라는 정을 알면서 수사기관 또는 정보기관에 고지하지 아니하는 경우에 성립하는 것으로, 5년 이하의 징역 또는 **200만원(300만원 X)** 이하의 벌금에 처한다. 다만, 본범과 친족관계가 있는 때에는 그 형을 **감경 또는 면제한다**(동법 제10조).
③ (X) 불고지죄의 대상이 되는 범죄는 **반국가단체구성죄(제3조), 목적수행죄(제4조), 자진지원죄(제5조 제1항)·제3항(자진지원 미수범)·제4항(자진지원 예비·음모)**이다(동법 제10조).
④ (O) 반국가단체를 구성하거나 반국가단체에 가입한 자 또는 그 구성원, 구성원으로부터 지령을 받은 자의 일정한 범죄행위 또는 그들에 대한 자진지원행위를 알면서도 그 사실을 수사기관에 신고하지 아니함으로써 성립한다(**불가비호성**).

38

㉠ (X) **5년 이상** 계속하여 대한민국에 주소가 있을 것(국적법 제5조 제1호)
㉡ (O) 동법 제5조 제1호의2
㉢ (O) 동법 제5조 제2호
㉣ (X) 법령을 준수하는 등 **법무부령**으로 정하는 품행 단정의 요건을 갖출 것(동법 제5조 제3호)
㉤ (X) 귀화를 허가하는 것이 국가안전보장·질서유지 또는 공공복리를 해치지 아니한다고 **법무부장관(외교부장관 X)**이 인정할 것(동법 제5조 제6호)

39

③ (X) 공무집행 중의 작위 또는 부작위에 의한 범죄에 대하여는 미군 당국이 1차적 재판권을 가지며, **공무집행의 범위에는 공무집행으로 인한 범죄뿐만 아니라 공무집행에 부수하여 발생한 범죄도 포함**된다.

40

① (O) 범죄인 인도법 제12조 제1항
② (O) 동법 제19조 제1항
③ (X) **검사**는 타당한 이유가 있을 때에는 인도구속영장에 의하여 구속된 범죄인을 친족, 보호단체 또는 그 밖의 적당한 자에게 맡기거나 범죄인의 주거를 제한하여 구속의 집행을 정지할 수 있다(동법 제23조 제1항).
④ (O) 동법 제22조 제1항

저자 김재규

약력

- 동국대학교 대학원 경찰행정학과 경찰학박사
- 현, 해커스 경찰학·실무종합 강사
- 현, 한국경찰학회 부회장
- 현, 원광디지털대학교 경찰학과 겸임교수
- 현, 올라에듀 공무원학원(구. 김재규경찰학원)원장
- 중앙경찰학교 외래교수
- 경찰공제회 경찰승진 실무종합 편찬 및 감수총괄
- 경찰수사연수원 외래교수
- 동국대학교 경찰행정학과 겸임교수
- 연세대학교 행정대학원 외래교수

네이버 김재규경찰학 카페(https://cafe.naver.com/ollaedu)
카카오톡 오픈채팅 김재규 실무종합(https://open.kakao.com/o/gPsErflc)

논문

- 뺑소니교통사고의 실태분석과 개선방안에 관한 연구, 2000.
- 불심검문의 요건과 한계에 관한 연구, 2009.
- 불심검문의 실태 및 개선방안에 관한 연구, 2009.

저서

- 행정실무Ⅰ·Ⅱ(경무·방범·교통·경비편), 형사실무Ⅰ·Ⅱ(수사·정보·보안·외사편), 1997.
- 경찰학개론(경찰시험 최초의 수험서), 수사Ⅰ·Ⅱ(경찰시험 최초의 수험서), 2000.
- 객관식 경찰학개론(경찰시험 최초의 수험서), 객관식 수사Ⅰ·Ⅱ(경찰시험 최초의 수험서), 2001.
- 경찰경무론·방범론·교통론·경비론·정보론·보안론·외사론, 2001.
- 경찰TOTAL기출문제, 2002.
- 경찰실무종합, 경찰실무Ⅰ·Ⅱ·Ⅲ, 2005.
- 경찰학개론(전정판)·수사Ⅰ(전정판), 2006.
- 객관식 경찰학개론(전정판)·수사Ⅰ(전정판), 2006.
- 경찰학개론(신정판)·수사(신정판), 2009.
- 객관식 경찰학개론(신정판)·수사(신정판), 2009.
- 경찰학개론 서브노트, 2012.
- 경찰학개론 암기노트, 2014.
- 수사(신정판), 2018.
- 경찰법령집 2019.
- 객관식 경찰학개론(전정판)·수사(전정판), 2019.
- 경찰실무종합 핵심정리, 2021.
- 경찰실무종합 효자손, 2021.
- 김재규 경찰학, 2021
- 김재규 경찰학 핵심 서브노트, 2024
- 김재규 경찰학 21개년 총알 기출 OX, 2024
- 김재규 경찰학 PLUS 1000제, 2024

자기계발서

- 얌마! 너만 공부하냐, 2013.

2026 대비 최신개정판

해커스경찰
김재규
실무종합

최종 마무리 모의고사

개정 3판 1쇄 발행 2025년 10월 1일

지은이	김재규 편저
펴낸곳	해커스패스
펴낸이	해커스경찰 출판팀
주소	서울특별시 강남구 강남대로 428 해커스경찰
고객센터	1588-4055
교재 관련 문의	gosi@hackerspass.com
	해커스경찰 사이트(police.Hackers.com) 교재 Q&A 게시판
	카카오톡 채널 [해커스 경찰공무원]
학원 강의 및 동영상강의	police.Hackers.com
ISBN	979-11-7404-485-3 (13350)
Serial Number	03-01-01

저작권자 ⓒ 2025, 김재규

이 책의 모든 내용, 이미지, 디자인, 편집 형태는 저작권법에 의해 보호받고 있습니다.
서면에 의한 저자와 출판사의 허락 없이 내용의 일부 혹은 전부를 인용, 발췌하거나 복제, 배포할 수 없습니다.

경찰공무원 1위,
해커스경찰 police.Hackers.com

해커스경찰

· 해커스경찰 학원 및 인강(교재 내 인강 할인쿠폰 수록)
· 해커스 스타강사의 **경찰 실무종합 무료 특강**

한경비즈니스 2024 한국품질만족도 교육(온·오프라인 경찰학원) 부문 1위